中国式PPP发展纪实

杜涛◎著

PPP

PUBLIC–PRIVATE PARTNERSHIP

DEVELOPMENT OF CHINESE-PPP

经济日报出版社

图书在版编目（CIP）数据

中国式 PPP 发展纪实/ 杜涛著. -- 北京：经济日报出版社，2019. 3

ISBN 978 - 7 - 5196 - 0501 - 8

Ⅰ. ①中… Ⅱ. ①杜… Ⅲ. ①政府投资 - 合作 - 社会资本 - 研究 - 中国 Ⅳ. ①F832. 48②F014. 391

中国版本图书馆 CIP 数据核字（2019）第 041412 号

中国式 PPP 发展纪实

作　　者	杜　涛
责任编辑	周　璠
责任校对	徐建华
出版发行	经济日报出版社
地　　址	北京市西城区白纸坊东街 2 号 A 座综合楼 710（邮政编码：100054）
电　　话	编辑部门电话　63538621　63567692（发行部）
网　　址	www. edpbook. com. cn
E - mail	edpbook@ sina. com
经　　销	全国新华书店
印　　刷	中国电影出版社印刷厂
开　　本	710 × 1000 mm　1/16
印　　张	17
字　　数	243 千字
版　　次	2019 年 5 月第一版
印　　次	2019 年 5 月第一次印刷
书　　号	ISBN 978 - 7 - 5196 - 0501 - 8
定　　价	68. 00 元

序 一

序　言

过去的四年，是 PPP 迅猛发展、跌宕起伏的四年。自国发〔2014〕43 号、60 号文以来，基础设施的投融资体制机制发生了重大变革，PPP 成为一种十分重要的基础设施投融资模式。

PPP 从宏观政策到项目落地经历了一个艰难的过程，而从高速增长到起伏波动也牵动了政府、社会资本、金融机构、咨询机构等各方的关注。在这一过程中，财经记者这个群体在宣传 PPP、记录 PPP、反思 PPP、评价 PPP 方面发挥了独特而重要的角色，杜涛是其中十分活跃也是与实务界关系最为密切的一位。

这本书中可以看到，杜涛近年来对 PPP 的行业发展状况和政策走势进行了持续的关注与思考，报道内容紧跟政策动态，围绕热点问题，体现了一位记者触角的广泛性、观察的敏锐性和思考的深刻性。这本文集的出版是 PPP 书籍“百花齐放、百家争鸣”的一个有益补充，值得 PPP 相关人士来阅读，也值得关注中国政府决策和公共事务管理、关注中国市场运行规律的人士来阅读。一个个人物、机构、事件构成了一幅中国 PPP 发展的画卷，这其中，有兴奋、有失落，有争论、有呼吁，有高潮、有风波，有徘徊、有希望。读懂了 PPP，或许就能读懂中国公共政策的运作机理，读懂中国经济增长的动力和波动周期。

当下 PPP 的规范有序发展依然面临着很多问题，有许多瓶颈问题有待各方用改革的精神去突破。比如，适合 PPP 模式的公共项目的范围边界在哪里，如何提高项目前期规划和可行性研究的质量，如何通过价格改革让公共产品的市场化供给具有可行性，如何打通基础设施内部收益和正外部性效益之间的关系，如何优化基础设施的运营管理模式，如何建立 PPP 非标产品与资本市场标准化产品之间的通道。上述这些改革思想、实践的努力以及市场的反馈，目前正在发生，未来还有很多将要发生。我期待，媒体能够坚持对PPP的持续研究和报道，用记者的笔触激发社会各界对PPP的思考，加深大家对PPP的认识，最终实现我们大家共同的目标：希望大家能做好的PPP项目，希望PPP模式能够绽放光彩，希望中国经济能够健康、稳定、向上。

国家发改委投资司副司长　韩志峰

2018年11月13日于北京

序 二

序 言

本书作者是一位跑财经口的老记，对财政工作充满了热爱，特别是 PPP 开始推广以来，他付出了很多的心血和精力，笔耕不懈，写了大量的时政文章。他的观点既有褒奖又有批判，既有春风十里又有疾风暴雨，让我们这些从事 PPP 工作的人时而振奋，时而羞涩，时而无语。当前，PPP 正步入发展的关键时期，众说纷纭的喧嚣，金融监管的收紧，都让 PPP 爱好者紧捏着一把汗，心悬在高处。然而，成就事业者，一定是在别人彷徨不前、举措不定时，从危机中把握机遇，信念坚定、审时度势、因势利导、勇往直前。PPP 作为一种比较合理的动员社会力量参与公共产品供给的机制，毫无疑问有着旺盛的生命力，当前时期政府隐性债务的严格管理，对 PPP 其实是利好，这个市场终于迎来了规模变小，质量更高的趋势性机遇。原因无他，主要是政府或者公众的负担能力始终是有限的，项目做得越多，负担能力总体趋于下降。这就要求我们改变传统做项目的思维，深耕细作，努力提高资产质量，取胜在长久、持续。希望读者能从本书中，切实感受到 PPP 发展历程的喜与悲，苦与乐，领悟到 PPP 发展的逻辑与脉络，最终成为 PPP 的爱好者，支持者和实践者！

财政部金融司金融五处处长　阚晓西

2018 年 1 月 8 日

序 三

PPP 促使国家治理现代化从概念变成现实

从 2013 年到 2017 年就 PPP 问题我接受各种媒体记者采访超过 700 次，其中大约 10% 是经济观察报记者杜涛对我的采访。蓦然回首，我发现，记者用一笔一划书写了中国 PPP 高速发展的历史画卷。杜涛同志将自己的文章整理出版很有意义，可以为中国 PPP 发展提供丰富的历史借鉴。

过去四年我为记者提供了 PPP 方面的素材和对 PPP 的思考、对 PPP 政策法规的解读，他们把我们的思想传播出去，使 PPP 理念被广泛接受。同时，我的公司—大岳咨询，也受益于 PPP 高速发展，迅速成长为世界知名的中国 PPP 智库。2013 年大岳的团队只有 100 来人，今天分布在全国各地的团队已经超过 500 人。2013 年我们签订了 50 多份 PPP 咨询合同，就占据了国内的半壁江山；2017 年咨询合同数达到 640 份，涉及总投资超过一万亿元。在财政部推出的前几批 PPP 示范项目中，大岳提供咨询的超过了 20%；在住建部和财政部推出的地下管廊和海绵城市试点项目中大岳参与了一半；国家发改委选定的 PPP 典型案例中大岳的项目超过了 20%。我们的专家还全面参加了中央政府层面 PPP 政策法规的研究制定。

这几年做 PPP 项目就像爬一座高山，每到一个新的高度都会看到不同的风景。我们站在山顶上回头望去，中国 PPP 的影响已经超出了经济层面和技术层面，在国家治理层面也开始发挥作用：

一是决策科学少走弯路。PPP 模式的推广改变了政府原有的决策方式。在传统的公建公营模式下，政府集投资、建设、运营、绩效评价的角色于一身，其决策主要由书记、市长主导，几乎不受资本和市场层面的约束，造成了很多决策失误。在 PPP 模式下，政府是项目的发起人和监管者，而项目的投资、建设和运营则交给社会资本。在这种合作模式下，政府发起的项目如果缺乏经济理性、政策支持及财力支撑，就没有社会资本愿意来投资，也没有金融机构愿意提供融资。通过 PPP 的模式创新，预算软约束下政府不合理的投资冲动受到了市场层面的合理制约。

二是全社会效率大幅提高。PPP 将基础设施和公共服务项目的全生命周期进行了充分的整合，社会资本要取得预期的投资回报，需要在漫长的项目合作期内始终保持高水准的运营服务水平。在此压力之下，社会资本有充分的动力优化项目设计，提高工程建设质量，通过科学管理提高运营效率。以往公建公营项目中常见的设计粗放、豆腐渣工程以及小而全、低效运营的情况将大大减少。社会资本的充分竞争和规模化专业化经营将使整个社会的投资运营效率得到充分提高。

三是契约精神受到重视。在 PPP 模式下，政府和社会资本之间签订 PPP 合同建立契约关系，双方以平等的身份进行合作。这区别于过去公建公营模式下政府与传统国有企事业单位之间的上下级关系或父子关系，在这种关系之下，往往是政企不分，事先无规则、事后再商量，容易存在信息不对称下的博弈行为。在契约型关系之下，政府依照合同中的绩效考核指标对社会资本进行合同监管，并严格按照绩效考核结果进行付费或违约处罚；社会资本则根据合同获取回报并维护自己的正当权益。

四是政府职能深刻转变。在 PPP 模式下，政府的角色发生了变化，从直接插手投融资、建设和运营转变为明确需求和强化监管。政府通过合同订立过程将公众的需求转变为 PPP 合同项下的产出和绩效，进而通过运营期的监管保障公共服务的供给。PPP 模式的推广对政府职能提出了更高的要求，政府（包括行业主管部门、PPP 牵头主管部门等）必须具有强大的合同管理能力，方能确保 PPP 项目善始善终，行稳致远。

我国社会主义制度的一大优越性在于能够集中力量办大事，但其风险在于一旦决策失误，损失也极大。如果能减少失误，我国的发展速度就会更快，社会主义制度的优越性就越能得到体现。实践证明，在PPP模式中，社会资本方的介入可以减少地方政府主要党政领导的盲动，减少决策失误。可以说，PPP 在某种程度上为完善我国社会主义制度发挥了重要作用。

PPP 在当下中国已经被赋予了重大的历史使命，将带来一场深刻的社会变革，推广和运用 PPP 只能成功不能失败，而 PPP 的成功有赖于经验教训的总结和借鉴。在此，我推荐杜涛的著作《中国式 PPP 发展纪实》。尽管他的作品是一副大写意画，但其轮廓十分清晰，生动的 PPP 发展历史描绘可以为 PPP 茁壮成长提供丰富的营养，值得一读。

顺便说一句，2018 年以来在防控金融风险的大背景下 PPP 受到了一定冲击，这种冲击一定是短暂的。PPP 与近年的平台融资、专项债券、政府购买服务等相比具有明显的优越性，中国式 PPP 在经过调整之后将会被管理层认可并焕发出更加强大的生命力。

大岳咨询有限公司总经理　金永祥

2018 年 3 月 17 日

序 四

时间的玫瑰

不大记得经济观察报第一篇有关PPP的报道是什么时候刊发的了。当杜涛将书稿的电子版发来的时候，打开稿目，我第一时间的反应是，原来写了这么多关于PPP的报道啊。似乎是在不经意间，这些报道记录了中国PPP在争议和期待中兴起到今天走到一个关键时点的全过程。这当然是时间的魔力，曾经的点滴经历岁月的淘洗，终于显露出它的光华。这也是坚守的价值，没有不懈的探问，没有试图打开这个领域所有问号的好奇心，再精彩的故事也会和我们擦肩而过，在时光流逝中不知所踪。

我一直觉得，这是记者这个职业最具有吸引力的部分。你是一个不动声色的记录者，一个刨根问底的观察者，有时候也可能会变成一个积极主动的参与者。不管哪一种角色，用心投入其中，就总能收获很多。以这样一种方式和我们生活的世界保持亲密接触，也许是理解经济与社会更好的方式。我们看到真实的经济与社会，在这个过程中，也许还会更清晰地认识自己。或许如此，有时候我会忍不住觉得有一点儿遗憾——我常常看到一些天资聪颖的年轻人，像蜻蜓点水一般掠过，我当然不能说他们的选择是错的，只是个人选择而已。但偶尔会想，也许耐心一些，再耐心一些，他们就会发现一个让自己惊喜的世界。

不过也可能，他们会毫不犹豫地怼回来——要我们怎样耐心，在这样一个时代。

至少，杜涛是一个耐心的记者。要知道PPP刚进入人们视野的时候，大部分人还根本分不清这三个P到底啥意思。那时候PPP远没有今天这样的声量，也不会动辄成为财经频道的热门话题。说句功利的话，放在四五年前，PPP不会让你上头条。这么说来，我们对PPP从不了解、不关注到一点点开始重视，正得益于杜涛不断发出的报道。

杜涛也是一个敏锐的记者，要不然他也不会盯上了PPP。杜涛是经济观察报的高级记者，经济观察报在财税领域的报道上获得的社会认可，多半来自于他的努力。事实上，就个人而言，我可能所有跟财税有关的疑问，在他那里都会得到有价值的线索。我相信他是比较早地意识到了PPP可能在中国经济中扮演的角色，从一开始就没打算放弃这样一个精彩的故事——更精彩的可能是，你根本不知道这个舶来品将怎样在中国大地上生根发芽、开花结果。

如果仅仅是这样，还不足以让他成为一个合格的记录者。这时候他的耐心帮了他。他有足够的耐心看着PPP一点一点地，从边缘地带进入决策者的核心视野，从经济中无足轻重的小角色，到谁也不能轻视的大个头。我觉得同样重要的是，他始终保持着一个追问者的姿态。他试图深入其中，了解究竟和奥妙，而不只是站在大门外频频张望。从财政部门到发改委系统，从地方政府到咨询机构，还有那些大胆闯入的尝试者和犹疑门外的徘徊者……那些与PPP相关的角色，都可能成为他追问的对象。也可以说，PPP生态链上的每一环，都会对整个生态系统的运转和走向产生影响。这时候，那些微妙乃至不可言说，或许才会让我们真正读懂中国经济和它的运行机制。

从这个意义上来说，PPP大概可以看做观察过去四年中国经济变局的一个窗口，它也是观察一个宏观政策演进变化博弈与互动的不错样本。当然对于一个记者来说，反过来要追问的是，他扮演了怎样的观察者和探问者。经济观察报的办报理念是理性、建设性。我们希望这个社会能够保持理性思考，建设性讨论。作为一个媒体工作者，我赞赏的姿态是，始终保持冷静和克制，既不轻易地赞美，也不随便地否定。拿PPP来说，记者固然要关注PPP的推进可能给民间投资带来的利好，但也别漏看了政策层面的博弈；记者当然应该让公众了解面对PPP时民间资本的犹疑，而在PPP一路做大，优秀的记者更不可对PPP的异化视而不见，比如变相为地方举债等。实际上不只PPP，对于财经领域的记者来说，只有深入到微观层面，才有可能更好地把握宏观。

也只有到这时候，那些坚持不懈的新闻人才可能收获时间的玫瑰。

杜涛嘱我为他的书稿做序，深以为荣。在经济观察报，我一直跟我的同事说，我希望我们的记者都有自己的作品问世，我们会为这些作品骄傲，而公众会因为这些作品更加了解我们，信赖我们。为了写这个序，我专门跟杜涛聊了一阵。他跟我说，刚做记者的时候，总觉得自己跑的口要越宽越好，但是时间越长，就觉得单是一个领域，深挖下去都有些怕跑不过来，这时候自己就会主动缩窄报道领域。他说，也许未来自己的报道领域还会继续缩窄。

这当然是他的经验之谈，不好说这种“宽窄论”是否有普适性，不过其中的道理我认同。我的理解，在今天这样一个碎片化的时代，高品质内容是稀缺品，但也越来越成为读者和用户心目中的必需品。他们需要主动承担公共责任的媒体机构，需要准确客观可信赖的报道，需要体现前瞻性的靠谱的分析与评论。在可见的将来，我们会发现没有什么新媒体、旧媒体，只有可信赖的有公信力的媒体和不靠谱的缺乏公信力的媒体。无论对于媒体机构或者媒体人来说，这都是一场坚守初心，无问西东的长跑，需要耐心，也需要定力。当然，也一定需要维系耐心和定力的资源和资本。

我不知道对杜涛来说，这本书算不算他在记者职业生涯中摘下的第一朵玫瑰。不过我始终相信，所有愿意付出耐心，带着理性和建设性追问中国经济现实的记者，都会收获时间的玫瑰。区别只在于，明天，或者更远的未来。

是为序，祝福所有依然坚守的朋友。

经济观察报社执行总编辑　文钊

2017 年 1 月 17 日

序 五

记录财政变革的生动密码

“不能为了迎合这个煽情的时代而牺牲自己应有的尊严。”

这是首位获得诺贝尔文学奖的中国作家莫言的一句话。他拿奖后，一时洛阳纸贵，出版商便把他以前作品集结成册再版，再版的所有作品中都有一个统一的自序，里面都有开头这句话。

莫言是在说长篇小说，但其实对于专业的财经报道也是一样。过去几年间，媒体行业发生的变局一时令人无所适从。传播载体、文本表达、内容形态都发生了巨大变化，以至于新闻究竟是什么——这一常识都被遗忘殆尽。

于是，专业财经报道变得更加尴尬，它对记者提出的要求越来越高，专业的知识背景、深刻的理解、生动的表达、真实客观的记录，等等，都需要经年累月努力训练。但越是专业的东西，往往也隐藏着越真实、越生动的社会演化密码。

PPP 正是一个典型的专业财经话题。它是个舶来品，2013 年之后开始在中国基建领域兴起，当时中国经济正在转轨，投融资手段和发展方式也都开始改变。PPP 几乎生逢其时，它打通了公共和私营力量之间的渠道，既给那些想要参与公共设施领域的投资者提供了机会，又能给各地大规模的基建投资提供资金；既契合中国独特的投资环境和体制机制，又能帮助中央政府和地方政府缓解风险不断累积的债务压力。在机制设计上，PPP 比以往的 BT 等模式更为公平，也更符合现代投资和市场规律。

PPP 自身这些优势，使其很快在中国风靡一时，加上政策引导、地方基建资金需求、堵后门开正门的政策约束等多重合力，PPP 在 2013 年—2017

年间，成为中国公共性基础设施投资最重要的融资渠道之一。但由于财政和投融资体制改革的滞后、政府信用体系尚不健全，在各地实践中，PPP的隐患也逐步累积，社会资本缺位、财政透支等问题逐步暴露。这其中还伴随着，不同部委之间由于思路不同导致的管理矛盾等。至2017年下半年，政府开始逐步为PPP刹车降温。而PPP市场也从大干快上的火热，逐步回归理性。

就像上千年来商业世界里人类发明的所有市场和技术手段一样，PPP本身并无好坏之分，它是一个工具，打通了公私合营的界限，为社会投资更多的公共产品提供了一种方式。PPP过去五年的发展轨迹，折射出的其实是中国当下独特的财政、市场和投融资体制的困境，PPP市场可以消歇，但改革仍迫在眉睫。

杜涛对PPP的跟踪和记录，贯穿了PPP产业从声名鹊起到各方反思再到刹车规范的整个过程，可以说，杜涛记录的PPP过去几年的发展过程，其实是管窥转轨时期中国财政体制变革的最好切口。

能够赶上一个急剧变化的时代是一个记者最大的幸运，杜涛更幸运的是遇到了PPP这个难得的事物，并一点一滴勤奋、忠实地记录了下来。杜涛记录的既是中国式PPP五年的发展历程，也是转轨期中国财政体制的五年进化史。因此，这既是一本关于PPP报道的优秀作品集，也是一部对过去五年转轨期财政体制变迁的记录片。它既适用于希望借鉴吸收优秀经验的专业从业人员，也适用于诸多从事PPP乃至中国财政制度变化的研究者。我作为杜涛在经济观察报多年的编辑，也从中学习良多、获益匪浅。

当然，杜涛的采访和记录，以及我本人在平时业务编辑能力的有限，都会导致本书存在不足和缺陷，我们诚挚欢迎更多人给我们批评、指导和帮助。我希望有更多的读者能够看到这本书，能够继续思考并给杜涛以启发。PPP的未来需要更多元的思考维度，这样才能不断地在反思和改革中达成共识，不断进步。于个人，也是如此。

能够忠诚记录时代，是一个记者最大的天职和荣幸。杜涛很荣幸地遇到了产业里最专业、最热心的导师和朋友，他们对PPP的实操、制度设计等都有着丰富的经验和研究成果，比如大岳咨询的金永祥总经理等。他们是这本书的背后作者，他们不仅帮助杜涛成长，也是我在PPP领域最应该感谢的良师益友。在此，深表感谢！

莫言把他创作动辄几十万字的长篇小说，比作是在砌长城。一段接一段弯弯曲曲的砖墙，并没有什么好看的，但连起来，就是波澜壮阔的雄壮。

记者是在通过一篇篇专业报道做经年垒砌，很幸运，在一个资讯泛滥、常识稀缺、耐心匮乏的时代，我们能够用笨拙却勤奋的手为不断发展和变化的中国经济社会，垒砌一段进化史。

经济观察报社副总编辑　张向东

2018年1月22日

自 序

2014年始写PPP，起于特许经营立法。伊始，困顿于PPP、特许经营之本意，不知何为PPP，何谓特许经营，故而求教、解惑于金永祥、王守清等PPP大咖。自此始，学理论，看实践，解读政策，观察项目，偶有一二见解，付诸于笔。

乃至四年，发现近二十万字已成，竟集成册，为促中国式PPP发展尽微薄之力，故出此书，试以记录中国式PPP四年发展。

在这里，要感谢的人很多很多，从政策监管层到从业者再到专家，其中有像王守清老师这样的专家，也有像金永祥金总这样的从业者，更要感谢政策制定者，感谢他们四年来持续不断的帮助，对我们的包容。

这四年，PPP不能说从无到有，但是却是经历了一个具有时代意义的阶段——一个庞大的PPP市场，正在一个旧的、不适应改革发展的土地上成长起来，这片土地包括传统政府治理方式、城市建设模式，以及规划融资的渠道。

2013年年底的全国财政工作会议，财政部提出要推动PPP。四年后，按照财政部PPP中心的数据，截止到2018年5月末，全国入库项目合计7499个，累计投资额193959.62万亿元，覆盖31个省（自治区、直辖市）及新疆生产建设兵团和19个行业领域，PPP行业大势已成。

天将降大任于PPP也，在快速跃起后，PPP正在经历由“直冲”向“平飞”的转档过程。可以预想的，在转档中一系列的问题将会出现，一些问题关乎专业能力，而另一些问题关乎行业信心。但是当我们从当前的PPP跳出来，再从时间、时代的背景去看PPP，也许它会有更长的生命力，PPP的价值会在漫长的时间中逐渐显现，它会一直存在，并会继续发展。

在这四年里，笔者实地看了许多优质的 PPP 项目，比如合肥王小郢污水厂、黄山市政道路，还有一些海绵城市、地下管廊类 PPP 项目。每个项目都有值得记录的地方，每个项目都有时间和时代发展的痕迹。当然还有许多好的项目，尚未能去了解、去观察、去报道，需要做的事情，仍然有很多。

古人云，夫以铜为镜，可以正衣冠，以史为镜，可以知兴替，以人为镜，可以明得失。

在这里，媒体亦为一面镜子，媒体的视角，媒体的身份，相对各个参与层来说，是一个利益纠缠比较少，甚至于没有利益纠缠的视角，可以更好的从符合 PPP 的初衷，也就是提高公共服务的效率的初衷来看，或许不够专业，或许不够全面，或许不够让所有人满意。但是初衷于此，尽力而为，出此书，也是为了向四年以来一直推动 PPP 的同行们致敬。

一本书，十万余字，从政策解读到项目观察，从上到下，希冀能够囊括四年发展之缩影，希望可以完整记录四年来 PPP 的发展历史。

记录中国式 PPP 发展的四年，可以通过四年发展的成果、得失，来总结中国式 PPP 的发展规律，为中国式 PPP 的下一步发展提供一个可以借鉴的内容。

四年的 PPP 报道，书中肯定还有不完善、不专业的地方，希望读者、专家多多指出问题，不胜感激。

杜涛

2018 年 3 月 27 日

因为在财税部门工作，得益于PPP，于2014年一个偶然的机会认识杜涛其真人，没想到搞文字工作的居然是如此粗犷直爽的一个山东汉子，于业务、于为人，便开始了深入的交流。PPP发展的这四年历程中，杜记者以其对时事的敏锐把握、对业务的深入分析，始终活跃在PPP第一线，通过《经济观察报》、《财税大观》公众号等十余万字的专业报道，客观记录了我国PPP发展的历史，有助于各方正确地理解和认识PPP。此次将相关文章汇编成集，既充分展示了这四年PPP的热点和焦点，也能对后期正确认识PPP、规范开展PPP产生积极有益的借鉴，并期待着杜记者能继续多写出高质量文章。

——上海财政局　纪鑫华

经观杜涛可称为PPP圈里的千里眼、顺风耳，四年多来颇有洞察之精华，基于个人财经学时视角整理汇集在此，若想一解PPP波澜壮阔颠覆转折的四年，需要跟随他的《中国式PPP发展纪实》，在此之中一饱眼福，也能洞悉泱泱大国顶层演进之深刻逻辑。

——E20研究院执行院长　薛涛

PPP这四年，新政频出，规模庞大，增速奇快，鱼龙混杂，风向陡变。与常见的技术类PPP书籍不同，《中国式PPP发展纪实》一书作者，以财经资深记者独立身份，完整客观地记录了PPP四年间发生的重大事件，并深刻揭示了PPP市场变化背后的各方势力博弈，非常值得一读。

——第一财经日报资深记者　陈益刊

目 录

CONTENTS

4月两份官方文件力挺PPP模式
PPP春天来临?

近日，文化和旅游部、财政部联合发出《关于在旅游领域推广政府和社会资本合作模式的指导意见》(以下简称“意见”)。意见中明确提出政府和社会资本合作模式（PPP）是完善公共服务供给机制的重要方向，是国家治理体系和治理能力现代化的重要内容。

意见还提出，要深化对PPP模式的理解认识，防止简单化和片面化倾向，把公共服务供给作为界定PPP模式的核心，厘清政府责任与市场机制的边界。

2017年财政部发布的50号文、87号文、92号文，以及2018年的23号文，都要求对PPP规范管理，一时间，PPP市场风声鹤唳。此次两部委联合发布的意见被PPP业内认为是，从2017年开始严格规范PPP发展之后的一个“稳定信心的文件”。

大岳咨询总经理金永祥认为，文旅部、财政部关于旅游PPP指导意见是92号文发布以来有关部委首次出台关于PPP的指导意见，具有风向标意义。92号文发布以后，政府文件关注比较多的是降杠杆和防风险，甚至有文件将PPP称为违法模式，可以说PPP进入了短暂的冬天。“指导意见指出，PPP是完善公共服务供给机制的重要方向，是国家治理体系和管理能力现代化的重要内容。重新明确了PPP的定位，这种定位不仅代表文旅行业，而且是代表了中央政府对PPP的态度。PPP将迎来新的春天。”金永祥还有一个身份是财政部与发改委专家库的专家，曾全程参与了财政部全部四批PPP示范项目的评选工作。

与金永祥同样为财政部、发改委PPP专家库成员的薛涛认为，通过四年的制度建设，中国的PPP基本具有了初步完整的操作流程和信息公开系统，经过有关部委多年宣传，再加上PPP在国际上的积极声誉，即便部分领域存在一些问题，PPP本身已经不可能突然死亡。薛涛更专注于在环保领域的PPP应用和研究。

2017年，财政部等六部委的50号文，也就是《关于进一步规范地方政府举债融资行为的通知》，明确提出规范政府与社会资本方的合作行为，之后的87号文《关于坚决制止地方以政府购买服务名义违法违规融资的通知》，主要针对的是原来地方政府购买服务项目叫停之后，由于财政没有那么多预算，许多地方政府就将购买服务转变成PPP的情况。之后11月，财政部公布了92号文，也就是《关于规范政府和社会资本合作（PPP）综合信息平台项目库管理的通知》，提出进一步规范政府和社会资本合作（PPP）项目运作，防止PPP异化为新的融资平台，坚决遏制隐性债务风险增量，是为及时纠正PPP泛化滥用现象。

2017年8月1日时任财政部副部长、PPP工作领导小组组长史耀斌《在进一步推进PPP规范发展工作座谈会上的讲话》中指出，要严防PPP推进中的“四化”问题，在实施中把握“四线”。“四化”是指防止PPP支出责任“固化”、支出上限“虚化”、运营内容“淡化”、适用范围“泛化”，“四线”是指严控“红线”、守住“底线”、搭好“天线”、明确“界线”。

之后的2017年11月1日，第三届中国PPP融资论坛上，史耀斌再次强调，要严抓规范严监管控风险，促进PPP事业可持续发展。

财政部金融司司长王毅在论坛上进一步提出PPP发展下一阶段的重要抓手，其中包括要对现有PPP项目进行清理管理。特别是不具备公共产品属性、资本金不到位或资本金穿透后不是自有资金、没有建立长期按效付费机制，以及过度依赖政府付费的项目，要予以剔除。

在财政部一系列规范PPP的文件下，中国的PPP从前四年的高速增长期进入了一个已经长达一年多的冷冻期。

直到近期，PPP有了明显的回暖信号。

2018年4月14日，新华社发布的《中共中央国务院关于支持海南全面深化改革开放的指导意见》提出，创新投融资方式，规范运用PPP模式，引导社会资本参与基础设施和民生事业。

金永祥认为，这也是 PPP 在 92 号文第一次被中央政府明确为鼓励的模式，而不再强调作为规范和整改的对象。

近日文化和旅游部、财政部联合发出的《关于在旅游领域推广政府和社会资本合作模式的指导意见》更是给 PPP 市场提振了信心。

金永祥指出，该意见与 92 号文之前的指导意见相比更为具体，把近期 PPP 整改过程中政府的要求都提出来写入文件了，这样更有操作性。由于财政部参与了文件的发布，文中有关规定不仅适用于文旅项目，也应该适用于其他行业的项目。文中强调了“全国 PPP 综合信息平台”的作用，这与 92 号文的要求是一致的，文旅 PPP 推进的前提也是必须要先入财政部 PPP 中心的管理库。PPP 项目管理库行政管理职能将是长期的，是在国内推动 PPP 的必要条件。

（刊于《经济观察报》2018 年 4 月 2 日）

金永祥："PPP青年"的呐喊

1992年的春天，"有一位老人在中国的南海边写下诗篇"，改革的春风扑面而来。毕业后被分配在北京电力科学研究院工作的金永祥，这一年28岁，他被调动工作，去了北京市计划委员会下属的北京市工程咨询公司。几年间，身边陆续有人下海。四年后，1996年，32岁的金永祥也离开了北京市工程咨询公司，离开了繁华的复兴门。

此后，不到一年的时间，金永祥创立了大岳咨询公司。

上世纪九十年代，"下海"是时代的主题，而金永祥则是"下海"之后能够成功遨游的少数成功者。

"当年100个下海的人中，99个都晒干了，'下海人'的特点是对现实有着理想主义的不满，用十足的牺牲精神挑战充满风险的未来，假如再给他们一次从头选择的机会，100个人中可能有90个会重新考虑下不下海。"金永祥一直这样认为，而他自己则无疑是幸运的那一小部分。

此后二十余年，金永祥将大岳咨询发展成了国内首屈一指的PPP中介机构，而他也实现了最初的梦想：去影响政策和社会发展。

虽然在2017年，PPP从快车道进入了平飞过程，但是PPP的大潮已经席卷而来，金永祥希望能够继续伫立在大潮之上。

从入行到起飞

1989年，金永祥从哈尔滨工业大学动力机械专业研究生毕业，来到北京。"那个时候的北京还很小，三环外面都是农田，还没有开始大规模的城市建设。我被分配到了北京电力科学研究院。"金永祥说。

待了三年，金永祥被调到了北京市工程咨询公司，从事为政府决策提供支持的工作。放弃自己的专业技能职业——电力工程师，虽然金永祥有过不舍，但与影响政府决策相比，金永祥更为期待，因此下定决心后，他的态度毅然决然。

此后，他的梦想就是做成一个世界知名的中国智库，为政府提供智力支持。如今，在他北京的两个办公区——金融街通泰大厦 9 层、车公庄的第二办公区以及全国的二十多个分支机构，都挂着金永祥为大岳设计的愿景：成为世界知名的中国智库。

1994 年，国家计划委员会推出了 5 个 BOT（建设—运营—移交，现在 PPP 的模式之一）试点项目。当时的北京市计委副主任，后来的首创集团总经理刘晓光安排金永祥当组长，专门研究 BOT。1995 年，他领导的小组完成了研究报告，出版了《BOT 指南》一书。

当时，北京市希望把京通快速公路做成 BOT 项目，金永祥向领导建议去做这个项目的顾问。上个世纪九十年代，中国经济高速发展，基础设施供给严重不足，金永祥通过研究后相信 BOT 咨询将是一块新的很有前途的业务。

然而，对金永祥的建议，领导没有做任何回应。于是金永祥决定换个地方，去推动这块业务，在改革大潮中发挥自己的作用。

1996 年，金永祥决定"下海"。

金永祥先在一家 BOT 咨询公司当临时顾问。他认为 BOT 不仅能解决基础设施建设资金问题，还能推进科学决策，解决体制里的深层次问题。

正式加入这家公司之前，金永祥有幸参与了中国第一个规范的 PPP 项目——广西来宾电厂 BOT 项目的谈判。在谈判的过程中，金永祥此前研究 BOT 时的很多困惑得到了解答。

当一只追逐项目的苍蝇？这显然不是金永祥的格局，他想做的是老鹰。

1996 年的下半年，金永祥联合几个人成立了大岳咨询有限责任公司，当时的注册地在密云。不到一年，老金把公司从密云迁到了北京市海淀区西直门北大街木材大厦，也就是今天的中节能大厦。1998 年底，金永祥又将办公区迁到了租金更贵的金融街通泰大厦。

前五年是一家初创公司发展的关键时期。大岳咨询在这五年里发展得非常顺利，连续操作了多个项目。

老金谈起做过的项目如数家珍：“第一个项目是为苏州振亚集团世行项目融资做顾问并取得了成功。另外还有两个项目值得一提，一个是 1998 年由我主导的为北京第十水厂 BOT 项目做顾问，大岳咨询先后拿到了 500 万元咨询费。另一个是与 KPMG（毕马威）华盛顿办公室合作的国家开发银行发展战略项目分得了 100 万美元。当时的大岳咨询公司规模不大，有这么多钱做基础，再做些其他项目，就不会有财务风险。”

五年后，也就是 2001 年，建设部（住房与城乡建设部前身）开始抓市政公用市场化改革，大岳咨询有幸参与其中，做政策研究制定和宣讲。2003 年到 2008 年，大岳咨询的业务进入了全国多个城市。著名的北京地铁 4 号线、合肥王小郢污水处理厂和兰州自来水等 PPP 项目都是这期间完成的。

行业拐点

2014 年，49 岁的金永祥参与了财政部的第一次 PPP 示范项目评选。2017 年，财政部第四批 PPP 示范项目都已经评选完毕，此时的金永祥也已经年过半百。

这四年里，金永祥异常忙碌，而大岳咨询真正的影响了政策和行业的发展，实现了老金一直追求的梦想。他感到“非常具有获得感”。

这四年里，大岳咨询一直是国内首屈一指的 PPP 咨询机构，一共为 1000 余个 PPP 项目提供了专业的服务，项目投资额涉及 1 万亿。

最近老金一直在呐喊，一直为他所从事的 PPP 行业呐喊。他希望 PPP 从起飞到平飞，但是他担心会大起大落。“我一直是在孤独地呐喊。”老金最近一直不停地发朋友圈，他呼吁从经济政策去看待中国的 PPP，他认为中国的 PPP 不再局限于 PPP，而是一个经济发展政策，不再是东西方 PPP 孰优孰劣的比较，而是经济政策发展之间的比较。“对于 PPP 的政策调整要根据四年来的实践经验去完善规则，再用完善后的政策来规范当前的 PPP；而不是用以前的政策去规范已经有了新变化的 PPP。比如，对于资本金的要求，必须要充分研究、逐步完善。"

PPP 确实影响了中国经济的发展，也提高了社会的效率。但是老金的梦想最近受到些打击。2017 年，财政部的 92 号文即《关于规范政府和社会资本合作（PPP）综合信息平台项目库管理的通知》，国资委的 192 号文即《关于加强中央企业 PPP 业务风险管控的通知》，以及中国人民银行、银监会、证监会、保监会、外汇局联合发布《关于规范金融机构资产管理业务的指导意见（征求意见稿）》，多项政策叠加，让 PPP 行业的从业者有些措手不及。

老金最近一直在与政策监管层进行各种方式的交流，他对 PPP 行业的未来有些担忧。

金永祥的眼里中国的 PPP 已经不是西方的 PPP，而是演化成一个经济政策。"所以已经不能就 PPP 看 PPP，而是要与以前发展的经济政策作比较，比如土地财政、政府融资平台、政府购买服务、专项建设基金等。与这些做比较，PPP 是一个相对来看，负面作用最小、透明程度比较高的经济政策，更能发挥市场在资源配置中的作用，发挥市场的竞争作用，提高公共服务的效率。"

2017 年 12 月 1 日，老金召集 PPP 的各方参与者举行了一场行业内部的沙龙，谈论的就是最近政策的叠加问题。

国家对于 PPP 的规范，现在只是开始。然而，对于老金，去影响行业发展和政策制定，打造一个有影响力的智库，他或许一直乐在其中。

（刊于《经济观察报》2017 年 12 月 27 日）

监管政策急急如律令 PPP 的拐点来了？

高速发展中的 PPP 市场在 2017 年下半年突然刹车，面临困境。

PPP 即政府与社会资本合作参与公共基础设施建设。从 2013 年年底财政部提出推动 PPP 到 2017 年 9 月末，全国各地政府和社会资本合作（PPP）综合信息平台中的入库项目合计 14220 个，累计投资额 17.8 万亿元。

“相比以前的融资平台、BT（建设—移交）、土地财政等，PPP 模式更具优势，它更加公开透明，能制约政府投资冲动。国务院 43 号文之后，各种融资通道已经被堵死。PPP 是目前负面作用最小的一项经济政策。”大岳咨询公司总经理金永祥告诉经济观察报记者。在过去的四年里，大岳咨询公司为 1000 多个 PPP 项目的各个参与方提供了专业服务。

然而，2017 年接连出台的 PPP 规范文件，让金永祥开始担忧 PPP 的行业发展问题。

E20 研究院执行院长薛涛也持相似观点。他说，当前，在财政部、国资委、央行等部门政策的多重作用下，市场对 PPP 的前景出现悲观情绪，PPP 面临一个转折点。

多部门规范密集发布

2014 年国务院发 43 号文，目标是控制地方性债务。PPP 作为控制地方债务的手段之一，受到追捧。

中诚信国际创新业务部高级分析师杨小静说，PPP 的优势在于对地方政府和地方融资平台公司而言，PPP 成为规范化的融资渠道之一，这对 PPP 模式主导的项目有重要利好，且 PPP 模式下各方行为会严格规范。“一些不适合 PPP 的项目被迫采用 PPP 方式，以及过快推进 PPP、过度使用 PPP

等问题，再加上非运营类 PPP 项目‘可用性付费’机制设计的一些弱点，带来了问题。”薛涛告诉记者，在 PPP 的高速推进中，不少地方政府推进 PPP 目的重在引资、目的不纯，这也导致了不少 PPP 项目质量不高。

2014 年，财政部带头力推了 PPP 模式。2017 年，财政部又带头开始规范 PPP 的发展。

2017 年 11 月 1 日，财政部金融司司长、PPP 工作领导小组办公室主任王毅在第三届中国 PPP 融资论坛中表示，要坚持“穿透管理、公开透明”的原则，一是要坚持并强化对资本金的管理。任何投资项目、任何金融活动，社会资本自己要投入一定的自有资金，再进行适度的融资，这是必须守住的底线。不能让政府的各种公共性基金作为资本金，更不要让社会资本用借款作为资本金，然后再用银行资金做运营。二是要加大信息披露力度，信息透明是最好的规范。

半个月后的 11 月 16 日，财政部便出台了《关于规范政府和社会资本合作（PPP）综合信息平台项目库管理的通知》即“财政部 92 号文”。该通知要求进一步规范政府和社会资本合作（PPP）项目运作，防止 PPP 异化为新的融资平台，坚决遏制隐性债务风险增量。

通知的出台印证了王毅的讲话，也印证了财政部规范 PPP 的决心，但是对于 PPP 的参与者来说，这仅仅是规范的开始。

紧接着，国资委印发《关于加强中央企业 PPP 业务风险管控的通知》，即“国资委 192 号文”。其中规定“纳入中央企业债务风险管控范围的企业集团，累计对 PPP 项目的净投资原则上不得超过上一年度集团合并净资产的 50%”，明确了相关企业 PPP 业务规模的上限；而“资产负债率高于 85% 或近 2 年连续亏损的子企业不得单独投资 PPP 项目”又对参与投资 PPP 项目的企业进行了限制。

金永祥认为：“对 PPP 影响比较大的，一是规定央企 PPP 项目的规模，二是负债率不得高于 85%，央企的负债率一直比较高。”

这一看法得了央企内部做 PPP 业务人士的认可。一位在央企从事 PPP 业务的负责人告诉经济观察报记者，他们正在学习和消化 92 号文和 192 号文，然后将对内部项目进行梳理，企业系统内部还将按照国资委的 192 号文重新发文件。

规范政策并没有结束。11 月 17 日，中国人民银行、银监会、证监会、保监会、外汇局联合发布《关于规范金融机构资产管理业务的指导意见（征求意见稿）》。

上述央企 PPP 业务负责人告诉记者："虽然还只是征求意见稿，但是对刚中标的项目会有影响，会影响项目融资到位的进程，有的 PPP 项目需要重新设计融资方案。此外，私募基金参与 PPP 的杠杆使用会大大减少。"

在一位 PPP 基金管理者看来，央行等部门的资管征求意见稿对 PPP 的影响比 92 号文和 192 号文的影响更大。资管新规根本性地限制住了 PPP 的资本金融资和后续贷款进度，对落地和未签约的项目有着极大的影响。"从财政部 92 号文、国资委的 192 号文和央行等关于资管的征求意见稿，使得 PPP 从项目到资金，以及社会资本的参与方都被限制。""经过四年的快速发展 PPP 确实需要规范，但是规范过度可能会让行业遭遇挫折，一个政府部门出文件可以理解，现在多个部门都出了文件，一个部门划一个圈，其他部门再画圈，这就意味着 PPP 只能在多个圆圈的交集部分操作，可能会导致 PPP 项目的大幅萎缩。"

"政策叠加所造成的后果就是泼脏水连孩子一起倒出去了。"一位不愿具名的 PPP 专家告诉经济观察报记者，层层加码的政策，对于 PPP 的打击是几乎毁灭性的。"大家都迷失了方向，迷失方向的不仅仅是 PPP 市场，从政策监管层到 PPP 市场从业者们都迷失了方向，不知道 PPP 的下一步在哪里。"

PPP 的未来走向

在如此政策叠加后，未来 PPP 的走向将会如何？金永祥认为，下一步的 PPP 发展会艰难，规范其实是风险的重新分配，原来是地方政府承担的那些风险，成本低，现在风险分担重新分配，风险变成地方政府、金融机构、社会资本共同分担，PPP 的成本将会上升。社会资本方和金融机构考虑到风险比较大，推动的压力会比较大，总体的规模和发展速度都会降下来。

国家发改委则一直在对 PPP 做加法。最近连续出台两份文件，一个是价格改革，一个是加大对民营资本进入 PPP 的推动力度。

但是若因为 192 号文导致央企大量退出 PPP，民企能填补所留下的市场空缺吗？“肯定做不到，首先央企和民企不在一个数量级，留下的市场空缺不是民企所能填补的。”前述 PPP 专家告诉记者。

杨小静表示，既符合当前监管要求又具有回报机制的，且有一定吸引力的项目是缺乏的。“适用于 PPP 模式的项目，一方面是需要政府承担责任，另一方面有稳定回报机制，此外还需要具有一定社会吸引力，这类项目基本集中在供水、供热、燃气等公用事业类项目中，此类优质项目非常少，未来不仅需要新增项目，还需要在存量项目中挖掘适用于 PPP 模式的项目，丰富和拓展 PPP 模式的可能性。”

除了项目少，杨小静认为 PPP 面临的困境还包括符合 PPP 要求的合格的社会资本方数量较少。在防范政府债务风险加强监管的背景下，规范的 PPP 项目禁止有政府方的兜底承诺，要求风险共担，真正的民营企业往往缺乏进入的动力。

薛涛判断三年多来库内 PPP 实质性落地项目并不如宣传的那么多，重要的节点应该是要看融资到位；但是也存在一些未入财政 PPP 项目库的其他形式的市场化项目（政府购买服务、某些特许经营项目甚至一些运营性强的 PPP 项目等）。一增一减，实际规模尚难计算。“在当前的调整期应该充分分析前一段时间 PPP 中所存在的问题，应该有针对性的分领域、分行业、分特性来对不同类型的 PPP 所应该关注的核心问题进行分析和规范，收缩一部分不应该操作 PPP 的地区、行业和领域，进一步强化信息公开，提高落地项目的品质。”薛涛表示。

杨小静告诉记者，监管政策出台以来，地方融资平台公司的融资渠道受限，传统的大量以购买服务等类型包装的基建项目或者含政府远期回购条款的 BT 项目因不合规而被叫停。

（刊于《经济观察报》2017 年 12 月 10 日）

财政部动刀 PPP 前途堪忧?

中国财政部正在让此前经历了四年猛跑的 PPP（即政府与社会资本合作）项目热潮慢下来，并进行规范。

2017 年 11 月 16 日，财政部发出《关于规范政府和社会资本合作（PPP）综合信息平台项目库管理的通知》（简称《通知》），其中明确：进一步规范政府和社会资本合作（PPP）项目运作，防止 PPP 异化为新的融资平台，坚决遏制隐性债务风险增量。

据经济观察报记者了解，这还只是第一步，之后财政部将会继续出台规范 PPP 的相关政策。具体措施包括：强化 10% 的支出红线；强化两评（财政可承受能力和物有所值评价）并且将建立完善的 PPP 支出监测体系。

一位 PPP 监管部门人士对经济观察报记者坦言，将不规范的 PPP 项目清理出项目库，是为了防范金融风险，监管层从未承诺进入 PPP 项目库的项目会进行政府担保或者兜底。

“PPP 项目入库，是责、权、利的充分划分，若是项目出现问题，需划分、划清责任，它并非财政的隐性担保，当然进入项目库对项目会有一定的增信作用。”这位来自监管部门的人士告诉记者。

禁止和清退

自 2017 年年初以来，财政部就一直不断地对 PPP 进行规范。

2017 年 11 月 1 日，时任财政部副部长史耀斌在第三届中国 PPP 融资论坛中表示：在 PPP 改革实践中，一些地方对新发展理念贯彻还不到位，特别是把 PPP 模式简单化作为政府的一种投融资手段，产生了风险分配不合理、明股实债、政府变相兜底，重建设轻运营、绩效考核不完善，社会资本融资杠杆倍数过高等泛化异化问题，积累了一些隐性的风险。

一周后，江苏省财政厅发布我国首个地方版强化政府和社会资本合作（PPP）监管的规范文件，从地方层面再度强调严禁借 PPP 模式变相举债融资，坚决防止 PPP 模式异化为地方政府新的融资平台。

此时中国的 PPP 产业已经发展成了总投资额超过 10 万亿元的投资规模。按照财政部 PPP 中心数据，截至 2017 年 9 月末，全国入库项目合计 14220 个，累计投资额 17.8 万亿元，覆盖 31 个省（自治区、直辖市）及新疆生产建设兵团和 19 个行业领域。

面对如此庞大的项目库，财政部也在进行筛选评估。财政部金融司司长王毅公开表示，财政部组织开展项目库集中清理，对不具备条件、没有规范开展“两个论证”的项目，特别是不具备公共产品属性、资本金不到位或资本金穿透后不是自有资金、没有建立长期按效付费机制，以及过度依赖政府付费的项目，要予以剔除。

财政部在 11 月 16 日出台的《通知》中，明确了将被清除出 PPP 项目库的相关标准。其中不适宜采用PPP模式实施的、前期准备工作不到位的、未建立按效付费机制的项目一律不得进入项目库，已经入库的也将会被清理。同时，现有项目库内未按规定开展“两个论证”的、不宜继续采用 PPP 模式实施的、不符合规范运作要求的、构成违法违规举债担保的、未按规定进行信息公开的项目将被清退。

PPP 项目库中不规范的项目只是这几年来 PPP 发展的一个缩影。E20 研究院执行院长薛涛认为，地方政府依然没有改变融资冲动，地方政府为完成经济建设任务过度使用 PPP，超过财政承受能力限制范围使用 PPP。而一些地方政府将一些不适合的项目做成 PPP 项目，造成了政府付费类 PPP 项目中，社会资本只针对前端的工程利润，规避了后期运营。

这些无不意味着中国这轮 PPP 的发展已经到了一个拐点。从中国 PPP 的监管部门的态度看，PPP 还会继续推进，但是 PPP 的推进速度将会降下来。

薛涛认为，这三年政府对 PPP 初步建立了一个系统，包括操作流程，管理规范，还有信息系统，更重要的是达成了推动 PPP 的共识，认识到了规范的 PPP 能够控制地方债务。

但是规范并不意味着停摆，来自 PPP 监管部门的人士告诉经济观察报记者，规范 PPP，是为了提质增效，当然 PPP 不会像前三年那样高速发展。现在，PPP 的发展速度会慢下来，但是效率和质量会提升上去。

资本金穿透

“资本金穿透”的要求，是财政部金融司司长王毅在 2017 年 11 月初的一个公开论坛中提出的。王毅表示，一些地方、一些项目出现了自有资金实力不足的现象，举债借贷参与 PPP，小股大债叠加风险。对此，王毅特别强调，要坚持资本金的管理。“要求对资本金做真正的穿透，而不要让政府所谓的各种公共性的基金、投资性的基金小马拉大车，更不要让社会的资本参与方用借来的钱作为资本金，再用银行的钱做运营。”

王毅称，政府和合作伙伴一定要掏出真金白银，拿自有资本做资本金。资本金之外可以去融资，但资金结构必须合理。不少社会资本自有资金实力不足，“穿透”看资本金都是借款，“小马拉大车”。这种情况下，社会资本难以分担长期的风险，PPP 这个好的机制难以发挥应有作用。

对于资本金穿透，在薛涛看来，就是要追查 PPP 中项目的资本金来源，不能是借债，不能是固定的回报。

薛涛给记者分析，为什么进行资本金穿透，首先避免高杠杆带来的金融风险，其次便是防止社会资本方的资本金全是借款，没有达到共担风险的目的，甚至会从客观上带来套工程利润提前走人的现象。

来自 PPP 监管部门的人士则对经济观察报记者表示，资本金穿透主要是针对资本金不能用债务资金。PPP 主要依靠未来的收益，而不是将资本金虚化。这样可以打破重工程轻运营的结局，也可以有效的防止运营期间出现问题。“资本金穿透管理可以有效的去杠杆，降低企业负债，可以迫使金融机构投资 PPP，一是获得投资利息回报，其次是获得股权回报，也就是运营利润回报，还可以获得资产溢价的增值回报。若是 PPP 项目出现问题，可以用资本金来有效延缓时间，给政府和社会资本寻找到解决公共服务的途径和方法。这样 PPP 的速度肯定会降下来，但是质量肯定上去。”上述来自 PPP 监管部门的人士表示。

王毅还公开指出，地方政府方面，过于重视融资对经济增长的拉动，而轻视长效机制的塑造；过于重视短期投资效果，而轻视长期风险防范。社会资本方面，注重短期利益而轻视长期运营，“项目建好就拿钱、项目落地就走人”。中介组织方面，PPP 刚刚起步，中介组织经验不足，对 PPP 相关法律、制度、税收等还在逐步熟悉的过程当中，“在干中学、边干边学”。中介市场缺乏行业自律和政府有效监管，服务水平还有待提高。

王毅表示，财政部下一步将从四个方面来推动 PPP 工作：第一，从单纯关注项目落地数量，向关注项目规范性转变。第二，从重视增量项目，向更加重视存量项目转变。第三，从关注短期效益，向关注中长期效益转变。第四，在力所能及的情况下，更好地推动我国企业以 PPP 模式“走出去”，支持“一带一路”发展。

据悉，未来财政部将会继续出台规范 PPP 的相关政策。比如：强化 10% 的支出红线，强化两评（财政可承受能力和物有所值评价）并且将建立完善的 PPP 支出监测体系。

2017 年 11 月 10 日，国家发展改革委出台了《关于全面深化价格机制改革的意见》(以下简称《意见》)，对未来三年价格机制改革进行了系统谋划和全面部署。其中提出，完善政府和社会资本合作（PPP）项目价格调整机制，促进政府和社会资本合作模式推广。

大岳咨询总经理金永祥认为，新阶段的政策越来越清晰，未来 PPP 从数量上讲，总量高峰期已经过了，每年地方政府推出的 PPP 项目，2017 年应该是一个高峰，以后数量大幅增加的可能性很小了。从 2014 年到现在起飞阶段，有些不规范的地方，接下来会越来越规范，从行业上讲不是公共服务的项目、风险分配不合理、运作不规范的、不接受上级政府监管的项目被清除出项目库。政府付费的这扇门越关越紧，价格进行调整，使用者付费的项目会增加。

（刊于《经济观察报》2017 年 11 月 19 日）

财政部发改委欲规范 PPP 严格控制政府付费类 PPP 项目

11 月 8 日，江苏省财政厅发布《关于进一步推进政府和社会资本合作规范发展的实施意见》(以下简称《意见》)，成为首个发文规范 PPP 发展的地方财政部门。《意见》提出，进一步规范江苏省政府和社会资本合作(PPP)项目，加强监管，防范风险。

PPP 即政府与社会资本合作。在 2013 年年底的全国财政工作会议上，时任财政部部长楼继伟提出推广 PPP。近四年过去，全国范围已经形成了总投资额 10 万亿元以上的项目库。

进入 2017 年以后，一系列规范 PPP 发展的政策文件亟待出台。

目前，财政部、发改委正在积极酝酿规范 PPP 发展的政策。一位 PPP 监管层人士对经济观察报记者表示，新规范的主旨思路将与此前已经发布的相关规范的思路一致：比如严禁借 PPP 模式变相举债融资；坚决防止 PPP 模式异化为地方政府新的融资平台；地方政府参与 PPP 项目时，不得以任何方式承诺回购社会资本方的投资本金等。

“规范分很多层面，比如项目决策、融资方案、招标投标、合同签订等，对各个环节可能会出现问题的方面进行规范，规范的目的不仅仅是为了防范债务风险，更是为了 PPP 的健康发展，行稳致远。”上述监管层人士对记者表示。

“PPP 这种模式，是世界范围内通行的，世界很多国家都在推行。PPP 在中国有三十多年历史，模式本身不存在问题，这和地方政府融资平台以购买服务的名义购买工程等有本质的区别，未来对 PPP 要规范地推进，而不是停掉。”上述监管层人士对经济观察报记者表示。**“规范 PPP 的目的**

是为了贯彻中央金融工作会议的精神，重点在于规范运作和防范风险。”大岳咨询总经理金永祥对经济观察报记者表示。

江苏迈出第一步

虽然2017年财政部在不断强调要规范PPP，但是最先推进的却是地方政府。

11月8日，江苏省财政厅发布《关于进一步推进政府和社会资本合作规范发展的实施意见》，在《意见》中，江苏省财政厅提出将组织开展PPP项目重点抽查，及时查处、纠正不规范行为，确保PPP模式规范发展。

在这份实施意见中，江苏财政厅要求严格规范PPP项目库管理、健全完善PPP项目方案审核机制，规范建立PPP项目财政支出责任台账，全面公开PPP项目信息，加大PPP项目监督检查力度，健全完善PPP工作体制机制。

同时，在《意见》中，江苏财政厅要求各地应根据PPP项目进展情况，及时在信息平台上填报各阶段信息，重点应公开项目实施方案、物有所值评价、财政承受能力论证、项目采购文件、项目合同等关键内容。对公开不及时的项目进行通报，对提供信息不真实、不完整、不准确的项目责令限期整改，无正当理由拒不改正、超过一定时间且督促后仍未及时更新信息的将清退出项目库。

根据财政部全国PPP综合信息平台项目库提供的数据，截至2017年9月末，江苏省进入准备、采购、执行阶段的PPP项目210个，总投资4738亿元，落地率为43.3%。

金永祥认为，此次江苏省财政厅发文规范之后，预计未来会有更多省市的规范PPP文件陆续出台。

E20研究院执行院长薛涛认为，江苏财政厅的文件成为地方落实财政部规范PPP的第一个落地文件，有着明确的风向标作用，可以预期的是，未来全国非运营类绩效不易把控的大型项目面临收缩，信息公开度会进一步提高。

中央层面的动作

相关监管层人士对经济观察报记者表示，目前发改委、财政部也在研究制定PPP的监管规范，规范的主旨思路与此前已经发布的相关规范思路一致，比如严禁借PPP模式变相举债融资，坚决防止PPP模式异化为地方政府新的融资平台。

这一规范的出台有迹可循。财政部、国资委在2017年年初之后一直在强调规范PPP的发展，并出台相关政策。

5月，财政部联合发改委、司法部、人民银行、银监会和证监会六部门发布《关于进一步规范地方政府举债融资行为的通知》，严禁地方政府利用PPP、政府出资的各类投资基金等方式违法违规变相举债。

财政部副部长、PPP工作领导小组组长史耀斌在2017年7月31日举行的进一步推进PPP规范发展工作座谈会上明确，要强化财政承受能力论证10%红线的硬性约束，统一执行口径，加强信息公开。

2017年10月，国资委办公厅下发《关于加强中央企业PPP业务财务风险管控的通知》（征求意见稿），该意见针对在PPP项目社会资本中扮演重要角色的国有企业。通知提出要求建筑类央企累计对PPP项目投资不超过集团净资产的40%，其他央企比例不超过20%。

2017年11月1日，财政部金融司司长王毅在第三届中国PPP融资论坛表示："对不具备条件、未规范开展'两个论证'的项目，特别是那些不属于公共产品供给体系、自己的资本金不到位、资本金穿透以后都不是自有资金、未来项目运行没有很好的绩效、过度依赖政府付费的项目，我们有考虑把它剔除。"

同日，史耀斌在第三届中国PPP融资论坛中表示，要按照党的十九大整体部署精神和要求，提高规矩意识，维护市场秩序，强化管理，严控风险，严守财政支出的10%红线，保证PPP改革事业可持续发展。

在论坛中，史耀斌还强调，在PPP改革实践中，一些地方对新发展理念贯彻还不到位，特别是把PPP模式简单化作为政府的一种投融资手段，产生了风险分配不合理、明股实债、政府变相兜底，重建设轻运营、绩效考核不完善，社会资本融资杠杆倍数过高等泛化异化问题，积累了一些隐性的风险。“对此，我们应高度警惕并要切实加以解决。”

短期项目或减少

根据财政部 PPP 中心数据显示，截至 9 月末，全国入库项目合计 14220 个，累计投资额 17.8 万亿元，覆盖 31 个省（自治区、直辖市）及新疆兵团和 19 个行业领域。其中，6778 个项目处于准备、采购、执行和移交阶段，均已完成物有所值评价和财政承受能力论证的审核，纳入管理库，投资额 10.1 万亿元；7442 个项目处于识别阶段，尚未完成物有所值评价和财政承受能力论证的审核，是地方政府部门有意愿采用 PPP 模式的储备项目，纳入储备库，投资额 7.7 万亿元。

金永祥认为政府方和社会资本方同时开始规范，从长久来讲有助于 PPP 可持续发展，但近期 PPP 数量会有较大幅度下降。

E20 研究院执行院长薛涛认为，强化 PPP 规范，包括以下几个方面：首先，可以重申或具体化明确化之前的相关规定，包括对投融资平台本身的监管以及不合格项目出库的可能性。特别是此前在 PPP 创新中被忽视的相关内容，比如政府性基金在 PPP 中的使用规范。

其次，还将收紧一些不适合 PPP 的项目或地区，其中包括工程导向的、运营绩效约束特点不足的项目，同时还强调了对 10% 的刚性约束。

再次，要严格 PPP 的管理流程：比如突出 PPP 省级项目库的作用，同时避免 PPP 名称的滥用，进一步推进信息公开和责任追索制度，还有不同地区风险预警制度，等等。**“需要注意的是，PPP 政策不能左右摇摆，不能从一个极端走向另一个极端，要逐步规范。对于前期 PPP 项目，要以整改为主，只要能满足 PPP 基本特征即可，重点抓好未来的 PPP 项目。”金永祥对经济观察者表示。**

（刊于《经济观察报》2017 年 11 月 12 日）

国资委欲严控央企参与PPP 或将进入由量到质新阶段

中国PPP或许将会进入一个由量到质的改变阶段，进入一个重视项目落地、重视项目质量的新阶段。

近日，国资委办公厅下发《关于加强中央企业PPP业务财务风险管控的通知》（征求意见稿），通知中提出要求建筑类央企累计对PPP项目投资不超过集团净资产的40%，其他央企比例不超过20%。

通知称，近年来，随着国内投融资体制改革不断深入，越来越多的基础设施和公共服务领域项目转变为PPP（政府和社会资本合作）模式。中央企业主动适应改革要求，积极参与PPP项目，有关业务快速增长。但PPP项目投资金额大、回报期长、部分项目操作不规范、大量资产负债表外运行等，加大了企业财务风险。为加强中央企业境内基础设施和公共服务领域PPP业务财务管理，防范财务风险，并下发通知。

PPP即政府与社会资本合作，在2013年年底的财政工作会议提出推动PPP，历时接近四年，形成了投资额十万亿元以上的项目库。

据经济观察网了解，此次国资委下发的通知还只是一个讨论稿，在几家企业内部下发征求意见。一家建筑央企PPP负责人看来，由于央企在近几年PPP项目推进的太快，累计的风险需要化解，比如项目的可研论证、财政可承受能力论证、项目融资论证不充分，此次国资委出台这个通知非常有必要，能够约束央企的投资，希望同时有细则公布。

大岳咨询总经理金永祥认为这个通知对PPP来讲，央企是主要的社会资本方，现在央企投资PPP的趋势会收紧，对PPP总体来讲，有助于PPP的规范。对于民营资本来说，机会更多了。对于未来PPP，会是一个由量到质的变化。大岳咨询属于PPP中介行业的领先者，近几年参与了几

百个 PPP 项目。

财政部全国 PPP 综合信息平台项目库第 8 期季报数据显示，从社会资本合作方类型角度分析。截至 9 月末，572 个落地国家示范项目包括 316 个独家社会资本项目和 256 个联合体项目，签约社会资本共 944 家，包括民营独资 175 家、民营控股 153 家、港澳台 25 家、外商 15 家、国有独资 300 家、国有控股 249 家，另外还有类型不易辨别的其他 27 家。

根据有关数据，截至9月，2017年新成交的项目已经达到3.17万亿元，而八大建筑央企上半年中标 PPP 项目总投资额就已超 1.5 万亿。

此次通知主要包括四条：明确财务承受能力边界、严格财务风险源头管控、优化项目资金安排、规范 PPP 业务会计核算等，而每一条又分为具体规定。比如，明确财务承受能力边界要求各央企明确自身 PPP 业务财务承受能力上限，对 PPP 业务实行总量管控。资产负债率高于 90%、近 2 年连续亏损或资金实力薄弱的子企业原则上不得单独投资 PPP 业务。

严格财务风险源头管控，要求单个项目计划总投资超过 10 亿元或拟开展子企业资产总额 5% 的，均应由集团批准。对财政收入主要依赖转移支付的地方，审慎开展回报方式以政府付费为主的 PPP 项目。

E20 研究院执行院长薛涛看来，当前 PPP 中某些项目的机制设计，确实带来了施工类企业的一些竞争优势，而项目打捆带来的巨大的融资需求，使一些建筑类央企在当前 PPP 的竞争中因此获得了突出的地位，业绩突飙猛进。在 PPP 制度还相对不完善的当下，也使他们成为融资平台的某种替代而积累了财务风险，这是这篇管控通知出台的原因。但是这样的情况如果继续深化，一方面确实与防控地方债务风险有所违背，一方面也再次陷入重建设轻运营的惯性，一方面也对缓解民间投资下滑的不利局面没有帮助，最重要的是也许在过快的央企 PPP 增长份额中，其中部分项目实现不了 PPP 提供公共服务长期效率提高的目的。这是大家所关注的焦点问题。

薛涛长期关注市政以及 PPP 领域的发展变化，他更关心的，一是那些建筑类央企能否利用这些 PPP 项目转换为运营商的角色为自己的转型抓住良机，二是项目模式设计如何进一步避免重建设轻运营和避免联合体合而不联的情况，三是运营优势如何被重点关注和成为相关产业发展的动力。

（刊于《经济观察报》2017 年 10 月 31 日）

PPP 条例征求意见稿密集座谈 物有所值是否列入颇受争议

2017 年 8 月 16 日，国务院法制办组织了一场 PPP 条例座谈会。财政部条法司、金融司，发改委的投资司与法规司，以及中介机构、律师事务所都参加了此次座谈会。经济观察报记者获悉，此次座谈会就当前 PPP 条例面临的诸多问题进行了研讨，物有所值是否纳入 PPP 条例就是当天讨论的一个焦点问题。

就在同一天，中国财政科学研究院也举办了“PPP 立法研究成果发布暨研讨会”，据了解，与 PPP 条例座谈会上讨论的问题十分类似，物有所值等问题同样受到关注。

2015 年底财政部印发关于《PPP 物有所值评价指引（试行）》的通知，指引明确物有所值评价的素材包括：（初步）实施方案、项目产出说明、风险识别和分配情况、存量公共资产的历史资料、新建或改扩建项目的（预）可行性研究报告、设计文件等。这份试行指引出台的一个重要背景是，很多地方政府不清楚项目 PPP 运作的开展与项目基建立项程序之间的关系和顺序，对于什么项目可以采用 PPP 模式也界定模糊。按照试行指引的明确，上述素材是地方项目采用 PPP 模式的重要条件。

E20 研究院执行院长薛涛对经济观察报记者表示，国务院法制办、财政部条法司和发改委法规司在国务院法制办与各领域专家共同召开了《基础设施和公共服务领域政府与社会资本合作条例（征求意见稿）》的闭门研讨会，会议持续了整整一天，这是条例颁布以来探讨最深入、交流最坦诚的一次会议，各方就条例乃至当前PPP发展中的各类问题进行了深入的讨论，法制办也向各位专家介绍了条例制定的过程和很多条款制定的初衷。“条例的定位，特许经营是否应该纳入的问题，物有所值如何看待等问题，都是有争议或者需要完善的地方。”薛涛告诉经济观察报记者。

讨论

《基础设施和公共服务领域政府和社会资本合作条例（征求意见稿）》7月21日公布，开始向社会各界征求意见。该征求意见稿明确，合作项目协议的履行，不受行政区划调整、政府换届、政府有关部门机构或者职能调整以及负责人变更的影响，以保障公共利益和社会资本方的合法权益。

大岳咨询总经理金永祥告诉经济观察报记者，他在此次参加法制办座谈会中提出，关于政府各部门出台 PPP 政策的情况，特别是各部门政策不一致造成了地方执行过程中的混乱，征求意见稿第四条提到了政策措施。建议立法中明确：第一，部门出台的政策不得与条例冲突；第二，政策发布前由国务院法制办进行一致性审查；第三，由法制办制定一个定义系统由各部门统一使用。

薛涛认为对于条例应该是一个完全能够建设 PPP 所急缺的顶层结构的重构型条例，还是一个应 PPP 市场之急需的阶段性条例，各方也有不同的看法。在此，不少代表都做了明确表态——在当前不完备并存在冲突的外部环境和法律系统下，更倾向于后者，取得最大公约数，留下未来继续完善的接口，尽快推出 PPP 条例，稳定市场信心。

对于最近比较热的话题是关于特许经营和物有所值，**金永祥提出特许经营和物有所值已经有大量实践，以后可能还会用到，这次征求意见稿中没有提到。建议立法中给予考虑：第一，可以把特许经营定位为垄断行业的管理体制，某行业是否实行特许经营由行业主管部门决定，为推进 PPP 创造条件；第二，可以在实施方案中对定性的物有所值评价做出要求，作为 PPP 可行性论证的组成部分。**

物有所值

“物有所值”是指财政部在 2015 年年底印发的关于《PPP 物有所值评价

指引（试行）》通知。

但是在此次 PPP 条例征求意见稿中并没有将物有所值列入条例。薛涛认为物有所值现在是如何看待的问题，条例中未提物有所值，确实和物有所值在当前的定量性分析尚不完善、无法为筛选项目发挥足够的作用有关。薛涛认为，应该更加重视后期项目的绩效审查和整个生命周期的物有所值评价，并由此通过历史数据积累来推动物有所值发挥效果，当前阶段还是应该发挥可研等传统立项程序的作用，不能仅仅靠当前的物有所值的水平来判断项目是否应该上马或者应该建设的标准。

财政部 PPP 中心主任焦小平在“PPP 立法研究成果发布暨研讨会”中告诉经济观察报记者，PPP 从治理模式改变、管理模式的改变最后要达到提质增效，有政策规定还有一些工具，财务管理，有资产负债率，有流动比、速动比。PPP 本质来说，是政府自己做好、市场做好，肯定选择最优的路径，PPP 物有所值是比较概念，有的专家说“物有所值”应该写成“物超所值”，PPP 核心价值观、核心理念就是提质增效。

金永祥认为主管部门之争是一个无法回避的问题，传统基础设施和公共服务之分并没有解决，地方政府左右为难。文件提到了国务院协调机制，但不够明确。建议：第一，立法中明确主管部门或牵头部门，若无法统一则可设计一种在各司其职基础上的常设协调机制，比如能否将财政部 PPP 中心与发改有关部门重组，多发挥些作用。第二，强化协调机构的责任接受各个部门监督，让社会监督。

在中国财政科学研究院举办的“PPP 立法研究成果发布暨研讨会”中，主管部门的问题同样受到关注，陕西省铜川市政府 PPP 项目管理办公室副主任刘鲁宁认为，第一个建议是不要完全割裂基础设施和公共服务，原因是在实际操作中，感觉到一些项目不能完全区别是纯基础设施还是纯公共领域，如果这样的话，就对现实中的操作造成困扰。

刘鲁宁认为，从铜川实践来看，财政牵头更有利于 PPP 规范和可持续发展，而不是把 PPP 仅仅当成投融资平台。理由是物有所值和财政可承受能力是两项工作，只有通过这个才知道是否适合做 PPP，才能够明确政府是否在财政承受能力之内，是否超过 10%。在策划阶段，财政部门提出是否适合做 PPP，将来财政能不能承担，市场愿不愿意承担，这时候提出，物有所值就不会流于形式，就会扎扎实实的来搞。其次财政部门牵头更有利于把控 PPP 的风险，因为财政本身就拟定和编制国内债务管理，可以避免一些项目打着 PPP 名义搞购买服务，跨过了物有所值。

刘鲁宁还建议条例多采用负面清单形式，这是大趋势。最近财政部对债务管控还有购买服务的管控都采用了负面清单，建议 PPP 条例都采用负面清单。

（刊于《经济观察报》2017 年 8 月 19 日）

一家中介公司眼中的“PPP冷暖局”

金永祥在进入2017年以后一直想控制公司的人员规模和业务的发展速度。

金永祥是大岳咨询公司的总经理，在2017年年初的时候，他判断中国的PPP已经进入了新的阶段。这个“新的阶段”指的是，PPP已经进入需要进行费价制度改革的时候。

于是金永祥就有意识地控制公司的规模和发展速度。其后的变化也符合了金永祥的判断，无论是财政部的50号文还是78号文，都在不断明确这样一个信号：加强对不规范PPP的约束和管理。

2017年7月31日，财政部召开进一步推进PPP规范发展工作座谈会，财政部副部长史耀斌表示，在当前严控地方政府债务风险的形势下，部分地方政府和市场机构对PPP发展前景表示担忧，认为政府付费类PPP与政府购买服务一样，都属于被政策限制的范围；事实上，中央始终将PPP定位为一项长期性、系统性的改革，当前提出的一些政策要求，是对短期内一些错误认识和违规行为的修正，有利于PPP事业的长期、健康、可持续发展。

金永祥告诉经济观察报记者，这与他年初的判断是一致的，现在做PPP的就是三方：政府方、社会资本方和金融机构方，现在政府一方最重要。

金永祥判断，PPP经过三年的快速发展，市场已经开始发挥自我调节作用，进入优胜劣汰的阶段。

新阶段

2016年是PPP快速发展的一年，金永祥告诉经济观察报记者，2016年底公司人数达到四五百人。签约合同数也是大幅增长，2013 年有 50 来个合同（启动之前），2014 年大概是 101 个，到 2015 年的时候是 245 个，2016 年达到 400 多个，2017 年会再涨到 600 个。

但是，到了 2017 年，金永祥认为 PPP 发展已经进入了新阶段，特别是在项目中发现，都需要做两评方案，另外好多项目签完约后并不落地，开不了工。两评方案是指，物有所值评价和财政承受能力评价，在评价的时候就会发现，已经离地方政府财政支出 10% 的上限越来越接近。财政部在 2015 年 4 月印发的《政府和社会资本合作项目财政可承受能力论证指引》中明确要求，每一年度全部 PPP 项目需要从预算中安排的支出责任，占一般公共预算支出比例应当不超过 10%。

金永祥判断，这其中会出现部分项目操作不下去的情况，然后就是有些项目签约就没开工，大部分签完约在那放着就变成假项目，做不下去了。

金永祥给出了必须进行费价改革的理由。他表示，如果不进行费价制度改革，就无法真正推动 PPP 沿着市场化方向走下去。看看现在 ABS（PPP 项目资产证券化）为什么做不下去？就是因为市场对项目没有信心。为什么没有信心？还是因为没有现金流。现金流从哪儿来？政府使用者付费。政府没能力付费了，做那么多项目，政府哪有那么高能力付费？让使用者付费就意味着公益项目也得收费，让过去价格不到位的逐步到位，只有这样才能从根本上解决问题，一盘 PPP 的大棋才能盘活。

金永祥认为，PPP 项目一半开不了工的原因是项目完不成融资。完不成融资的原因是没有收费和价格制度改革。

政府付费项目的减少，是否意味着 PPP 增速的下降？在财政部 PPP 中心的最新一期季报数据显示，在财政部 PPP 项目库中，政府付费和政府市场混合付费项目数 8625 个、投资额 11.4 万亿元，分别占入库项目个数的 63.6% 和投资额的 69.5%，占比稳定。

10% 的难题

财政部在 2015 年印发的《政府和社会资本合作项目财政承受能力论证

指引》其中一条规定，每一年度全部 PPP 项目需要从预算中安排的支出责任，占一般公共预算支出比例应当不超过 10%。省级财政部门可根据本地实际情况，因地制宜确定具体比例，并报财政部备案，同时对外公布。

财政部副部长史耀斌认为 PPP 发展不规范可以归纳为“四个问题”：其中一条就是支出上限“虚化”问题。对于 PPP 项目支出责任不得超过预算支出 10% 的规定，一些地方政府认识不到位、把关不严、执行不力，还有些地方政府能力不匹配，对当地财力和支出责任测算不准确，导致财政承受能力论证流于形式，失去了“安全阀”功效，很可能加剧财政中长期支出压力。

金永祥此前就判断，在 PPP 项目中财政支出的空间已经到了边界，大家都怀疑财政还不起钱，尤其是在地方政府债务问题已经引起众多关注的情况下，地方政府财政支付能力确实承受不小的考验。

一位 PPP 专家对经济观察报记者表示，PPP 项目政府支出事项会增加未来政府支出负担，过多项目可能导致财政收支矛盾加剧，从而带来债务风险的隐患。正是为了防止 PPP 项目政府支出事项过多而催生债务风险，财政部发文作出规定，PPP 项目需要从一般公共预算中安排的支出应当严格控制在 10% 以内，这主要就是防止地方政府大量上马 PPP 项目超出财政承受能力。

在上述 PPP 专家看来，政府付费和使用者付费项目成本均是受益者负担，但现阶段从防控风险角度考虑以使用者付费项目优先为宜。无论是政府付费，还是使用者付费，只要是公共服务项目，其成本最终都是受益者负担，一种是通过向社会公众收税支付费用，另一种是通过向特定的受益者收费支付费用。从受益对象看，政府付费类项目公共属性更为突出，外溢性更强，更具有大众性和普惠性，是地方政府更应优先支持的领域。当然，这要进行财政承受能力论证，不可不顾财政承受能力。

考虑到经过三年多突飞猛进的发展，各地 PPP 项目政府支出事项已普遍逼近 10% 红线，根据现阶段“防风险”主基调，应从严控制新上马政府付费类 PPP 项目。

史耀斌在 2017 年 7 月 31 日的讲话中强调，要重点把握好 PPP 工作的“四条线”，其中一条就是要严控“红线”。要强化财政承受能力论证10%“红线”的硬性约束，统一执行口径，加强信息公开。所有项目都必须在 PPP 综合信息平台中，及时公开财政承受能力论证报告及有关数据。未按规定公开的，要从项目库中清退。各地要建立 PPP 项目财政支出责任统计监测体系，中央财政和省级财政对接近或超出 10% 红线的地区，要进行风险预警。

就算有着 10% 上限的财政控制，但是 PPP 的大潮还在继续向前推进。

难以控制的速度

金永祥发现了 PPP 外部环境的变化，就琢磨要进行策略调整，他要控制公司的发展速度，把发展速度降下来。“必须要控制发展速度，但是实际上这速度很难控制。”金永祥说。

当金永祥想控制速度时，公司的规模已经接近 500 人，要把公司每年 50% 的业务增速控制住确实不易，由于 PPP 业务发展太快，金永祥在控制以后发现，有些项目干不过来了。

金永祥发现，在那些做不过来的项目中，一些是前期做烂的项目，还有一些县市级的项目也出现了。这些新变化让金永祥更加谨慎。

金永祥告诉记者，现在 80% 的业务来自老客户和客户之间的推荐。因为价格问题，金永祥认为他的公司在新的项目上，竞争优势并不明显。

在这次PPP大潮中，涌入的不仅是项目和资本，还有大量的咨询公司，一些公司拿到 PPP 项目的咨询业务，靠的就是低价中标。但有些中介公司会将项目做砸，政府就要重新选择中介公司，这已经成为影响 PPP 项目落地的一个日渐明显的问题。**“真正新增的业务，是那些以市场方式进行选择的项目。此前有一个项目，地方政府由于我们提供的报价高而选择了价格更低的咨询公司，但后来项目做得不顺利，又重新找到我们，价格当然是以市场方式来商定的。”金永祥告诉经济观察报记者。**

（刊于《经济观察报》2017 年 8 月 12 日）

揭秘新机场快轨：土建+设备+运营“大PPP模式”

8月7日，北京新机场快轨项目签约，成为运营商的是北京市轨道交通建设管理公司。

经济观察报记者获悉，这次竞标过程中，由北京市轨道交通建设管理公司牵头，组成联合体的另外两家是城建集团和市政路桥股份有限公司。此外，参与本次竞标的还有由京港公司牵头的联合体，包括中交建、中铁建、中国中铁以及北京住总。第三候选人也是一家地铁运营公司，它联合了北建工、中建和中电建。

轨道交通新机场线是北京市政府确定的重点工程，要求随北京新机场一并投入运营（2019年9月20日通车试运营）。新机场线项目特许期分为建设期和特许经营期，建设期约35个月（2016年11月1日—2019年9月19日）；特许经营期从全线贯通试运营日起，期限为30年，计划全线贯通试运营日期为2019年9月20日。

2016年4月，北京市人民政府通过委托运营的方式将北京地铁燕房线（房山线向燕山石化地区和房山城关等地的延长线）运营权交与北京市轨道交通建设管理公司，意味着建设管理公司获得了北京地铁运营市场第三张“牌照”。此前，北京的地铁运营商有两家，一家是“本土企业”——北京地铁运营公司，另一家是“合资企业”——北京京港地铁有限公司。北京市轨道交通建设管理公司参与地铁运营，也意味着北京地铁运营的三足鼎立之势形成。

大岳咨询总经理金永祥告诉经济观察报记者，新机场线PPP项目是一个非常规范的项目，符合对PPP规范的所有要求，规避了伪PPP、明股实债等

风险。

开始

2014 年初，经北京市交通委员会的授权，京投公司经招标流程选定大岳咨询作为新机场线项目的财务顾问兼牵头顾问，开启 PPP 模式投融资研究工作。2014 年 10 月，《国务院关于加强地方政府性债务管理的意见》和《关于推广运用政府和社会资本合作模式有关问题的通知》等文件相继出台，根据最新政策导向，新机场线 PPP 项目的投融资模式结构在原有 4 号线、14 号线、16 号线设备 + 运营“小 PPP 模式”基础上做出重大调整和优化，形成了土建 + 设备 + 运营的“大 PPP 模式”的框架雏形。

大岳咨询公司的谢乒告诉经济观察报记者，从 8 月发布招标公告到 9 月底完成开评标工作，这是一个正常的反应时间，11 月的确认谈判已经完成。与往常相比，从评标工作完成到谈判完成，3 个月的时间是非常短的，这是因为前期做了大量的准备工作。从确定社会投资人到谈判完成，14 号线用了一年半的时间，16 号线也用了一年的时间。

“北京新机场快轨项目的实际谈判时间只有一个月，前期对双方可能有争议的一些焦点问题进行了充分准备，在招标文件里面已经明确约定了解决方式。”谢乒说。

2015 年 10 月底，京投公司向北京市交通委汇报新机场线项目实施方案，在经市相关部门评审后，上报至北京市政府。2015 年 12 月底，实施方案获批。2016 年 1 月，北京市交通委员会启动了新机场线项目的社会化引资相关工作。在经过长达半年的论证、研讨和优化工作后，招标文件和项目协议终稿基本完成。2016 年 8 月，项目公开发布招标公告，9 月完成开、评标工作，11 月经确认谈判后，确定北京市轨道交通建设管理有限公司（“建管公司”）、中国铁建股份有限公司（“中国铁建”）等八家单位组成的联合体为新机场线中标人，随后正式签署了由特许经营协议作为附件的项目投资协议，新机场线工程正式进入开工建设阶段。

经济观察报记者获悉，这次竞标过程中，由北京市轨道交通建设管理公司牵头，组成联合体的另外两家是城建集团和市政路桥股份有限公司。此外，参与本次竞标的还有由京港公司牵头的联合体，包括中交建、中铁建、中国中铁以及北京住总。第三候选人也是一家地铁运营公司，它联合了北建工、中建和中电建。

轨道交通新机场线是北京新机场的配套基础设施项目，线路全长 41 公里（与新机场高速公路共构段 7.9 公里），全线共设 3 座车站、1 座车辆段，项目总投资 293 亿元。项目按照建设内容划分为 A 和 B 两部分。A 部分主要包括新机场线前期工程、站前广场、草桥站（含城市航站楼）和新机场北航站楼站相关工程，投资额约为 119 亿元，由北京市基础设施投资有限公司（“京投公司”）负责投资建设；B 部分为除 A 部分以外的建设内容，主要包括新机场线 B 部分的前期专项工程、土建工程、装修工程、设备设施等，投资额约为 174 亿元，通过 PPP 模式进行社会化融资，由社会资本和京投公司组建项目公司，由项目公司负责投资建设及运营。

轨道交通新机场线是北京市政府确定的重点工程，要求随北京新机场一并投入运营（2019 年 9 月 20 日通车试运营）。新机场线项目特许期分为建设期和特许经营期，建设期约 35 个月（2016 年 11 月 1 日—2019 年 9 月 19 日）；特许经营期从全线贯通试运营日起，期限为 30 年，计划全线贯通试运营日期为 2019 年 9 月 20 日。

谢乒对经济观察报记者表示，这次主要招的是 B 部分，这个 B 部分涉及的内容是新机场线的土建，然后是设备设施的投资；所谓土建就是盖楼洞体，车辆段等等这些，跟盖房相关的叫土建。设备设施就是轨道铺设、交通引导灯，以及车辆购置，这个叫设备设施。在 B 部分，这两块加在一起是 274 亿的投资，这个投资在北京市的 PPP 项目来说是目前为止体量最大的，在轨道交通的 PPP 项目里面也是体量最大的一个工程量。那么通过 PPP 模式，就对这个 B 部分进行深化融资，由社会投资人和建造公司共同组建项目公司负责投资建设和运营。

2017 年 3 月，组建完成新机场线项目公司，公司名称为“北京城市铁建轨道交通投资发展有限公司”，简称“城市铁建公司”，项目公司相关投融资工作目前正在平稳有序开展。

经济观察报记者了解到，新机场线工程车站及区间主体结构施工工点共 24 处，截至目前，实现进场 14 处，实质性开工 11 处，进场率 58%，开工率 46%。

“大 PPP 模式”

此前北京地铁 4 号线、14 号线、16 号线都进行了 PPP 模式的尝试，但这次新机场线则首创了“大 PPP 模式”，即在原有“设备 + 运营”合作范围的基础上，加入了土建施工部分。“大 PPP 模式”拓宽了项目合作范围，加大了合作深度。根据项目设计文件，新机场线引资规模达 173.6 亿元，约占项目总投资估算的 60%，无论在社会化引资规模上还是占总投资的比例上都是一次重大跨越，意味着新机场线是目前北京市轨道交通领域合作范围最广、最具完整意义的 PPP 项目。此外，由于合作范围的扩大，社会化引资规模的提升，也在一定程度上为北京市政府缓解了当期财政压力。“大 PPP 模式”解决了土建与设备、建设与运营的衔接问题。在之前北京市的轨道 PPP 项目中，土建施工由政府方投资建设，设备设施由项目公司采购安装，由于土建施工与设备安装不存在天然、清晰的分割界面，在建设阶段往往存在摩擦和扯皮事件，施工质量风险的确认和归责问题突出。在新模式下，政府将建设内容同时交由项目公司负责，由其承担相应的风险和责任，相关责权利的切分界面清晰明确，成功解决了原有模式的潜在问题。

谢乒对投资额降低进行了分析。运营成本能降的空间不大，因为构成运营成本主要是电费和人工，这两部分基本上降不了太多。能降的一个是管理费用，另一个是总投的费用，此外后期的更新改造也可以降低一部分，所以建设企业就能把吃到嘴里的施工利润留了一部分出来。

谢乒告诉经济观察报记者，这次社会资本方还是做了相当大的让步，就为了拿这个项目，它不像有一些地方的项目，也同样是这些施工企业去投，但他们真正看中的不是后期整个运营 30 年能拿到多大收益，而是看中了前期先把工程拿下来，工程就赚 25 个点，那么后面运营 5 年不行就交了或者股权转让了，或者政府回购，但是先期的 25 个点的施工利润已经赚到了。

新机场线是北京市重点建设工程项目，在确定“大PPP模式”后，北京市交通委明确要求，这个项目的社会资本应至少包括大型建设集团和专业的地铁运营企业，否则难以保障项目的建设安全和运营安全。

事实上，近两年“土建+设备+运营”的大PPP模式在其他城市也有应用，由于轨道交通项目的建设和运营工作具有极强的专业性，如果对投资人的选择出现偏差，会存在许多潜在问题。例如因两家金融机构共同拿下某一规模巨大的PPP项目，招标结果中没有体现专业社会资本方的直接参与，被质疑有违PPP本义。再如，另有某项目由三家银行联合体中标，中标社会资本实际仅承担本项目的融资、投资责任，不承担任何建设、运营风险，取得与公共服务提供情况无关的固定收益，法律人士分析该操作模式或存“明股实债”的情况，遭财政部发函核查。

财政部在2017年的50号文以及87号文中都强调了对PPP的规范问题，财政部等六部门关于进一步规范地方政府举债融资行为的通知中明确要求地方政府应当规范政府和社会资本合作（PPP）。

新机场线项目在模式设计之初便成功绕开了上述风险陷阱，“建筑集团+运营企业”的社会资本组合模式兼顾建设和运营，有助于参与主体分别在不同阶段发挥各自的能力与优势，为项目全生命周期保驾护航。

具体来说，北京市交通委员会作为项目实施机构，高度重视投资人的建设能力和运营经验，在招标文件中明确要求，项目资本金比例不低于40%，京投公司代表市政府在项目公司中持股2%，投资人必须具备市政公用工程、建筑、公路等行业施工总承包一级以上资质，另外，根据项目规模严格划定了相关财务实力、施工业绩和运营业绩门槛界限。

从实施结果来看，科学合理的投资回报机制和绩效考核方式，消除了“明股实债”、固定收益、保底承诺等潜在问题，“建设集团+运营企业”的社会资本组合，避免了仅由金融类企业中标的情况，充分体现了PPP模式的理念与精神，有助于实现建设和运营工作的平稳推进、有序衔接。

（刊于《经济观察报》2017年8月12日）

三年16万亿 第四批PPP示范项目或超500个

财政部保持了一年推出一批PPP示范项目的速度。

近日，财政部等19个部委联合发出关于组织开展第四批政府和社会资本合作示范项目申报筛选工作的通知。

通知要求，优先支持民营企业参与的项目，优先支持国务院确定的推广PPP模式成效明显市县的项目，优先支持环境保护、农业、水利、消费安全、智慧城市和旅游、文化、教育、体育、养老等幸福产业的项目。

此次示范项目申报要求每个省（区、市）申报项目数量原则上不超过60个，各行业部委申报项目数量不超过5个。各省（区、市）以及各相关行业部委应于2017年8月25日前，提交书面申报报告和申报项目清单，并同时完成线上申报，逾期不予受理。本次项目申报筛选不接受线下申报项目和材料。

PPP即政府与社会资本合作，在十八届三中全会之后成为政府力推的改革与投资模式，经历三年多的发展，财政部的PPP项目库数据显示，截至2017年7月18日，入库项目13132个，项目金额达到16万亿元。

大岳咨询总经理金永祥告诉经济观察报记者，第四批示范项目通知提出行业破冰，相比以前三批示范项目行业增加了农业、消费安全和商贸基础设施等领域，PPP的应用范围将会越来越大。“从时间来看，财政部的PPP项目明年差不多都是从七、八月开始申报，九、十月审核完毕。”一位多次参加过财政部PPP示范项目评选的专家告诉经济观察报记者，财政部第一批PPP示范项目30多个，第二批为200多个，第三批为500多个，第四批的示范项目数量应该还会继续增加。

金永祥认为，与第三批申请规模相比较，每个省从 50 个增加到 60 个，略有增长，但考虑到申报条件要求大幅提高，入选示范的项目个数和投资总额有望超过 750 个和 15000 亿。

标准

此次第四批 PPP 示范项目申报筛选工作由财政部会同相关行业部委联合开展。项目申报筛选注重激发市场活力，激励先进地区，突出行业破冰和引领带动效应，优先支持民营企业参与的项目，优先支持国务院确定的推广 PPP 模式成效明显市县的项目，优先支持环境保护、农业、水利、消费安全，以及旅游、文化、教育、体育、健康、养老等幸福产业的项目。

还要求项目纳入全国 PPP 综合信息平台项目库。项目不得采用建设－移交（BT）方式实施，不得以任何方式承诺回购社会资本方的投资本金，不得以任何方式承担社会资本方的投资本金损失，不得以任何方式向社会资本方承诺最低收益。

E20 研究院执行院长薛涛告诉经济观察报记者，第四批示范项目征集终于准时到来，如果说在前三批之后，PPP 项目落地率逐步提高，社会各层面对 PPP 有了一定的认识，那么第四批示范应该是由量转质的关键期。

50 号文即财政部等六部委在 2017 年 5 月发出的《关于进一步规范地方政府举债融资行为的通知》，要求地方政府及其所属部门参与 PPP 项目、设立政府出资的各类投资基金时，不得以任何方式承诺回购社会资本方的投资本金，不得以任何方式承担社会资本方的投资本金损失，不得以任何方式向社会资本方承诺最低收益，不得对有限合伙制基金等任何股权投资方式额外附加条款变相举债。

“农业的 PPP 项目启动的还比较少，重点和阶段可能会有匹配的问题。”一位 PPP 专家告诉经济观察报。

财政部要求，每个省（市）申报项目数量原则上不超过 60 个，各行业部委申报项目数量不超过 5 个。各省（市）以及各相关行业部委应于 2017 年 7 月 31 日前，提交书面申报报告和申报项目清单，并同时完成线上申报，逾期不予受理。

每个评审组由 7 名评审专家组成，包括行业专家两名，政策、财务、法律、咨询、学术专家各 1 名。评审专家采取 PPP 专家库随机抽取的方式，于集中封闭评审开始前两日确定。

项目评审结束后，按照每个项目评审组的评分从高到低顺序，综合考虑民营企业参与程度、国务院确定的推广 PPP 模式成效明显，市县、环境保护和幸福产业等三类优先支持的项目类型和各组平均分，形成示范项目名单。示范项目名单形成后，原则上不再进行调整，由财政部会同各相关行业部委联合发布。

“对申报程序进行改革，地方项目和中央项目分别申报，行业部委负责中央项目申报。第三批示范时，行业部委上报了一些地方项目，不同渠道上报的地方项目给评审带来了不便。”金永祥对经济观察报记者表示，申报条件较前三批严格，对前期工作的深度要求较高，并规定至少要进入采购阶段，该规定有助于示范项目落地，对稳定增长有积极作用。

有进有退

进入财政部的 PPP 示范项目，并不是高枕无忧，财政部对于 PPP 示范项目一直维持着“有进有出”的原则。

2017 年 4 月，在北京市财政局举办的政府和社会资本合作（PPP）培训班上，财政部金融司副司长董德刚表示，财政部将进一步加强市场环境建设，推出第四批示范项目，打造行业精品与改革示范区，并将严格执行 PPP 项目信息公开管理办法，加强项目全过程信息公开，引导市场规范发展。

随后，财政部 PPP 中心主任焦小平也在接受媒体采访时表示，第四批 PPP 示范项目，会在遴选标准、程序和办法方面更加精准和严密，尽可能体现各方诉求，不会盲目追求数量规模，把做“真 PPP”放在第一位。

薛涛也认为，在目前 PPP 的形式下，按照流程选择走 PPP，合格条件的 PPP 顺利落地都已经不是问题，固定回报、政府担保类的行为则再次被突出强调。在后续中要特别关注的是示范案例中两个重点如何能够突破。

首先是长期运营绩效考核机制被有效地设计出来，其次便是捆绑商业空间能够合理公平地达到双方共识并得到高效的开发。

2017年5月，财政部副部长、PPP工作领导小组组长史耀斌在主持召开2017年PPP工作领导小组第一次会议上表示，在前三批PPP示范项目稳步落地与2017年一季度项目落地加快的背景下，将继续规范推出第四批示范项目。

PPP示范项目的数量一直在减少，根据财政部PPP中心的最新季报显示，按照《财政部等关于联合公布第三批政府和社会资本合作示范项目加快推动示范项目建设的通知》（财金〔2016〕91号）的要求，逾期未完成采购的43个第二批示范项目调出示范项目名单。第二批示范项目从此前的205个，降至3月底的162个。

截至2017年3月末，国家示范项目总数700个，总投资1.7万亿元。其中，2014年第一批示范项目22个（最初为30个，陆续调出8个），总投资714亿元；2015年第二批示范项目162个（最初为206个，陆续调出44个），总投资4871亿元；2016年第三批示范项目516个，总投资11616亿元。

财政部PPP中心数据显示，截至2017年3月末，第一批22个示范项目、第二批162个示范项目已全部进入执行阶段，落地率100%。第三批示范项目中执行阶段280个，落地率54.6%，与上月末相比，落地项目数增加26个，落地率提高5.1个百分点；与2016年末相比，落地数量增加60个，落地率提高11.7个百分点。

（刊于《经济观察报》2017年7月29日）

PPP 迎来最高层级法规 社会资本仍在等待正面清单

金永祥在等待 PPP 条例的正式稿出台，之后让公司所有的人员学习。

金永祥是大岳咨询有限公司总经理，从事 PPP 行业已经二十余年，他所等待的 PPP 条例是国家层面出台的第一部关于 PPP 的法律法规。对于金永祥这样的 PPP 从业者来说，这份条例的出台，意味着不同部门的审查标准将实现统一，项目不再担心按照这个部门的规则来做后，在另一个部门检查时说不合格——今后的 PPP 项目都将按照统一的标准来执行。

2017 年 7 月末，国务院法制办公布《基础设施和公共服务领域政府和社会资本合作条例（征求意见稿）》（以下简称征求意见稿），相对于近三年来财政部、发改委出台的部门规章，这一条例是现有出台的法律法规中最高层级的。

该征求意见稿明确，合作项目协议的履行不受行政区划调整、政府换届、政府有关部门机构或者职能调整以及负责人变更的影响，以保障公共利益和社会资本方的合法权益。

E20 研究院执行院长薛涛告诉经济观察报记者，这部 PPP 条例的出台可以用“千呼万唤”来形容，各方分歧大，法律冲突多，一时难周全，但依然积极意义大，需要慢慢找共识。比如关于主导 PPP 的部委如何确定还需要进一步讨论，不过毕竟很多关键问题如果各方不能达成共识，单纯采取回避方式也不是个办法。

“公共产品一定要有正面清单，未来在公共产品服务哪些社会资本可以进入，哪些社会资本不能进入，一定界定清楚。接下来一定会出正面清单。”金永祥告诉经济观察报记者。

需求

金永祥从上世纪90年代初期开始从事PPP行业，参加过广西来宾电厂BOT项目的谈判。来宾电厂BOT项目引进了国外的做法和知识，为中国PPP的发展积累了经验。之后金永祥又担任了成都第六水厂英国泰晤士水务公司的投标顾问，此后的北京第十水厂、地铁四号线项目他都有所参与。

到目前为止，金永祥与他的团队已经完成了700多个PPP项目，还有500多个正在执行中的项目。

金永祥告诉经济观察报记者，此前的PPP项目主要依靠的法律法规是发改委上世纪90年代发布的一份通知，来宾电厂的PPP项目依据的就是这份通知，2004年住建部出台的特许经营管理办法仍属于部门规章。“有些需要在现有的法律法规基础上找解决方案，做第十水厂项目的时候需要埋管道，管道的铺设涉及土地的所有权问题，以及影响村民耕种相关政策等问题。这些都是做项目时逐渐摸索的，也付出了代价。”金永祥对经济观察报表示。

此次，针对PPP操作中社会资本方普遍担心的能否受到公平对待、合理回报有无保障以及政府随意改变约定、“新官不理旧账”等问题，征求意见稿都做出了明确规定：国家保障各种所有制形式的社会资本方依法平等参与政府和社会资本合作项目，任何单位和个人不得排斥或者限制非公有制社会资本方依法参与合作项目；政府实施机构应当按照保证各种所有制形式的社会资本方平等参与的原则，合理设置社会资本方的资质、条件以及招标、竞争性谈判等的评审标准。

为了防止PPP成为地方政府变相融资的通道，此次征求意见稿还要求PPP合作项目协议中不得约定由政府回购社会资本方投资本金或者承担社会资本方投资本金的损失，不得约定社会资本方的最低收益以及由政府为合作项目融资提供担保。

薛涛告诉经济观察报记者，PPP条例对促进PPP项目发展的作用不言而喻，比如对绩效的重视，对政府履约信用的重视；此外，值得注意的是，社会资本自提项目的创新模式没有出现，有些可惜。此外项目公司的重要性毋庸置疑，是整个 PPP 系统中重要的一环，条例草案中也弱化了，不过相信后期会通过各方讨论的意见予以完善。

“其实最难做到的是大家期许 PPP 条例能够在 PPP 的顶层机构上有所建树，而不是就现有的部门各项规章中找最大公约数予以明确，但是就目前的实际情况而言，这方面短期内很难达到。”薛涛说。

分工问题

一位 PPP 专家也对经济观察报记者表示，目前各部门出台的文件确实存在部分冲突。此次征求意见稿中对财政部的物有所值评价没有提到，发改委的可行性研究报告也没有提到，但是后面提到了必要性和可行性，以及假如有争议，是否可以仲裁。

薛涛认为，还是期望出现一条能够各取所长的中间路径，也就是根据各方意见，在一些可以操作的问题上有所提升和提高，但对于短期仍然无法突破的法律障碍以及难度较大的顶层设计等问题，留下完善的空间和步骤。而且，这也需要各个部门的配合。

一位 PPP 专家告诉经济观察报记者，虽然征求意见稿的全称是《基础设施和公共服务领域政府和社会资本合作条例（征求意见稿）》，但是内容上并没有提到公共服务和特许经营的定义以及区别，也没有条款是专门涉及基础设施或者公共服务的，在实际操作中，基础设施的基本功能就是提供公共服务，而公共服务离不开基础设施，条例的名称应该简化。“另外虽然此次征求意见稿提到政府和社会资本的监督问题，但是没有提到如何对地方政府在 PPP 项目中违规问题进行监督，而在 PPP 实践中，地方政府违约问题是影响 PPP 健康发展的关键因素之一。”上述 PPP 专家对经济观察报记者表示。

（刊于《经济观察报》2017 年 7 月 29 日）

四部委要求污水、垃圾处理项目推行强制 PPP 模式

近日，财政部、住建部、农业部、环保部印发《关于政府参与的污水、垃圾处理项目全面实施 PPP 模式的通知》(以下简称通知)。

PPP 即政府与社会资本合作，在十八届三中全会之后成为政府力推的改革与投资模式，经历三年多的发展，财政部的 PPP 项目库数据显示，截至 2017 年 7 月 18 日，入库项目 13132 个，项目金额达到 16 万亿元。

通知要求，政府参与的新建污水、垃圾处理项目全面实施 PPP 模式。有序推进存量项目转型为 PPP 模式。政府以货币、实物、权益等各类资产参与，或以公共部门身份通过其他形式介入项目风险分担或利益分配机制，且财政可承受能力论证及物有所值评价通过的各类污水、垃圾处理领域项目，全面实施 PPP 模式。

大岳咨询总经理金永祥认为，新建污水、垃圾处理项目全面实施 PPP 模式，有序推进存量项目转型为 PPP 模式。未有效落实全面实施 PPP 模式政策的项目原则上不予安排预算支出。意味着污水和垃圾处理等环境保护项目将为社会资本提供大量机会。环境项目不同于市政和交通项目，民营资本一直在这一领域占有优势，该政策出台将增大民资在 PPP 中的市场份额。

“该通知意味着推进 PPP 的大方向不会改变，已经成为公共产品和公共服务供给的新常态。无论是地方政府，还是社会资本方或第三方，只有抓住这个机会才能发展。这次是污水垃圾，接下来其他行业推进 PPP 条件成熟了也会全面推进。”金永祥对经济观察网记者表示。

全面强制

通知要求在污水、垃圾处理领域全方位引入市场机制，推进 PPP 模式应用，对污水和垃圾收集、转运、处理、处置各环节进行系统整合，实现污水处理厂网一体和垃圾处理清洁邻利，有效实施绩效考核和按效付费，通过 PPP 模式提升相关公共服务质量和效率。以因地制宜为基础，加大引导支持力度，强化按效付费机制，政府和社会资本双方按照市场机制原则协商确定 PPP 模式实现方式。以规范操作为抓手，严格执行财政 PPP 工作制度规范体系，防止变相举借政府债务，防范财政金融风险，深入推进相关领域内 PPP 改革。

对此，E20 研究院执行院长薛涛认为，此次污水、垃圾处理项目强制 PPP，在市场化大方向没问题，收杠杆和约束地方债务也是明确的方向。本文中的污水垃圾都是运营类资产不在被约束之列。

金永祥认为污水和垃圾处理是转型城镇化的基本组成部分，加强这一领域的建设有利于完成十八大确定的战略任务。同时，污水和垃圾处理是我国推进 PPP 工作较早的领域，已经取得了明显效果，由于采用 PPP 模式污水处理成本下降了 50% 以上，不仅解决了环境问题，而且推动了中国环保产业的发展。在污水和垃圾处理领域全面实施 PPP 完全有条件取得成功。

强调规范

在此次要求强制推行 PPP 模式的同时要求规范，金永祥认为，在 PPP 操作方面，通知强调规范操作，就近年来 PPP 推进过程中出现的各种问题提出了明确要求。结合金融工作会议的精神，以融资为目的伪 PPP 将受到限制。这对地方政府运作 PPP 的能力提出了更高要求，能力强、经验多、专业化、团队稳定的咨询公司将更为容易获得地方政府信赖。

通知强调，对收集、转运、处理和处置各环节进行系统整合，实现污水处理厂网一体。这从行业管理角度提出了新的要求，相应地未来环保 PPP 项目将规模更大、系统性更强、责任也更清晰，传统的地方国有企业将进一步从有关环节中退出。

薛涛认为，对于PPP中政府兜底的“担保”行为予以明确禁止，但是特许经营的保底量之单体BOT（建设－运营－移交）模式并不属于这种情况，应该说本次全面推进的污水垃圾项目总体属于“运营”属性较强的优质资产，相对容易发挥PPP提高绩效的作用，也是环保民生必要性很强的领域，在实际项目中看到造成政府隐形负债的情况并不严重。

并且现在厂网一体化在污水领域实际项目模式摸索上还有很多难题，薛涛告诉记者，现在并不能实现厂网一体化实现区域实际减排的目的（但是要做到真正的一体化项目又缺乏很多配套政策和实践的支撑），这方面还需要认真摸索。农村环境、垃圾分类等新领域的PPP绩效管理难度高，成熟模式有待时间考验，在全面推进中需要一步一回头，避免高调起步一地鸡毛。

薛涛认为，文中提到“着力推动市场资源依据市场规则、市场价格和市场竞争实现效益最大化和效率最优化。”市场价格中该领域的主要支撑—环境公共服务价格改革滞后，配合当前中央政府各方面的环保要求的提高，自然导致政府支出负担的增加是需要高度关注的问题。

“这类环保项目均属于‘政府参与’，原有地方所属专业平台公司公共服务费用支付通道进一步受阻，存量项目延续支付惯例尚可维持，新增项目如何安排看文件要全面切换。”薛涛告诉经济观察网记者。

（刊于《经济观察报》2017年7月18日）

PPP资产证券化可期，项目大规模落地却未必

2017年7月13日，财政部联合中国人民银行、证监会在京举办首期PPP项目专题业务培训班。

此次培训针对的是2017年6月，财政部、人民银行和证监会联合发布了《关于规范开展政府和社会资本合作项目资产证券化有关事宜的通知》，这也是继2016年底证监会与国家发改委就传统基础设施领域PPP项目资产证券化联合发文后，PPP资产证券化领域又一重要政策文件出台。

一位PPP专家告诉经济观察网记者，虽然发改委、财政都有培训PPP的资产证券化，但是不太可能出现大规模的项目去资产证券化。首先PPP的资产证券化对地方政府方增加了约束，积极性不会有想象中那么高，对社会资本方来说，最大的吸引力就是资金盘活，但是现在成本不低。想买PPP资产或者产品的人积极性很高，但是卖的不一定有积极性。随着项目质量的提高，PPP资产证券化会为社会资本的退出提供一个通道。

PPP资产证券化，简单来说就是PPP+资产证券化。PPP的含义是社会资本与政府合作，实质为利益共享，风险共担，社会资本通过参与PPP项目，获得项目绝大部分收益，承担项目的运营和操作、商业风险；政府承担法律、政策和最低需求等风险，获得少量或者不获得收益。

此次PPP项目资产证券化起源于2016年12月21日，发改委、证监会联合印发《关于推进传统基础设施领域政府和社会资本合作（PPP）项目资产证券化相关工作的通知》，对鼓励进行资产证券化的PPP项目，明确要求项目已经正常运营2年以上，并已产生持续、稳定的现金流。

时任财政部金融司司长孙晓霞表示，推进PPP项目资产证券化具有多

重意义。一是能够利用资产证券化这一创新金融工具的优势，推动实体项目与资本市场对接，拓宽融资渠道，降低融资成本，从根源上破解PPP项目融资难题。二是有利于盘活PPP项目存量资产，提高流动性，进一步拓展社会资本发展空间。2017年我国迎来PPP项目落地高峰期，至6月底，全国已落地项目2021个，总投资额3.3万亿元，存量资产空间较大。

证监会债券部蔡建春主任在培训班时表示，首先，资产证券化有助于盘活PPP存量资产。其次，PPP成功有赖于社会资本形成稳定的预期，而资产证券化可在其中发挥重要作用。第三，资产证券化可以为PPP提供持续融资服务。第四，资产证券化有助于规范PPP发展。

2005年资产证券化市场诞生之时，前三单证券化项目基础资产即属于基础设施和公共领域项目。经十余年发展，虽然基础资产类型日渐丰富，涉及行业领域日趋多元，但公共服务与基础设施领域仍然是资产证券化最重要领域之一。

大岳咨询总经理金永祥认为，PPP项目的资产证券化不仅为社会资本方提前回收投资创造条件，而且还有可能获得差价收益，这也为财务投资人提供了投资机会，为各类社会资金进入PPP市场创造条件，也可能产生专门为投资PPP的资产证券设计的工具；从推进方面来看，信用较高省份的PPP项目、使用者付费的PPP项目更容易推进资产证券化。

财政部、发改委PPP专家库成员、君合律师事务所合伙人刘世坚认为，未来能否大规模推动还要看市场环境，现在这个市场环境是肯定不行的，首先是现在的成本高，利率高，资产证券化产品卖出去的回报率太高。甚至有些是倒挂的，无论存量还是增量项目，首先拿到项目的成本要低于资产证券化的成本，现在却属于倒挂的情况。还有就是现金流的稳定性，政府信用情况。

（刊于《经济观察报》2017年7月14日）

国务院开会决定了，
做 PPP 要拿出更多优质资产来吸引投资

2017 年 7 月 5 日，国务院总理李克强主持召开国务院常务会议，在会议中听取投融资体制改革进展汇报，要求发挥社会资本作用促进有效投资。

要拿出更多优质资产，通过政府与社会资本合作模式引入各类投资，回收资金继续用于新的基础设施和公用事业建设，实现良性循环。引导政府出资的投资基金重点投向公共服务、脱贫攻坚、基础设施等领域，加大对中国制造 2025 的支持。

经济观察网记者独家获悉，在此之前的上个周二，也就是 6 月 27 日，国家发改委投资司召开了一次关于拿出更多优质资产吸引社会资本进入的研讨会。参会人数大约十来人，有行业专家，还有做过 TOT 的行业用户，会议讨论了拿出更多优质资产来吸引社会资本进入的问题，还有置换资金的使用，会议中也建议要专款专用，使用到类似领域的急需的项目建设中去，才有意义。

“未来不排除发改委会出台一个存量资产转让的细则之类的文件。”一位 PPP 专家对经济观察网记者表示。

这不是国家第一次要求盘活存量资产。在此之前已经多次强调，比如 2014 年，国发〔2014〕60 号《国务院关于创新重点领域投融资机制鼓励社会投资的指导意见》中“总体要求”即表明：进一步鼓励社会投资特别是民间投资，盘活存量、用好增量，调结构、补短板，服务国家生产力布局，促进重点领域建设，增加公共产品有效供给。

之后的 2015 年，国办发〔2015〕42 号《关于在公共服务领域推广政府和社会资本合作模式指导意见》中，亦有清晰的表述：化解地方政府性债

务风险。积极运用转让—运营—移交（TOT）、改建—运营—移交（ROT）等方式，将融资平台公司存量公共服务项目转型为政府和社会资本合作项目，引入社会资本参与改造和运营，在征得债权人同意的前提下，将政府性债务转换为非政府性债务，减轻地方政府的债务压力，腾出资金用于重点民生项目建设。

E20 研究院执行院长薛涛认为，盘活存量资产符合国发 60 号文的指导方向，对促进整个行业市场化有积极作用。通过基础设施的打包运营转让，让社会资本更加专业，是值得鼓励的。

在多年以前操作过安徽合肥 TOT 项目的大岳咨询总监毕志清告诉经济观察网记者，TOT 要注意从大的方向来说不要为了 TOT 而 TOT，要考虑相关的事情，比如行业的问题，比如 TOT 的范围有多大，从行业考虑 TOT 怎么样，比如池州管网项目，不仅仅做了 TOT，还解决了管理的问题。TOT 只是一种方式和手段，能够把存量变现，降低地方债务。在具体层面，一是资产的问题，原来政府的资产边界很模糊，很多账面上有资产，管理上有些问题，需要确权，其次便是涉及运行的问题，专业的运营团队的问题。

池州项目是指池州管网一体 PPP 项目，是财政部与住建部的 PPP 示范项目。

薛涛认为，TOT 现在存在如下问题要预防，一是一定要是优质的运营资产，比如污水厂、垃圾厂、供水服务、燃气、收费高速公路等，这些都有以量计费结算（向政府收费或者向直接用户收费）的基础。

“对于非运营类资产，比如近期大量推出的新建类的 PFI 类 PPP 项目是（地下管网、公共广场、市政道路、公益型公园等）没有收费模式的，目前在文件讨论中的共识是如果有这类存量项目，是不能放到被打包转让的范围内的，因为如果允许这类项目转让，有可能会形成政府举债的一种不良模式，而且这类非运营类项目的转让对于提高后期运营也没有帮助。”薛涛告诉经济观察网记者。

薛涛认为，这个举措要落地还面临的一个问题是地方政府可能已经将这类优质存量项目打捆入自己的平台公司用于支持其市场化转型，会议意见是如果当地的平台公司足够专业，这本就是一个符合国家政策方向的举动。如果当地平台公司不够专业，请外来的和尚念经效果会更好。作为存量资产转让，还需要考虑国资转让、土地权属、人员身份置换等复杂的政策协调问题，难度大于新建项目。

（刊于《经济观察报》2017 年 7 月 6 日）

财政部推PPP资产证券化 重点支持“一带一路”和雄安新区

国家发改委2017年1月公布启动PPP项目资产证券化不到半年后，财政部联合中国人民银行和证监会也将公布PPP项目资产证券化内容。

一位PPP专家告诉经济观察报记者，财政部与中国人民银行以及证监会共同研究的PPP项目资产证券化在项目标准上与发改委的项目要求并无大的改变，但是将侧重于公共服务领域，并且会重点支持国家的重大战略，比如“一带一路”、雄安新区建设等。

经济观察报记者获悉，此次财政部PPP项目资产证券化将优先支持水务、环境保护、交通运输等市场化程度较高、公共服务需求稳定、现金流可预测性较强的行业开展资产证券化；优先支持政府偿付能力较好、信用水平较高，并严格履行PPP项目财政管理要求的地区开展资产证券化。重点支持符合雄安新区和京津冀协同发展、“一带一路”、长江经济带等国家战略的PPP项目开展资产证券化。同时，还将鼓励作为项目公司控股股东的行业龙头企业开展资产证券化，盘活存量项目资产，提高公共服务供给能力。

大岳咨询总经理金永祥认为，PPP资产证券化为PPP项目社会资本的退出提供了重要的通道，有利于提高社会资本方的资金使用效率，为更多的社会资本进入PPP领域创造条件，促进实体经济发展。

PPP资产证券化

PPP资产证券化，简单来说就是PPP+资产证券化。PPP是社会资本与政府合作，实质为利益共享，风险共担。社会资本通过参与PPP项目，获得项目绝大部分收益，承担项目的运营和操作、商业风险；政府承担法律、政策和最低需求等风险，获得少量或者不获得收益。

此次 PPP 项目资产证券化起源于 2016 年 12 月 21 日由发改委、证监会联合印发《关于推进传统基础设施领域政府和社会资本合作（PPP）项目资产证券化相关工作的通知》，对鼓励进行资产证券化的 PPP 项目，明确要求项目已经正常运营 2 年以上，并已产生持续、稳定的现金流。

2017 年 1 月 9 日，发改委投资司、证监会债券部、中国证券投资基金业协会与有关企业召开了 PPP 项目资产证券化座谈会，标志着 PPP 项目资产证券化工作正式启动。

2 月 17 日，上交所、深交所、中国基金业协会同时发文支持本轮 PPP 项目资产证券化，并开设了"绿色通道"，设立相应的 PPP 证券化工作小组，落实专人专岗要求，在严格执行规定的前提下，保证了项目审批的进度。

上述 PPP 专家告诉经济观察报记者，此次财政部对进行资产证券化的 PPP 项目做了一系列规定，比如除 PPP 合同对项目公司股东的股权转让质押等权利有限制性约定外，在项目建成运营两年后，项目公司的股东可以以能够带来现金流的股权作为基础资产，发行资产证券化产品，盘活存量股权资产，提高资产流动性；其中，控股股东发行规模不得超过股权带来现金流现值的 50%，其他股东发行规模不得超过股权带来现金流现值的 70%。

与发改委不同的是，财政部不会直接推荐项目，之前发改委的 PPP 项目资产证券化是发改委投资司要求各地发改委上报项目，选择符合要求的项目之后进行 PPP 项目的资产证券化。

此次财政部要求省级财政部门可会同行业主管部门择优推荐资产证券化项目。PPP 项目资产证券化发起人（原始权益人）可在向发行主管部门提交申请前，自主向省级财政部门和行业主管部门提出推荐申请。申请材料包括但不限于 PPP 项目实施方案、PPP 合同、物有所值评价报告和财政承受能力论证报告、项目运营年报、以及项目资产证券化方案说明书、交易结构图、法律意见书等。

影响

“对 PPP 项目的影响现在看不出来，财政部与发改委出台的 PPP 项目资产证券化解决不了 PPP 项目融资的问题，只能解决资金周转的问题，使社会资本在有限的资金内多投几个项目。对信心会有很大的影响，资本市场看的是预期，有利于提高社会资本对 PPP 项目的信心。”一位 PPP 项目专家告诉经济观察报记者。

中诚信证券评估有限公司结构融资评级部总经理邓大为认为，资产证券化对于 PPP 来说，一方面，资产证券化作为基础设施领域重要融资方式之一，产品特征与 PPP 项目投资收益稳定、回报期长等特点相契合；另一方面，推动 PPP 项目资产证券化，有利于盘活 PPP 存量资产，吸引更多社会资本参与 PPP 项目建设，提高 PPP 项目资产流动性，推进供给侧结构性改革。

金永祥认为 PPP 中的社会资本方参与 ABS（资产证券化）的动力在于债务出表，如果出表受到限制，社会资本方参与 PPP 的积极性可能会受到影响。

债务出表，负债从资产负债表转出去。但是，PPP 的资产证券化不会让负债转移出去，比如原来有债务 50 亿元在资产负债表上，现在做了 ABS，负债没有减少，也就没有出表，因为还有担保。

“能够被 ABS 投资方接受的高质量的 PPP 项目是出表的前提，目前还需要社会资本方承担责任，因此必须加快收费和价格制度的改革来改善现金流。”金永祥告诉经济观察报记者。

金永祥认为，ABS 宏观上有利于扩大 PPP 规模，使地方政府受益，微观上对地方政府的履行能力提出了更高要求；而且，改善 PPP 项目现金流的费价改革也会使得地方政府承受的压力更大。

金永祥表示，中央政府应该在顶层设计方面利用中央财政的资源激励地方政府推进 PPP，这不仅可以加快 PPP 项目资产证券化的推进速度，而且可以规范地方政府的 PPP 项目推广，使得 PPP 健康发展。

上述 PPP 专家也对经济观察报记者表示，此次财政部在进行 PPP 项目资产证券化时也提出要切实防范刚性兑付风险。财政部相关部门认为，PPP项目所在地财政部门要会同行业主管部门加强项目全生命周期的合同履约管理，以 PPP 合同约定的支付责任为限，严格按照项目绩效评价结果进行支付（含使用者付费项目），保障社会资本方获得合理回报。资产证券化产品的偿付责任，由特殊目的载体机构或公司（SPV）以其持有的基础资产和增信安排承担，不得将资产证券化产品的偿付责任转嫁给政府或公众，并影响公共服务的持续稳定供给。

清华大学 PPP 研究中心首席专家王守清对经济观察报记者表示，政府应尽快完善相关法规政策，特别是加大监管与惩罚无良业者、完善流程和加强信息公开等，因为在大多数国家，资产证券化和其他金融“创新”本质上就是一些聪明人利用制度不完善和信息不对称等，对不够聪明的人玩的击鼓传花游戏。如果政府监管不到位，“聪明”的机构就可能乱来，把风险转移给散户投资者。

（刊于《经济观察报》2017 年 6 月 18 日）

攻坚克难新阶段 PPP 条例应时而生厘清困惑

从选择 PPP 项目推进资产证券化，到出台 PPP 项目专项债，2017 年的 PPP 政策密集出台。

PPP 的法规和政策将陆续推出。经济观察报记者获悉，由国务院法制办牵头的《PPP 条例》，目前还在小范围内听取各方面意见，尚未对外正式征求意见。“除了 PPP 资产证券化，未来还将推出交易商协会的 PPP 收益票据。”一位市场人士告诉经济观察报记者，PPP 收益票据类似 PPP 的项目收益债，将募集资金专用到 PPP 项目中，只不过主管单位从发改委转变为交易商协会。“资产证券化为 PPP 项目的社会资本方的退出寻找一条通道，PPP 专项债的目的则是为 PPP 项目融资。”**大岳咨询总经理金永祥对经济观察报记者表示，PPP 已经进入深入改革时期，目前最主要的问题是 PPP 需要新的工具，但这解决不了根本问题，解决现金流的问题需要进行收费制度和价格制度改革，不进行费价改革，就无法支撑 PPP 的长期发展。**

箭在弦上

“PPP 条例属于行政法规，过去出台的只是政策、文件，都不是法律。对 PPP 立法是突破，实际上就是提供一把钥匙，以此为依据来解问题；比如地方政府可以按照财政部的规定来操作，也可以按照发改委的规定来操作，没有统一标准；有了条例之后，可以开启 PPP 体系性立法的大门。条例应该厘清一个基本概念，对于之前的困惑或者分歧会有一个清晰的说法。”君合律师事务所合伙人刘世坚告诉经济观察报记者。

此前争议比较多的内容就包括 PPP 项目合同的性质，以及 PPP 合同争议解决方式。现在，PPP 的市场主体期待的是一个民商合同，而不是一个行政协议，这涉及能否以仲裁去解决问题，行政协议不是平等主体之间的合同，不能进行仲裁。

刘世坚告诉经济观察报记者，希望 PPP 条例在这个方面起到导向的作用。

2015 年，最高法院司法解释将特许经营协议解释定位成行政协议，产生了很大分歧——特许经营是否可以仲裁。一位 PPP 行业人士就对经济观察报记者表示，希望 PPP 条例可以给出明确的界定。此外，PPP 条例目前还存其他争议的热点问题，比如相关部门的分工问题、PPP 和地方债之间的关联性等，这些都希望在 PPP 条例中得到回应。

2017 年 5 月 11 日，财政部条法司副司长周劲松表示，PPP 条例初稿已经完成，预计将会在两个月之内公开征求意见。

周劲松是在 PPP 创新与规范发展论坛暨潍坊市 PPP 项目推介会中提出这一消息的，而在两年之前，财政部与发改委还在研究 PPP 的相关法律，比如发改委的特许经营法，财政部的政府与社会资本合作法。

中国财政科学研究院资源环境研究中心主任陈少强认为，在对 PPP 各个方面理解还不完全一致的情况下，先用 PPP 条例给社会资本一个稳定的预期，既有利于规范地方政府的行为，也可以促进 PPP 的健康发展。“PPP 立法是一个方向，但是立法需要一个非常复杂的过程，在推出条例之后再研究立法，由易到难逐步完成。”陈少强对经济观察报记者表示。

5 月 18 日，在由财政部、中央财经大学和中信集团有限公司联合主办的中国 PPP 良好实践国际研讨会上，财政部政府和社会资本合作中心主任焦小平表示，目前的 PPP 项目建设在顶层设计、完整的市场规则和标准体系，以及公开透明的信息披露等方面还存在不足，政府监管还存在不到位的情况。焦小平强调，特别是在当前 PPP 市场很热的情况下，要把风险防范和服务实体经济放在第一位。

财政部金融司司长孙晓霞近日也表示，当前 PPP 相关法律层级不高、法律冲突较多、政策衔接不畅等问题已经掣肘了 PPP 工作的顺利开展；财政部正在对PPP实施正面清单管理，积极引导各地规范实施PPP项目，未来将出台相关文件，进一步明确规范推进PPP的政策要求。

费价改革

2014年至2016年，在金永祥看来是PPP顺风顺水的三年。在政策利好的推动下，各方资源迅速积聚到PPP相关领域，12万亿的投资项目带给市场主体巨大的想象空间。

2017年，PPP项目的资源消耗、制约PPP发展的诸多问题开始集中显现。如果这些问题不解决，PPP的发展遭遇瓶颈，只有通过改革持续攻坚和解决系统性重大问题，才能确保PPP改革的顺利推进。**“PPP项目在政府方，面临的是财政承受能力达到上限的问题，PPP的社会资本方则面临着融资压力。这两个方面的改革都比较急迫，一是收费制度和价格机制的改革，二是金融体制的改革。”金永祥告诉经济观察报，PPP项目的回报主要来自于使用者付费、政府付费和项目开发性收入。目前，在价费改革不到位、项目开发权益受制的情况下，政府付费是PPP项目收入的主要来源，这也是融资方高度关注地方政府财政能力本身而不是项目自身现金流的原因。**

“PPP已经进入攻坚克难的新阶段，在各方资源快速消耗的情况下，未来能够在市场上得到青睐的PPP项目将是那些价费机制理顺的好项目，而能够在市场上真正淘到金子的，将是针对PPP建立起完善的行业投资风控体系的社会资本和金融机构。”金永祥说。

（刊于《经济观察报》2017年6月4日）

一周三场座谈会问诊 PPP为何让发改委如此焦虑?

最近两周，国家发改委连续摸底PPP模式。

经济观察报记者获悉，2017年5月15日，发改委投资司召开了一场PPP社会资本座谈会，发改委投资司副司长韩志峰、发改委投资司社会融资服务处处长王翔主持会议，中建一局、中国交建、中国铁建、华夏幸福、东方园林、北控水务、中信建设等PPP项目投资的社会资本方被邀请参加。参加当天座谈会的还有PPP项目中介机构和相关学者，讨论的重点就是PPP在推广过程中出现的融资、政策法规以及退出机制等问题。“发改委连续召开座谈会，旨在摸底PPP的真实情况，相关问题和建议会上报国务院。”一位参会人士对经济观察报记者表示。

这已经是发改委一周之内召开的第三场座谈会，在此前的数日内，发改委还分别召开了金融机构座谈会和专家座谈会，从不同角度摸底当前PPP项目在实际操作中遇到的问题。

PPP即政府与社会资本合作，自2013年年底财政部在财政工作会议中提出推动以来，已经形成了一个十万亿级的投资市场。截至2017年3月末，全国入库项目合计12287个，投资总额14.6万亿元。

参加了5月15日座谈会的大岳咨询总经理金永祥对经济观察报记者表示，目前的一个重要问题是建立费价制度。“最近三年，通过PPP模式修建了大量的公共设施，如果不进行费价改革，谁来给建设和服务买单呢？收费制度和价格制度改革如果不解决，就会影响今后PPP的发展。”金永祥说。

金永祥认为，地方财政用于PPP的资金逐步接近于10%的支出上限，社会资本方能够用于项目的资金也非常有限，问题的根结在于如何保证

PPP 项目的收益。

一位 PPP 监管层人士对经济观察报记者表示，现在 PPP 的发展面临诸如投资回报、融资渠道、恶性竞争、忽视运营、税收规则、退出渠道以及合格社会资本方选择等多方面的问题。

问题

2013 年 11 月，十八届三中全会提出，允许社会资本通过特许经营等方式参与城市基础设施投资和运营。2013 年年底的财政工作会议，财政部还专门召开了 PPP 专题研讨会。为了推动 PPP 快速发展，中央及地方纷纷出台 PPP 相关政策。

也正是从此开始，PPP 开始了长达三年的狂飙突进。

金永祥对此的感受十分明显，在 2013 年这一轮 PPP 启动之前，PPP 咨询机构做得最好的也就是一年签 50 个合同，但是 2014 年业务做得好的就可以完成 100 个合同，2015 年再翻一番达到 200 多个，这个数据还在以近乎 70% 的增速增长。

东方园林公司高级副总裁、金融中心总裁左志在 5 月 18 日召开的中国 PPP 良好实践国际研讨会上就表示，东方园林累计中标 PPP 项目的金额已经达到了 900 亿元，跟银行签订的贷款合同达到 90 多亿元，贷款到位的将近 40 亿元。

但是经历了三年的高速发展之后，PPP 也面临了一系列问题。

5 月初，财政部 PPP 中心公布的数据显示，2017 年一季度经审核后新入库项目合计 1161 个，退库 134 个，净增 1027 个。在向省级财政部门了解后，财政部 PPP 中心还给出了三类退库原因：一是项目不再采用 PPP 模式，有的项目缺乏对社会资本的吸引力；有的已通过其他模式完成了融资；二是项目重复入库，有的项目实施主体所属区划更换，前后两个区划分别将该项目信息录入项目库；有的被纳入了其他入库项目，不再是独立项目；三是项目停止，因产权纠纷、环境影响及规划不成熟，无法推进，已被政府叫停。

经济观察报记者了解到，5 月 15 日的座谈会主要围绕当前 PPP 的相关法规、招投标问题、融资问题、社会资本退出问题、项目回报机制以及政企关系等问题进行了讨论。

金永祥对经济观察报记者表示，进入 2017 年，制约 PPP 发展的各种问题可能集中显现。正是在这次座谈会上，金永祥提出的建议是：费价改革和金融改革是 PPP 发展的关键。

对于地方政府来说，现在一个颇为紧迫的现实就是政府支出负担很重。

金永祥表示，进入 2017 年，政府在 PPP 项目上的财政承受能力已经接近于上限，同时，社会资本方也面临着融资压力，目前许多金融机构仍然以粗放的方式提供融资服务，金融机构与 PPP 项目的对接并没有完全实现。

多管齐下

发改委连续召开三场座谈会的目的就是要尽快了解推动 PPP 发展中出现了哪些问题。

金永祥表示，在各方资源快速消耗的情况下，未来能够在市场上得到青睐的 PPP 项目将是价费机制理顺得好的项目，而能够在市场上真正淘到金的，将是针对 PPP 建立起完善的行业投资风控体系的社会资本和金融机构。

金永祥的观点得到了著名PPP专家、清华大学教授王守清的高度认同。

王守清也参加了 5 月 15 日的座谈会，他对经济观察报记者表示，对于目前 PPP 咨询市场存在乱象的问题，首先政府可以鼓励，但是不能直接干预，应该成立 PPP 咨询行业协会。

"其次就是鼓励 PPP 咨询机构自发合并重组，形成几十个比较大的咨询公司，既有利于政府对咨询行业的指导与管理，也有利于培育类似国际'四大'的中国 PPP 咨询公司走出去提供服务。"王守清说。

平岳投资副总经理何涛对经济观察报记者表示，PPP 市场经过三年多的蓬勃发展，市场初期的主要社会资本参与方如各类国有民营建筑施工企业的自有资金及相关资源已被快速消耗掉。

“目前如何进一步有效拓宽PPP项目的投融资渠道，加快引入金融机构和资本市场的资金已经是需要更加重视和加以解决的问题。这个问题能不能解决好，将很大程度上决定PPP市场的后续健康和可持续发展，也是金融体系能否真正支持服务到实体经济的一个关键节点。”何涛说。

何涛还表示，目前的PPP项目实际操作中，除了债权融资部分外，项目资本金的缺口以及相应投融资工具的缺失，在很多情况下更是制约PPP项目最终落地的关键因素。因此，建议监管部门和市场参与各方加大对以市场化基金为代表的各类金融形态，特别是对能参与PPP项目初期融资的金融机构和相关产品的支持力度，以更精准地、更好地促进PPP项目规范操作和落地执行。

（刊于《经济观察报》2017年5月21日）

PPP 条例初稿已经完成，两月内公开征求意见

2017 年 5 月 11 日，财政部条法司副司长周劲松表示，PPP 条例初稿已经完成，预计将会在两个月之内公开征求意见。

周劲松是在 PPP 创新与规范发展论坛暨潍坊市 PPP 项目推介会中提出这一消息。而在两年之前，财政部与发改委当时还在分别研究 PPP 相关法律，比如发改委的特许经营法，财政部的政府与社会资本合作法。

周劲松表示，目前 PPP 规范需要法律，PPP 条例将以解决突出问题为导向，同时具备前瞻性和引导性。

大岳咨询总经理金永祥表示，无论是条例还是法律，需要解决一些实质性的问题才有意义。比如 PPP 运作当中的一些问题，如回报机制问题。再如，各个地方现在用于 PPP 的资金已经快接近可支配财力的 10% 了，怎么样改革来解决这个问题，条例应该有所体现。还有，一方面社会资金量很大，另一方面 PPP 又很缺资金，解决机制和通道的问题。

在 2017 年 3 月 26 日到 3 月 30 日之间，国务院法制办、国家发展改革委、财政部相关司局组成联合调研组，一组调研河南省 PPP 项目情况，研究推动 PPP 立法；另一组则是在重庆调研 PPP 项目情况。

当时一位 PPP 人士对经济观察网记者表示，从调研的情况来看，在未来 PPP 立法的工作中，可能会优先推动 PPP 条例的出台。

中国财政科学研究院资源环境研究中心主任陈少强认为，PPP 在中国属于新生事物，在各个方面理解还不完全一致的情况下，先用 PPP 条例给社会资本一个稳定的预期，同时有利于规范政府的行为，从而促进 PPP 的健

康发展。条例完成后再研究实施细则。

“PPP 立法是一个方向，但是立法是一个更复杂的事情，在条例之后再研究立法，这样由易到难，逐步完成。”陈少强告诉经济观察网记者。

（刊于《经济观察报》2017 年 5 月 11 日）

发改委即将推动第二批 PPP 资产证券化项目

近日，经济观察网记者独家获悉，进入 4 月，继首批 4 单 PPP 资产证券化项目挂牌之后，剩余的 5 单 PPP 资产证券化项目也将于近期推出。同时，发改委还将继续推出第二批 PPP 资产证券化项目，且项目数量与第一批相差不大。

“第二批 PPP 资产证券化项目，同样来源于 2017 年年初各地上报的 41 个项目。”一位 ppp 人士向经济观察网记者透露。

对此，平岳基金总经理何涛认为，第一批项目推出之后，等于有了一个好的开始，接下来还要将 PPP 项目资产证券化继续扩大，在总结经验的同时，完善好配套制度。比如：资产证券化的外部信用增级。第一批的 4 单项目主要依靠发行主体的外部信用增级，未来还是要过渡到依靠项目本身的信用，这对参与 PPP 项目资产证券化的各方，都提出了更高的要求。

PPP 资产证券化，简单来说就是 PPP+ 资产证券化。PPP 的含义是社会资本与政府合作，实质为利益共享，风险共担，社会资本通过参与 PPP 项目，获得项目绝大部分收益，承担项目的运营和操作、商业风险；政府承担法律、政策和最低需求等风险，获得少量或者不获得收益。

此次 PPP 项目资产证券化起源于 2016 年 12 月 21 日，发改委、证监会联合印发《关于推进传统基础设施领域政府和社会资本合作（PPP）项目资产证券化相关工作的通知》，对鼓励进行资产证券化的 PPP 项目，明确要求项目已经正常运营 2 年以上，并已产生持续、稳定的现金流。

中诚信证券评估有限公司结构融资评级部总经理邓大为认为，资产证券化对于 PPP 来说，一方面，资产证券化作为基础设施领域重要融资方式之一，产品特征与 PPP 项目投资收益稳定、回报期长等特点相契合；另一方面，推动 PPP 项目资产证券化，有利于盘活 PPP 存量资产，吸引更多社会资本参与 PPP 项目建设，提高 PPP 项目资产流动性，推进供给侧结构性改革。

大岳咨询总经理金永祥认为，PPP 项目的资产证券化不仅为社会资本方提前回收投资创造条件，而且还有可能获得差价收益，这也为财务投资人提供了投资机会，为各类社会资金进入 PPP 市场创造条件，也可能产生专门为投资 PPP 的资产证券设计的工具。从推进方面来看，信用较高省份的 PPP 项目、使用者付费的 PPP 项目更容易推进资产证券化。

2017 年 1 月 9 日，发改委投资司、证监会债券部、中国证券投资基金业协会与有关企业召开了 PPP 项目资产证券化座谈会，标志着 PPP 项目资产证券化工作正式启动。

2 月 17 日，上交所、深交所、中国基金业协会同时发文支持本轮 PPP 项目资产证券化，并开设了“绿色通道”，设立相应的 PPP 证券化工作小组，落实专人专岗要求，在严格执行规定的前提下，保证了项目审批的进度，本次落地最快的专项计划从受理到获得无异议函仅 2 天时间。

2 月 22 日，发改委公布各地共上报 PPP 资产证券化项目 41 单，其中，公路交通项目 11 单、城市供热、园区基础设施、地下综合管廊、公共停车场等项目 7 单、能源项目 2 单。污水垃圾处理项目 21 单。

上海证券交易所公布的信息显示，备受关注的中信证券 – 首创股份污水处理 PPP 项目收费收益权资产支持专项计划，由首创股份旗下 4 家全资水务子公司作为原始权益人，以水务子公司持有的污水处理 PPP 项目项下的污水处理收费收益权为基础资产，产品总规模 5.3 亿元，其中优先级规模 5 亿元，获 AAA 评级。

3 月 10 日，证监会新闻发言人张晓军表示，国家发展改革委向证监会提供了首批 9 单 PPP 资产证券化项目的推荐函，包括交通设施、工业园区、水务、固体废弃物处理等类型的传统基础设施领域项目。这也标志着，发改委与证监会联合推动的 PPP 项目资产证券化已经落地。

（刊于《经济观察报》2017 年 4 月 19 日）

财政部剑指PPP中介乱象
十类违规者将被清退

PPP咨询机构很快将被戴上“紧箍咒”。从2017年5月1日开始，纳入机构库的PPP咨询机构有十种行为会被视为违规，一经查实，将被PPP中心从机构库中清除。

3月22日，财政部印发《政府和社会资本合作（PPP）咨询机构库管理暂行办法》（以下简称《办法》）。这份《办法》一共有21条，其中第15条对机构库实行动态管理做出了明确规定，一旦PPP咨询机构出现骗取入库资格、连续12个月未在PPP综合信息平台更新PPP咨询服务业务开展情况、同一项目中同时为政府和社会资本双方提供咨询服务等十种行为中的任何一种，PPP中心将予以清退出机构库。

经过财政部、国家发改委三年不遗余力地推动，PPP市场迎来了火爆行情。截至2017年3月30日，财政部PPP中心的项目库的入库项目达到11748个，投资额接近14万亿元。

一位了解PPP政策制定过程的人士告诉经济观察报记者，此次《办法》的出台，主要针对的就是目前PPP中介出现的部分乱象，在不进行行政干预的情况下，依靠市场的力量，设立负面清单，以信息公开来引导行业规范发展。

大岳咨询总经理金永祥对经济观察报记者表示，除了传统的PPP咨询公司及相关银行投行部门外，各种中介机构也参与到了PPP咨询市场，比如资产评估公司、项目管理公司、设计咨询、工程监理公司等。“其实许多PPP中介并没有PPP项目操作经验，只能照猫画虎。没有稳定团队且管理人员从事PPP时间短，往往造成项目失败。”金永祥说。

乱象

“PPP中介市场有些混乱，不少也就是上一堂PPP培训课就去做项目，做的方案就是摘摘抄抄，我们在中部地区某地一个公共服务的项目，做了一个绩效考核的办法，结果另一家中介公司直接抄袭了这个公共服务的绩效考核的办法去考核市政道路。之前好多公司，给某个中介缴纳一定的管理费，在地方上可以用该公司名义接中介咨询项目，但是质量没法保证的。政府对价格过于关注的现象，会导致质量下降。”大岳咨询项目总监刘冰对经济观察报记者表示。

近期，广西柳州政府轨道交通投融资咨询服务项目公开招标，业务市场价30万元起的项目中标金额仅2.28万元。超低价中标，引起业界讨论。

中国投资咨询有限责任公司政府与公共咨询事业部总监周伟认为，PPP浪潮的兴起滋生了大量的咨询服务需求，相应地，PPP咨询机构也如雨后春笋“野蛮成长”。

周伟对经济观察报记者表示，PPP咨询本身是一项对政策性、专业性、操作性要求都很高的第三方服务，但现状却是很多从业机构和人员鱼龙混杂，拿项目靠低价竞争，做项目靠“拿来主义”，服务质量参差不齐，导致项目运作不规范现象时有发生。《办法》的出台对整治市场乱象，无疑是一场“及时雨”。

清华大学国际工程项目管理研究院副院长王守清认为，政府必须对PPP中介进行管理，但是政府对中介的管理应该以监管合规性和负面清单管理为主，不宜过多行政干预，不宜强制；同时政府可鼓励中介机构自发建立纯行业性组织，由行业组织自律管理，只有中介违规时再干预。

十条“红线”

在《办法》中，对于违规的情况列了十条，并且规定违反一条，将被清退出机构库。

这十条分别是：（一）通过捏造事实、隐瞒真相、提供虚假信息等不正当方式，骗取入库资格的；（二）未经授权，擅自以财政部或者 PPP 中心名义开展虚假宣传，招揽、承接业务的；（三）泄露国家秘密、商业秘密，以及未正式发布的法律法规规章草案、政策信息或研究成果的；（四）连续 12 个月未在 PPP 综合信息平台更新 PPP 咨询服务业务开展情况的；（五）同一项目中同时为政府和社会资本双方提供咨询服务的；（六）为政府方提供咨询服务期间与潜在社会资本串通的；（七）无相应能力承揽业务或未尽职履行造成重大失误、项目失败或搁置的；（八）项目进入运营期后，由于咨询服务原因给公共服务供给带来不利影响的；（九）拒绝接受 PPP 中心对机构库进行监督管理、对入库机构信息进行检查、质询的；（十）其他违反法律、法规、规章和国家 PPP 政策，扰乱 PPP 咨询服务市场秩序的行为。

中国投资咨询有限责任公司政府与公共咨询事业部总监彭程认为，《办法》对 PPP 咨询机构库实行名录管理。首先，设置“准入门槛”，只有具有一定的业绩等条件才能入选名录，并向社会公开。其次，设立动态调整机制，原则上，名录应每半年更新和发布一次。更是明确了清退行为，对于 PPP 咨询机构与潜在社会资本串通、未尽职履行导致重大失误甚至项目失败等行为坚决说“不”，督促进入名录的机构始终努力保持职业道德、保证服务质量。最后，开放委托方对咨询机构的在线评价，促使各咨询机构珍惜自身名誉。

但是，《办法》并未对地方从省到县区都在建立 PPP 中介机构库的做法进行制止。

“各地没有必要再自建中介库，因为重复劳动，效率低下，水平不一，可能还造成地方保护。”王守清表示。

中国投资咨询有限责任公司南京办事处主任王小文表示，因为财政部一直没有出台 PPP 咨询机构库，各省市甚至区县都设立自己的 PPP 咨询机构库，各地的机构库相互之间不承认，甚至有的地方只认市库，所属省级库的机构在该市也无法开展业务，造成了 PPP 咨询机构市场的混乱。

王小文认为，本次管理办法出台，能够有效地设立全国统一的咨询机构评价体系，便于各地政府甄别优劣。

“然而，本办法第十二条规定‘机构库信息仅供政府方选择咨询机构时参考’，这与目前各地非本地入库机构无法开展业务的强制性要求相比力度较弱，未来有可能还是会出现只认当地库而不认财政部机构库的现象。如果本《办法》能建议各地政府除了选择当地入库机构外，对于财政部机构库中推荐的咨询机构也视同入库，从中择优选择，就能消除目前各地 PPP 机构库的壁垒，进一步推进全国 PPP 事业的发展。”王小文告诉经济观察报记者。

（刊于《经济观察报》2017 年 4 月 1 日）

财政部酝酿 PPP 新规
首批 PPP 资产证券化项目落地

继发改委之后，财政部也在研究如何推动 PPP 项目资产证券化，经济观察报记者获悉，财政部会在 2017 年出台相关政策。

3 月 10 日，证监会新闻发言人张晓军表示，国家发展改革委向证监会提供了首批 9 单 PPP 资产证券化项目的推荐函，其中包括交通设施、工业园区、水务、固废处理等类型的传统基础设施领域项目。这也标志着，发改委与证监会联合推动的 PPP 项目资产证券化已经落地。

经济观察报记者了解到，财政部也在推动 PPP 项目资产证券化。与发改委推动的 PPP 项目资产证券化相比，财政部与发改委对项目的要求大致一样，但是财政部并不向证监会直接推荐 PPP 项目，而是由各省财政部门直接对接交易所。“财政对 PPP 项目资产证券化的主要思路是，项目公司发行债券必须降低综合债务成本，要做到债务隔离和风险隔离，信息充分披露，打破刚性兑付，不能倒逼政府买单。”一位 PPP 专家对经济观察报记者表示。

中诚信证券评估有限公司结构融资评级部总经理邓大为认为，资产证券化对于 PPP 来说，一方面，资产证券化作为基础设施领域重要融资方式之一，产品特征与 PPP 项目投资收益稳定、回报期长等特点相契合；另一方面，推动 PPP 项目资产证券化有利于盘活 PPP 存量资产，吸引更多社会资本参与 PPP 项目建设，提高 PPP 项目资产流动性，推进供给侧结构性改革。

首批 PPP 资产证券化项目落地

PPP 项目资产证券化到底是什么？

邓大为告诉经济观察报记者，PPP资产证券化，简单来说就是PPP+资产证券化，PPP的含义是社会资本与政府合作，实质为利益共享，风险共担，社会资本通过参与PPP项目，获得项目绝大部分收益，承担项目的运营和操作、商业风险；政府承担法律、政策和最低需求等风险，获得少量或者不获得收益。

3月10日下午，上交所网站发布消息称，"中信证券－首创股份污水处理PPP项目收费收益权资产支持专项计划"获批发行。此前午间，华夏幸福固安工业园区新型城镇化PPP项目供热收费收益权资产支持专项计划（下称"华夏幸福ABS"）、中信建投－网新建投庆春路隧道PPP项目资产支持专项计划（下称"庆春路隧道ABS"）取得交易所无异议的函，正式获准发行。

目前，对于谁是首单PPP资产证券化项目，市场还存有争议。一位PPP项目资产证券化专家对经济观察报记者表示，应该以最先发行的时间为准，首单PPP项目不是华夏幸福就是庆春路隧道。

上述PPP项目资产证券化专家告诉经济观察报记者，PPP项目资产证券化从开始操作到正式推出，整个流程一般需要三个月。

发改委投资司副司长韩志峰认为，PPP项目资产证券化是保障PPP模式持续健康发展的重要机制。资产证券化是基础设施领域重要融资方式之一，对提高PPP项目资产流动性、盘活PPP项目存量资产、加快社会投资者的资金回收、吸引更多社会资本参与PPP项目建设具有重要意义。

大岳咨询总经理金永祥对经济观察报记者表示，PPP项目的资产证券化不仅为社会资本方提前回收投资创造条件，而且还有可能获得差价收益，这也为财务投资人提供了投资机会，为各类社会资金进入PPP市场创造条件，也可能产生专门为投资PPP的资产证券设计的工具；从推进方面来看，信用较高省份的PPP项目、使用者付费的PPP项目更容易推进资产证券化。

2016年12月21日，发改委、证监会联合印发《关于推进传统基础设施领域政府和社会资本合作（PPP）项目资产证券化相关工作的通知》，对鼓励进行资产证券化的PPP项目，明确要求项目已经正常运营2年以上，并已产生持续、稳定的现金流。

2017 年 1 月 9 日，发改委投资司、证监会债券部、中国证券投资基金业协会与有关企业召开了 PPP 项目资产证券化座谈会，标志着 PPP 项目资产证券化工作正式启动。

2 月 17 日，上交所、深交所、中国基金业协会同时发文支持本轮 PPP 项目资产证券化，并开设了“绿色通道”，设立相应的 PPP 证券化工作小组，落实专人专岗要求，在严格执行规定的前提下，保证了项目审批的进度，本次落地最快的专项计划从受理到获得无异议函仅 2 天时间。

2 月 22 日，发改委公布各地共上报 PPP 资产证券化项目 41 单，其中污水垃圾处理项目 21 单，公路交通项目 11 单，城市供热、园区基础设施、地下综合管廊、公共停车场等项目 7 单，能源项目 2 单。

上海证券交易所公布的信息显示，中信证券 – 首创股份污水处理 PPP 项目收费收益权资产支持专项计划，由首创股份旗下 4 家全资水务子公司作为原始权益人，以水务子公司持有的污水处理 PPP 项目项下的污水处理收费收益权为基础资产，产品总规模 5.3 亿元，其中优先级规模 5 亿元，获 AAA 评级。

此外，华夏幸福固安工业园区新型城镇化 PPP 项目供热收费收益权资产支持专项计划，以华夏幸福全资子公司九通公用事业在固安工业园区内未来 6 年向供热用户收取供热收费的收益权为基础资产，产品总规模 7.06 亿元，其中优先级 6.7 亿元，获 AAA 评级。

中信建投 – 网新建投庆春路隧道 PPP 项目资产支持专项计划，以浙江浙大网新集团有限公司下属子公司拥有的杭州市庆春路隧道专营权合同债权作为基础资产，产品总规模 11.58 亿元，其中优先级 11 亿元，获 AAA 评级。

给他们做出 3A 评级的都是同一家公司。

3A 评级

这三家 PPP 项目的评级机构都是中诚信证券评估有限公司，邓大为告诉经济观察报记者，PPP 资产证券化刚刚起步，为了培育市场，提高投资者认可度，目前的项目资质都较好，且基本都是由高信用等级的担保方做增信，所以信用等级较高。

邓大为认为，另外从收入现金流来源来看，PPP 项目主要分三类，即使用者付费、政府付费以及使用者付费加政府缺口补助。

如何获得 3A 评级？

邓大为对经济观察报记者表示，政府付费型项目，项目公司在完成自己应当履行的义务前提下，专项计划现金流来源为地方政府付费，政府相当于单一债务人，评级逻辑可参考债权类项目，因此级别主要考察当地政府财力及其偿债意愿。

使用者付费型项目，这类属于经营性项目，具有明确的收费基础，由最终消费用户直接付费购买公共产品和服务，项目公司具备持续经营能力，能够持续提供公共产品与服务的前提下，专项计划现金流来源为消费者，评级逻辑参考收费收益权类项目，在主体级别基础上（原始权益人、担保方等）通过一定程度的现金流超额覆盖达到专项计划目标级别。

可行性缺口补助项目，当项目自身的经营收费不足以覆盖投资成本，需政府补贴部分资金或资源来弥补经营性缺口。对于使用者付费方式形成的经营性现金流参考收费收益权类项目，在主体资信水平的基础上通过现金流覆盖达到目标级别；对于现金流来源于政府补贴的，主要考察当地政府的财力及支付意愿。

邓大为认为，PPP 资产证券化发展空间很大。首先未来基础设施建设项目将更多地采用 PPP 模式，PPP 项目大多都具有现金流稳定且可预测的特性，符合证券化的要求。当前，监管层出台了一系列措施鼓励推进 PPP 项目证券化融资，交易所也开通了绿色通道加快审批进度，预计 PPP 资产证券化市场将迎来爆发式增长。

其次，围绕 PPP 项目参与主体，可以设计相应的资产证券化项目：一是，对于 PPP 项目公司，可以项目公司的特许经营收益作为基础资产；二是，对于 PPP 项目的融资提供方，如商业银行、融资租赁公司或信托公司，可以其贷款债权作为基础资产；三是，对于 PPP 项目的投资方即社会资本（专业投资者与财务投资者），可以其股权收益权、基金份额作为基础资产，或进一步挖掘社会资本自身的资产来开展资产证券化产品；四是，对于 PPP 项目的合作方，如承 / 分包商、服务商，可以其对 PPP 项目公司的应收账款作为基础资产。“PPP 项目涉及参与方众多，可从多个维度拆分现金流以开展资产证券化，PPP 资产证券化的市场前景可观。”邓大为说。

（刊于《经济观察报》2017 年 3 月 22 日）

这些城市入选 PPP 创新工作名单，能获得哪些好处？

近日，国家发展改革委、住房城乡建设部印发了《关于进一步做好重大市政工程领域政府和社会资本合作（PPP）创新工作的通知》（以下简称《通知》），《通知》中公布了开展 PPP 创新工作的重点中小城市名单。

在此次名单中共涉及 33 个省份以及计划单列市的下辖地区。《通知》中明确为更好支持中西部地区推广 PPP 模式，统筹考虑 PPP 工作基础、项目储备及发展空间等多种因素，经严格遴选，部分省份选择了 2 个城市开展 PPP 创新工作。同时，在安徽省与湖南省开展城市黑臭水体治理，重庆市开展城市地下综合管廊和公共停车场领域的 PPP 创新工作。

为什么选择中小城市试点？

“在中小城市试点成功的话，可以起到示范的作用，对中国其他地方推广 PPP 具有极大的推动作用。“一位 PPP 专家告诉经济观察网。

大岳咨询总经理金永祥认为，此次国家发改委和住建部发出通知，主要是致力于解决中小城市的市政设施如何做 PPP 项目的问题，大城市运作 PPP 的能力比较强。中小城市的项目比较散，可以比如把某个县的某类项目集中打一个项目包，具备社会资本来投资的条件，促进 PPP 在中小城市发展起来。

那么入选城市会有哪些好处？

据经济观察网记者获悉，入选此次名单的城市在资金和资源上都会得到倾斜。

首先就是资金的扶持，国家发改委将会在 PPP 前期费上将给予优先支持，2017 年国家发改委 PPP 前期费用总额是 7 亿元。

其次是以国家发改委的名义帮助入选城市组织项目推介会，邀请大金融机构、央企、民企等参加。

还有就是为入选城市组织培训，提高当地的 PPP 专业水准。

最后是帮助入选城市优选项目，策划项目，提高项目质量，建设高质量的项目库。同国家发改委将在每个地方选择一到两个项目，国家发改委直接组织专家帮助编制实施方案等，做成精品示范项目。

（刊于《经济观察报》2017 年 2 月 27 日）

PPP 项目或将重排座次
因地方财政补助面临 10% 闸口

PPP 项目不超过财政支出 10% 的规定，或许在两年后会遏制住 PPP 推动的咽喉。

一位 PPP 的从业人士对经济观察报记者表示，因为 10% 指标的存在，现在 PPP 项目都要排序，哪些项目优先，哪些项目排后。同时，根据项目时间长短进行再设计，如时间长的项目压低每年支出额度等。而这带来的直接后果就是对项目落地速度以及 PPP 项目热度产生影响。

2015 年财政部印发的《政府和社会资本合作项目财政承受能力论证指引》指出："每一年度全部 PPP 项目需要从预算中安排的支出责任，占一般公共预算支出比例应当不超过 10%。"

经济观察报记者从相关人士处获悉："10% 的指标是一个相对安全的指标，是想告诉社会资本在这个指标体系内投资是相对安全的。10% 的财政支出，其实更多的是一个对于 PPP 社会资本回报的托底。以此来告诉社会资本，要从项目本身获得回报，而不是依靠财政资金。"

大岳咨询总经理金永祥看来，首先财政设定一个上限指标是非常必要的，财政不能将财力都匹配到 PPP 项目上。

意义

经济观察报记者从相关政府部门公开信息查询获悉，目前部分省市财政支出 10% 的指标已经用完，而不少地区还有大量余额，操作 PPP 项目的空间还很大。

在 PPP 项目中有三种常见的回报机制：使用者付费、政府付费和可行性缺口补贴中，后两种均需要政府方安排财政资金进行付费或提供可行性缺口补贴。

财政部数据则显示，截至 2016 年 10 月底，按照三种回报机制统计，使用者付费项目 4518 个，投资额 4.3 万亿元，分别占入库项目总数和总投资额的 43% 和 35%；政府付费项目 3214 个，投资额 3 万亿元，分别占 31% 和 24%；可行性缺口补助项目 2739 个，投资额 5.1 万亿元，分别占 26% 和 41%。

也就是说，政府付费和财政可行性缺口补贴的项目占据了财政部 PPP 项目库项目的 57%，投资额占据了 65%，这都需要公共财政支持。

更重要的是，财政部认为政府付费类和可行性缺口补助类项目的投资额比重有所提高，需要政府付费和政府补贴的项目比重正逐渐增加。这也意味着 10% 指标的上限，将会逐渐成为各地区推动 PPP 的限制。

因地制宜

虽然 10% 的指标或将成为各地推动 PPP 限制的阻碍，但记者采访的多位专家均认为，这一指标有其合理性，可有效防范风险。但在实际的操作过程中，这一标准可以更为灵活，而不是一刀切统一为 10%。

E20 研究院执行院长薛涛认为，作为设置 10% 的 PPP 指标红线的意义是在大规模、广范围推进 PPP 的初期，用于防控地方债务风险，当然也包括对 PPP 本身不成熟风险的控制。当前 PPP 的发展程度依然不够成熟，PPP 的增长需要保持谨慎和冷静的态度。此时完全放开 10% 的红线或将危害 PPP 的可持续性增长。

10% 的基本线有其存在的必要性，但面对我国各省份经济巨大的差异，一刀切显然不是一个好方法。金永祥认为，是否适用 10% 的指标，不同的地区应该有一定的弹性。

薛涛表示，未来一方面应严格执行 10% 红线为基础的 PPP 财评和范围控制，通过信息公开彻底摸清地方政府 PPP 项下支付责任，并堵住政府购买服务、买工程的漏洞。如，目前有些地方做财评，存在政府未来收入估算虚增，或隐匿部分 PPP 支付责任，以及通过政府购买服务方式绕过 PPP 等情况，这些都需要严查防堵。另一方面，对于 PPP 前期项目操作规范、进展顺利且 PPP 项目确需上马的地区，可以授权省级部门批准作为试点突破 10% 红线，后续强化突破类项目的后期评估。

据经济观察报记者了解到，现阶段 10% 的指标做修改的可能性并不大，上述相关人士认为，在 PPP 项目几种机制中，财政补贴和政府付费可以统为公共资金的使用类，而此外还有资源和资产类的项目。但是 10% 并不是一个硬性指标，只是一个相对安全托底的指标。“长期依靠财政补贴 + 现金流的回报机制会制约 PPP 的竞争发展，要让社会资本从关注财政补贴到关注项目本身的效益回报，也就是现金流和资源、资产的回报中。”上述相关人士告诉经济观察报记者。

（刊于《经济观察报》2017 年 2 月 14 日）

第二批 PPP 典型案例迎“初考”：200 个项目初选“毙”了四分之三

2017 年 1 月中旬，发改委召集 PPP 专家，对发改委的第二批 PPP 典型案例进行评选。

经济观察报记者获悉，这次上报的 PPP 项目有 200 多个，评选比较严格，初步只挑选出 50 个项目；项目的来源有两个，一个是各个省发改委上报，还有一个是项目运营商上报。

2015 年 7 月，国家发改委推出了第一批的 PPP 项目典型案例，一共 13 个项目，涉及行业集中于传统基础设施行业。与财政部的 PPP 示范项目作用基本相同，发改委的 PPP 项目典型案例也是主要起到示范推广总结的作用。

“发改委评选 PPP 典型案例，主要是要发挥以前存在的项目的示范和经验总结作用。”一位参评专家告诉经济观察报记者，这次评选的项目大部分都是传统的市政基础设施项目，大部分是以前特许经营模式下的项目，比如传统的高速路，评选中关注了项目所在行业的代表性，也关注了一些项目的创新。“新的技术、资源，也有相当一部分，对于新型 PPP 项目，更关注绩效的考核标准，对可用性付费【指PPP项目融资建设工程的总投资，通过在 PPP 期限内（10 年以上）分年度逐期均匀偿还的费用】的新模式要控制合理的工程利润水平，应以运营绩效为考核目标。还有就是重视程序上的严谨，包括立项的程序、招标采购的程序。”上述参评专家说。

“主要是示范作用，选择两批 PPP 项目典型案例，对于第一批和现在正在进行的第二批典型案例，政策和资金并没有支持，因为入选的都是已经落地的项目。”一位 PPP 人士告诉经济观察报记者。

示范作用

在这次评选中，发改委将评选专家分为能源组、环境组、市政一组、市政二组等，每个小组有六名专家，并且将项目原则上分为三类，分别是明确推荐的项目、明确放弃的项目、存疑需要进一步调研明确的项目。

2015年7月，发改委的第一批13个PPP典型案例对外公布，PPP项目案例涉及水利设施、市政设施、交通设施、公共服务、资源环境等多个领域，涵盖BOT、TOT、BOO等多种操作模式。

13个PPP项目分别是北京地铁4号线项目、大理市生活垃圾处置城乡一体化系统工程、固安工业园区新型城镇化项目、合肥市王小郢污水处理厂资产权益转让项目、江西峡江水利枢纽工程项目、酒泉市城区热电联产集中供热项目、陕西南沟门水利枢纽工程项目、深圳大运中心项目、苏州市吴中静脉园垃圾焚烧发电项目、天津市北水业公司部分股权转让项目、渭南市天然气利用工程项目、张家界市杨家溪污水处理厂项目、重庆涪陵至丰都高速公路项目。

在北京地铁四号线和王小郢污水处理厂项目中作为政府中介方的大岳咨询总经理金永祥告诉经济观察报，这两个项目有一个共同的特点，就是在污水处理行业和地铁行业第一次规范的引入社会资本方，给污水处理行业和轨道行业树立了两个标杆。“王小郢污水厂项目当时有不到3亿元的资产，合肥市政府原打算以3亿元的价格出售给民营企业，同时污水处理的价格定为1元钱一吨。后来采用PPP方式资产售价为4亿元，污水处理价降为0.75元。在此之前，天津、青岛等地的污水处理价格大约在1.8元左右。在王小郢污水处理厂项目之后，行业的污水处理价格就降下来了。”金永祥对经济观察报记者表示。

经济观察报记者获悉，此次评选要求入选的项目应重点考虑示范性，适当考虑创新性，对入选的项目允许有瑕疵，但是不能有明显的硬伤，所以在强调示范案例的亮点和示范价值外，还要求提出不足和改善的地方。

上述参评专家对此做出的解释是，创新性是指与传统特许经营相比，社会资本是否有更大的发挥空间，特别是从绩效来看是否更加发挥了社会资本的作用。

评选标准

这次评选的标准有 12 项，一些显著问题在列，比如明股实债、固定回报的问题，比如 BT 项目问题以及程序上的问题，PPP 项目低价中标的问题。“比如建设程序有瑕疵，不履行项目立项和科研审批程序，或者先招标选定社会资本，再补办立项以及审批手续的，该如何处理？”上述参评专家给记者举例解释道。

这次评选中就要求，由于各个行业领域项目实际操作层面存在差异，可先不考虑将项目立项与选择社会投资人程序先后这方面的因素作为筛选标准。对于短期融资的项目则不予以考虑。“这次进入挑选程序的都是已经落地的项目，突出示范性，项目不求多，给其他项目有指导作用，用少而精的项目来示范，PPP 项目该怎么做，会遇到哪些问题。”上述参评专家告诉经济观察报记者。

比如对于明股实债、固定回报的问题，评选应该避免政府兜底的固定回报和明股实债等现象，若测算回报的指标中包含具有不确定因素的指标，则可视为项目没有规定的固定回报，项目可以考虑，若是测算回报的指标中全部为能够准确预测的指标，则不予考虑入选典型案例。

对于 BT（建设 - 移交）项目的改造问题，提出了拉长版的 BT 项目或由 BT 直接改造成 PPP 项目，是否考虑列为典型案例。

“BT 是融资建设移交，BT 和运营无关，财政和发改委都认为 BT 不属于 PPP，在 2013 年以前 BT 非常普遍，但是用 BT 政府融资成本很高。现在简单的 BT 是不能做了，就是 2 年建设融资 +3 年还款，与 PPP 的长期时间不符合。”一位参评专家对经济观察报记者表示，若存量资产改造成具有 PPP 特征的项目，可予以考虑，若实际上是 BT 模式而包装成形式上的 PPP 项目，则不予考虑，对于这条要求要从严把握，不能将BT项目列为PPP项目。

上述参评专家告诉经济观察报记者，对于恶意低价竞标、成熟行业产品服务价格高的离谱、工程技术应用不当、商业模式应用不当的项目，如果入选典型案例，会发出错误信号，对行业发展可能产生不良影响，上述项目都不予入选。对于不适合 PPP 的行业，比如人防工程就不予考虑。

（刊于《经济观察报》2017 年 1 月 21 日）

2017 年发改委不会大规模推 PPP 存量项目资产证券化

由发改委和证监会组织的 PPP 项目资产证券化培训即将开始，有许多企业已经在为这次培训摩拳擦掌。

经济观察报记者了解到，刚刚参加完 1 月 9 日由国家发改委、证监会、基金业协会召开的 PPP 项目资产证券化座谈会的十几家企业，又在为这次培训做准备了。“企业关注的是资产证券化的融资手段有什么，他们更关注的是新增的 PPP 项目，比如黑臭水体整治、特色小镇建设，在资产证券化方面是否会有突破。”E20 研究院执行院长薛涛对经济观察报记者表示。

2016 年 12 月 26 日，国家发改委、证监会联合发布的《关于推进传统基础设施领域政府和社会资本合作（PPP）项目资产证券化相关工作的通知》（下称《通知》）中要求，各省发改委要于2017年2月17日前，推荐1—3 个首批拟进行证券化融资的传统基础设施领域 PPP 项目。

经济观察报记者获悉，2017 年发改委不会大规模推动 PPP 存量项目资产证券化，着力点是做好几个示范项目。这也就意味着，并不是所有的上报项目都会进行资产证券化。

PPP 项目进行资产证券化对于 PPP 的推动有什么好处，又要符合哪些条件才能进行资产证券化？薛涛告诉经济观察报记者，现在 PPP 存量项目资产证券化符合条件的基本都是污水处理厂、垃圾焚烧厂项目，这些项目现金流比较好，在融资上相对更有优势。

为什么推动

2016 年 12 月 27 日，PPP 概念股爆发，龙元建设、龙建股份涨停。就在此前一天，国家发改委、证监会联合发布了《关于推进传统基础设施领域政府和社会资本合作（PPP）项目资产证券化相关工作的通知》，这是两部委首次联手发文推动 PPP 项目的资产证券化。《通知》中明确指出，发改委和证监会分别要求下辖机构推进 PPP 资产证券化工作。其中，发改委要求各省级发改委会同相关行业主管部门，重点推动符合条件的 PPP 项目在上交所、深交所开展资产证券化融资；证监系统则对发改委优选的 PPP 项目提供绿色通道，专人专岗负责，以提高产品审核、挂牌和备案的工作效率。并且对资产证券化的 PPP 项目做了四个方面要求。

大岳咨询总经理金永祥表示，PPP 项目的资产证券化不仅为社会资本方提前回收投资创造条件，而且还有可能获得差价收益，这也为财务投资人提供了投资机会，为各类社会资金进入 PPP 市场创造条件，也可能产生专门为投资 PPP 的资产证券设计的工具；从推进方面来看，信用较高省份的 PPP 项目、使用者付费的 PPP 项目更容易推进资产证券化。

《通知》还明确了资产证券化 PPP 项目的范围和标准，指出将积极推动严格履行审批、核准、备案手续和实施方案审查审批程序，签订规范有效的 PPP 项目合同，工程建设质量符合相关标准，已建成并正常运营两年以上，投资回报机制合理，现金流持续、稳定，原始权益人信用稳健，具有持续经营能力的传统基础设施领域 PPP 项目进行证券化融资；优先选取符合国家发展战略、主要社会资本参与方为行业龙头企业的 PPP 项目开展资产证券化。

君合律师事务所合伙人刘世坚对经济观察报记者表示，这次 PPP 项目资产证券化主要针对的是 PPP 项目存量资产，相比以前特许经营，PPP 项目参与主体以及资金来源更为多元化，但也对 PPP 项目的资本流动性提出了更高要求。

如何与资本市场形成有效对接，保障 PPP 项目的可持续发展，已经成为中国 PPP 无法回避的问题。

国家发改委投资司副司长韩志峰在 2016 年年底就公开表示，资产证券化是基础设施领域重要融资方式之一，对提高 PPP 项目资产流动性、盘活 PPP 项目存量资产、加快社会投资者的资金回收、吸引更多社会资本参与

PPP项目建设具有重要意义。

韩志峰认为PPP项目运营时间很长，很多项目长达二三十年，期间社会资本很可能有提前退出的需求。“目前PPP项目退出渠道狭窄，资产流动性低，影响了社会资本参与PPP项目的积极性。因此，需要依托资本市场，丰富PPP项目投资退出渠道，提高PPP项目吸引力。资产证券化就是其中一个重要方式。”韩志峰说。

2017年1月9日，国家发改委、证监会、基金业协会召开了PPP项目资产证券化座谈会，旨在推动传统基础设施领域PPP项目进行证券化融资。

符合条件

经济观察报记者了解到，目前还未有项目上报至国家发改委，截至时间是2月17日。

据悉，发改委对于上报上来的项目主要审核两点，一是看PPP项目是否符合资产证券化的要求，另一个是考察项目是否为真正的PPP项目。

“对于地方发改委上报的项目，不会所有项目都放行，要从中选出符合要求的，做PPP存量项目资产证券化示范项目。”一位PPP人士告诉经济观察报记者。

从《通知》的内容来看，发改委与证监会各有分工，发改委侧重PPP项目的筛选，而证监会则为发改委所筛选项目“开绿灯”。

具体而言，各省级发改委被要求重点推动符合条件的PPP项目在上交所、深交所进行资产证券化融资。筛选条件有四个：

一是项目已严格履行审批、核准、备案手续和实施方案审查审批程序，并签订规范有效的PPP项目合同，政府、社会资本及项目各参与方合作顺畅；

二是项目工程建设质量符合相关标准，能持续安全稳定运营，项目履约能力较强；

三是项目已建成并正常运营两年以上，已建立合理的投资回报机制，并已产生持续、稳定的现金流；

四是原始权益人信用稳健，内部控制制度健全，具有持续经营能力，最近三年未发生重大违约或虚假信息披露，无不良信用记录。

刘世坚表示，目前国家发改委正在要求各省份上报项目，项目的要求包括审批合规、合同规范、质量达标、正常运营、回报稳定、原始人权益稳定等，这些条件的划定还是相当全面的，但是需要一段时间进行整合。

（刊于《经济观察报》2017 年 1 月 14 日）

3年催生10万亿投资市场
中国式PPP须警惕异化走偏

这是一场中国式PPP公私合营的盛宴。

2013年90人，2014年150人，2015年200人，2016年400人。这是PPP行业的参与者——大岳咨询的员工数近几年的变化。

在大岳咨询总经理金永祥看来，这得益于PPP的高速增长。日渐增多的PPP项目让这个行业对人才的需求也猛增起来，有时甚至是项目多了人手不够用。

大岳咨询这三年的PPP合同数目，从2013年的50个，飙升到2016年的360个。

这一切来源于中国财政部和发改委这三年在全国大力推动PPP。

一位主管部门的PPP人士坦言，过去三年对于中国PPP发展来讲，是一个突飞猛进的阶段，从提出到政策颁布，再到社会资本和金融机构积极参与，加上地方融资平台受限，地方政府需要寻找新的融资模式，这些都导致了PPP在三年的时间里迅猛发展。

PPP给中国带来一场全面的改革，将改变以前地方政府土地财政+融资平台的模式，未来将会是“地方债+PPP”的模式。这是一场深刻的改革，只不过这一切都是在倒逼下进行的，包括地方政府、金融机构、国企等PPP的参与方，在一场中央政府定制改革规则的倒逼下进行的改革。

在2016年，PPP被赋予了稳增长、供给侧改革、财政支出、民间投资等太多的期望。

经历三年高速增长的PPP在未来将会如何？饱受质疑的PPP异化的问题会不会解决？

经济观察报记者获悉，PPP 主管部门未来将会继续推进示范项目落地，在 2017 年将开展 PPP 的物有所值定量试点以及 PPP 信息化管理，对于伪 PPP 项目的规范管理也已经提上日程。并且还将推动 PPP 精品项目，以此来带动 PPP 的规范发展，比如两个部委选出试点城市作为 PPP 示范点。在 PPP 的配套措施上，PPP 项目的 ABS（资产证券化）、保险资金进入等在 2017 年都值得期待。**“咱们现在做的 PPP 也不是英国、法国的 PPP，就是中国的 PPP，国外的 PPP 是一个合同，中国带来的是一场社会变革。”金永祥告诉经济观察报记者。**

十万亿蓝海

中国财政部和发改委用了三年，催生了一个十万亿 + 的 PPP 投资市场。

2013 年全国财政工作会议刚刚结束几天，审计署就公布了地方债务的审计结果，地方政府偿还责任、担保、救助的债务加起来，接近 18 万亿，并且地方高度依赖土地财政。

2013 年，税收决算数为 11 万亿，政府性基金决算数为 52000 亿，其中土地出让收入决算比预算暴增 52%。

当时刚刚结束的十八届三中全会提出了财政是国家治理的基础和重要支柱，科学的财税体制是优化资源配置、维护市场统一、促进社会公平、实现国家长治久安的制度保障。

地方财政高度依赖土地收入，大量不规范融资让不少地方政府处于破产的边缘，多数不良资产等待着上级政府的救助。解决上述问题，从而建立科学的财税体制，是刚刚上任财政部部长的楼继伟所设想的，而这也是十八届三中全会所要求的。

在 2013 年年底的全国财政工作会议上，刚刚上任财政部部长不足一年的楼继伟提出要推动 PPP，并且在财政工作会议中专门召开研究会议。

楼继伟讲过，推广使用 PPP 模式，不仅是一次微观层面的“操作方式升级”，更是一次宏观层面的“体制机制变革”。

三年下来，截至 2016 年 11 月 30 日，财政部 PPP 项目库，入库项目

10685个，投资额127000亿。还有国家发改委两批示范项目，总额接近17万亿。

金永祥告诉经济观察报记者，大岳咨询现在的项目投资额，在执行中的500个项目合同额1万亿。

这一切源于中国政府在2014年至2016年三年的强力推动。

2014年国发43号文，也就是国务院关于加强地方政府性债务管理的意见公布。意见明确提出推广使用政府与社会资本合作模式，也就是PPP模式。国务院关于深化预算管理制度改革的决定，也提出推广PPP模式。

之后财政部正式发出了关于推广运用政府和社会资本合作模式有关问题的通知，从此PPP正式登堂入室，在各种会议文件中屡屡露面。

2014年的财政部对于PPP动作不断，在年中就成立了政府和社会资本合作（PPP）工作领导小组，时任财政部副部长王保安担任领导小组组长。财政部金融司、经建司、条法司、预算司、国际司、中国清洁发展机制基金管理中心相关负责人为成员，办公室设在金融司。

另外财政部在金融司新成立金融五处负责PPP业务。在中国清洁发展机制基金管理中心加挂PPP中心的牌子。

2015年的4月财政部印发《政府和社会资本合作项目财政承受能力论证指引》，发改委公布关于《基础设施和公用事业特许经营管理办法》。之后特许经营法到政府与社会资本合作法，政府和社会资本合作模式操作指南（试行）与政府与社会资本合作项目通用合同指南，发改委从中央预算内切出专项资金支持PPP项目做前期费用，财政部设立PPP项目以奖代补专项资金，支持前期和运营。

2015年5月13日，国务院总理李克强主持召开国务院常务会议，部署推广政府和社会资本合作（PPP）模式，要求汇聚社会力量增加公共产品和服务供给。

一周之后，国务院办公厅就转发了财政部、发展改革委、人民银行《关于在公共服务领域推广政府和社会资本合作模式的指导意见》，也即42号文。42号文指出，中国将在水利、保障性安居工程、环境保护、交通、科技等公共服务领域广泛采用PPP模式，并将其作为化解存量债务，以及今后基础设施和市政公用事业建设的重要融资渠道。

在 2016 年年初，国家发改委投资司成立了社会投融资服务处，主要职能是鼓励和引导民间投资，以及 PPP。

在 2016 年 7 月 7 日的国务院常务会议中，明确提出推广政府和社会资本合作模式，这对推进结构性改革尤其是供给侧结构性改革，增加有效供给，实施创新驱动发展战略，推动大众创业、万众创新，发展新经济，促进稳增长、补短板、扩就业、惠民生，具有重要意义。

金永祥认为现在 PPP 中，国有企业积极性很高，国企参与 PPP 因为政府传统发包的业务萎缩，倒逼国有企业转向 PPP。原来政府直接投资的那些公共服务要改变，这样也就是迫使社会资本方被迫转型，国有企业特别是央企开始全面接受 PPP。“PPP 中的政府方，从不了解 PPP 到目前总体来讲对 PPP 比较了解，有的认识比较深刻，从最一开始的热情不大，到地方政府对 PPP 认可程度越来越高。相应对 PPP 的期待也越来越高。中央政府从国家治理角度来提高效率，地方政府需要的是融资和增长。”金永祥告诉记者。

平岳基金副总经理何涛告诉经济观察报，在过去“平台融资”模式下，地方政府对公共服务和基础设施类项目的投资方向、类型、规模等决策往往一家独大，社会资本和金融机构缺乏话语权。金融机构被动为平台公司提供大额主体信用融资，而对融资资金所具体投资的项目掌握力度有限。大多数的金融机构习惯于以前的那种地方政府担保的融资，现在是逼着向 PPP 转。

“另一个说法就是金融机构直接投资给了政府信用，对项目情况没有任何把握，现在财政部再三强调融资平台不是政府债务，没有了政府信用背书，倒逼金融机构自身做出改变。”一位金融机构人士坦言，在现在“资产荒”的情况下，金融机构积极参与 PPP，能够主动挖掘和获取优质的基础资产。

何涛告诉经济观察报记者，经过近三年的发展，以财政部综合信息平台统计口径来计算，国内 PPP 项目数已经近万个，总投资规模已经超过 10 万亿元。目前在国内，除已经进入下半场或“白银时代”的房地产市场外，传统基建和公共服务领域将是最大的投融资市场，而 PPP 正是切入这一领域的利器。

金永祥估计，现在累计投资落地额三年过 2 万亿了，2017 年再增加 2 万亿，整体项目落地过 5 万亿正常。

但是经历了高速发展的 PPP，在三年的突飞猛进中没有经历一个去芜存菁的过程。如同一位 PPP 主管部门的人士认为，虽然 PPP 落地项目数量可能会继续增加，但是从 2017 年下半年或者 2018 年开始，PPP 的一些问题和矛盾将会暴露。

金永祥与上述 PPP 主管部门人士的看法趋向一致。他认为 PPP 经过一段时间快速增长后，深层次的矛盾和问题将会显化。

问题

其实 PPP 的主管部门已经意识到 PPP 现在面临的问题。

上述 PPP 主管部门给经济观察报记者介绍现在 PPP 发展面临的问题中，包括社会资本方的无序竞争，恶意低价竞争（低价拿到项目，想办法让政府提高价格和回报率）。有的建筑施工企业进入 PPP 领域，做社会资本方，着眼于短期的施工利润，对于长期的运营没有考虑。地方政府不顾财力，超出能力搞 PPP，对未来财政支出产生很大的压力。**金永祥也认为，PPP 是个长期任务，施工企业还是以投资来带动施工任务，和政府运营的目标没有吻合。**

按照此前的规定，PPP 支出的总额不应该超过 GDP 的 10%，但现在 10% 的财政可承受能力问题受到质疑。经济观察报记者了解到，10% 并不是一个绝对线，只是一个风险警示额度。

但是 PPP 存在的更大风险是会不会给已经在严控的地方债务带来问题。

2016 年 3 月 7 日，时任财政部部长楼继伟在梅地亚中心多功能厅的记者会上提到要防止利用各种方式变相发债，要规范 PPP 项目。现有的地方 PPP 项目，有的是变相的借债。

金永祥表示，PPP 变相举债方式主要就是明股实债。明股实债就是把

债权投资包装成股权投资规避政府监管，比如政府要求在某项目中资本金不得低于 20%，投资人为了满足这个要求有时会使用明股实债资金，实际的资本金就会少于 20%。这样看似满足了政府规定，实际是没有满足。明股实债的主要风险是加大了项目杠杆，在当下政府和企业负债率都很高的情况下会加大社会风险，因此财政部等政府部门都把明股实债作为风险来管控。

楼继伟已经不是第一次提出对 PPP 的担心，他担心的问题尤其包括 PPP 项目的变相举债。

上一次是在 2015 年年底的全国财政工作会议中，楼继伟表示，对于已经进入"笼子"的债务而言，变相举债问题更令人担忧。有的地方受债务管理政策约束，通过保底承诺，回购安排、明股实债等方式进行变相融资，将 PPP 异化、走偏。这既增加了风险发生的概率，也不利于 PPP 的规范有效推广。

2015 年 12 月初，在财政部的一次会议中，楼继伟不仅提到房地产税立法押后，个人所得税改革提前，更是提出对于 PPP 的变相融资的担忧。

上述 PPP 人士坦言，相比刚刚开始推动时，现在 PPP 已经进入一个新的阶段，在实施过程中暴露的问题也将逐步解决，中国政府还会继续力推 PPP。

下一步

时间还没跨入 2017 年，PPP 就迎来一个非常重大的利好。

2016 年 11 月 28 日，中共中央国务院发布《关于完善产权保护制度依法保护产权的意见》（以下简称《意见》）。

《意见》提出完善政府守信践诺机制，认真履行在招商引资、政府与社会资本合作等活动中与投资主体依法签订的各类合同，不得以政府换届、领导人员更替等理由违约毁约，因违约毁约侵犯合法权益的，要承担法律和经济责任。

金永祥认为，制约 PPP 发展的地方政府违约问题已经受到高层关注，

为问题解决创造了条件。前段时间在财政部《PPP项目财政管理办法》（草案）中也曾涉及这个问题。

金永祥所提到的解决办法，是指财政部为了解决地方政府在PPP中的违约失信问题，在《PPP项目财政管理办法》（草案）提出了地方政府不履约时的扣款机制。但是在后来被删除。

经济观察报记者了解到，这条规定被删除是因为实际操作太难。一位PPP人士就表示，现在国务院正在推动政务诚信体系建设，其中涉及政府履约问题。

中国财政科学研究院副院长王朝才认为，企业担心PPP项目执行会受领导换届影响。PPP项目期限一般都很长，由于信息不对称，社会资本对PPP存在的诸多不确定性及政府的信用心存戒备，尤其担心“新官不理旧账”的政府换届风险。特别是基层政府领导的流动性相对较大，很多项目参与方担心项目会因领导换届而缺乏应有的利益保障，经常出现“三思而不行”的现象。

一位PPP项目专家告诉经济观察报记者，地方政府违约主要是原来有协议约定，后面会更改协议条款，严重的是政府会直接终止协议、推倒重来。更改协议的并不在少数，南方某市的地铁项目就对协议做出了更改。经济观察报记者了解到，西部某污水厂一直收不到政府的应收账款，社会资本只能终止协议。

“在PPP项目中，地方政府违约原因十分复杂，比如前期运作留下的隐患使政府在项目中损失巨大，履约受到各方面的压力。再比如前届政府签订的合同有了业绩，下届政府不愿埋单等。要做到政府履约应该从问题本身开始，加强PPP项目的前期工作，为履约创造条件，其次才是上级政府对下级政府监管。”金永祥对经济观察报记者表示。

金永祥认为《意见》的出台将提高社会资本，尤其是民营资本对PPP项目的热情，民营资本参与PPP项目程度低，有一个重要原因就是对PPP这种长期合同的政府履约信心不足，现在这个问题走上解决通道了，自然会有越来越多的民营资本来参与PPP。

（刊于《经济观察报》2016年12月6日）

财政部公布第三批 PPP 示范项目 516 个，11708 亿投资额

2016 年 10 月 13 日财政部公布了第三批示范项目，一共有 516 个示范项目，涉及投资额 11708 亿元以及相关专家库。

在 2016 年 6 月，财政部等 20 个部门联合启动了第三批示范项目的申报。截至 7 月 25 日，财政部共收到各地申报项目超过千个，项目计划总投资约 2.2 万亿元，涉及能源、交通运输、水利、环境保护、养老、旅游等公共服务领域。

“将近一半左右省份用完了 50 个项目名额，也有一半没有报满，行业基本都覆盖了 PPP 中心信息平台列的 19 个行业。”一位财税人士告诉经济观察网记者。

大岳咨询总经理金永祥认为 2015 年下半年以来，经济出现了下滑，市场对 PPP 有高度的期待，希望 PPP 能在稳增长过程中发挥作用。稳增长是需要规模的，因此这次推出的示范项目规模较大，总投资额达到了上万亿。在第三批示范项目中，增量项目占绝大多数，这对稳增长的效果是可以期待的。

金永祥是参加了财政部所有三批 PPP 示范项目评审的两名专家之一。

金永祥认为在推第一批示范项目时，地方政府对 PPP 没热情，也不理解。当时经过两次征集，才勉强推出了 30 个示范项目。

到第二批示范项目时，部分省份的积极性起来了，像河南、内蒙古、云南上报的项目量都很多，但多数省份动作并不大。在申报文件方面，质量参差不齐，很多项目找不到评审时需要的信息，有一部分项目文件不错，各地才开始重视咨询公司的参与。

第三批示范项目的一个特点是地方对 PPP 的积极性高了，财政部甚至对地方申报项目的数量进行了限制。在文件准备方面，更加专业化，很少能见到没有咨询公司参与的项目，项目的基本信息都较完整。这批项目的另一个特点是有 20 个部委参加，在后期评审时各部委都派了专家和观察员，因此项目选择更接地气，解决了前两批项目存在的行业力量不足的问题，各行业的要求直接反映到了评审之中。

第三批示范项目有如下几个具体特点：政策引导性强。对民营企业参加投资的 PPP 项目有加分，对中西部项目打分有所倾斜，同等条件下得分高一些。PPP 蓬勃发展之势，各种新机构进入的迹象明显（包括社会资本方、中介机构等第三方）。新角色的进入也向管理工作提出了新挑战。行业分布更加广泛，海绵城市、地下管廊等国家战略项目明显增多。对老问题的新解读需要加深研究，PPP 开始向纵深发展。有些原来看似明确的概念变得模糊，比如到底什么是名股实债、保回报率等，甚至对 PPP 的适用范围及含义都需要认真研究，只有这样才能识别伪 PPP。从第三批项目的评审看，PPP 的发展已经进入了一个新的阶段，确有继续示范的必要。

E20 研究院执行院长薛涛告诉经济观察网记者，从大处看，本次财政部第三批示范项目的评审过程也是在致力避免上述问题。PPP 项目按性质还是可以分为三大类，在这批示范项目中我们依然可以看到完全靠经营性（使用者付费）的项目占比还不够多（真正像燃气那样的，地方有能力直接操作的好项目，当今的地方政府早就选择资本运作去了），而据介绍园区 PPP 是本次示范项目的难得亮点—地方政府在这方面能力不足，所以体现了 PPP 的价值点：发挥社会资本的能力和提高政府效率，某些项目也几乎摆脱了财政补贴的依赖，在这类项目中，我所担心的工程化、BT 化问题的基础有可能不存在。

中国投资咨询有限责任公司产业咨询与投资事业部总经理杨宁认为："与以往通知有较为明显区别的是，此次通知中用了相当篇幅对 PPP 项目中关于土地的问题提出明确要求。'不得直接以 PPP 项目为单位打包或成片供应土地''在签订宗地出让（出租）合同的前提下，可将通过竞争方式确定项目投资方和用地者的环节合并实施''PPP 项目主体或其他社会资本，除通过规范的土地市场取得合法土地权益外，不得违规取得未供应的土地使用权或变相取得土地收益’‘PPP 项目的资金来源与未来收益及清偿责任，不得与土地出让收入挂钩’，上述要求均直指 PPP 项目具体运作模式设计中关于项目用地的处理方式。”他还表示，“目前一些实施的项目中，地方政府逐渐产生了‘将 PPP 项目与土地进行捆绑’的想法，即通过 PPP 项目采购环节替代相关项目用地的出让环节。”

此次通知已及时发现并重点“关注”了这一趋势：首先明确了项目用地应根据项目性质采用划拨、出让或者租赁方式供应；其次在项目用地已完整具备相关手续后，可在 PPP 项目采购环节一并明确项目用地问题；最后强调了 PPP 项目还款来源不得与土地出让收入挂钩。上述举措具备很强的操作性，体现了相关部委对 PPP 项目与土地挂钩问题的充分重视。相信通过后续的严格监管，这一问题将得到有效的遏制，但这也对后续 PPP 项目尤其是片区开发类项目的运作模式设计提出了更高的要求。

财政部在同一天还公布了 PPP 的专家库，薛涛认为财政部做 PPP 专家库很重要，特别是目前情况下，PPP 项目多，但是各方（地方政府、企业、投资机构等）能力不足。成立专家库是将有限的资源放大，通过示范项目和专家库让有限的项目经验加速挖掘和分享，这也能提高项目的水平，让复杂的项目找到真正需要的专家。

“前期的专家库，我们过于重视的都是咨询的、法律类的、金融类、工程建设类，但是行业的专家太少。”薛涛表示。

（刊于《经济观察报》2016 年 10 月 13 日）

PPP 项目投资总额超 16 万亿 未来三到五年要去“虚火”

第三批 PPP 示范项目即将发布，这批项目预计带来 1 万亿的投资增量。

经济观察报记者获悉，第三批 PPP 示范项目在 9 月初进行评审，目前已经进入到各个部委会签阶段。

2016 年 6 月，财政部等 20 个部门联合启动了第三批示范项目的申报。

截至 7 月 25 日，财政部共收到各地申报项目超过千个，项目计划总投资约 2.2 万亿元，涉及能源、交通运输、水利、环境保护、养老、旅游等公共服务领域。

“将近一半左右省份用完了 50 个项目名额，也有一半没有报满，行业基本都覆盖了 PPP 中心信息平台列的 19 个行业。”一位财税人士告诉经济观察报记者。

经济观察报记者了解到，发改委最近正在研究的一份 PPP 项目的流程管理文件，也进入了征求意见阶段。**“前两批以存量项目为主，第三批主要为增量项目，在第三批示范项目中对民营企业参加的项目是有倾斜的。在打分中，有民营企业参加的项目会加分，加分越高的入选的可能性越大。”参与了财政部三批示范项目评选的专家金永祥告诉经济观察报记者，这次在第三批示范项目评选中，金永祥是农林水利环保组专家的组长。**

E20 研究院执行院长薛涛表示，第三批示范项目可能会存在三个高比例，除去高速公路和地铁等几个少数经营性类型以外，首先是 PFI 模式（依托政府财政支付的购买服务 PPP 模式）占高比例，其次是大型工程项目占高比例，最后是承接方为工程类央企和上市公司的占高比例。

财政部 PPP 中心数据显示，截至 2016 年 9 月 22 日，财政部 PPP 中心项目库中有 10313 个项目，涉及投资额 12 万亿元，这其中就包含了即将推出的第三批示范项目。此外，发改委推出的两批示范项目中，2015 年的项目总计 1043 个，总投资 1.97 万亿元；2016 年发改委推出基础设施 PPP 项目 1233 个，总投资 2.14 万亿元。如果将财政部和发改委批复的 PPP 项目投资额加总起来，目前的投资总额已经达到 16 万亿元。

一位 PPP 的监管人士告诉经济观察报，未来三到五年将会是 PPP 去虚火的阶段，现在 PPP 各个方面都有虚火，比如政府着急用 PPP 方式融资，PPP 中介着急赚快钱，投资人明股实债的问题。

评审

2016 年 9 月初，56 名 PPP 专家对各地、各个部门上报的 1174 个 PPP 项目进行了评审。

金永祥告诉经济观察报记者，专家被分成了 8 个组，每个组 7 人，每个评审小组要在一周内对 150 个项目进行评审，平均每天要评审 30 个项目。“评审注重的是项目申报文件的质量，因为这些项目只能通过对上报材料来进行评审，没有办法实地考察。从文件质量来看，财政部的这三批项目提交的资料一次比一次好，一次比一次齐全完备。”金永祥对经济观察报记者说。

经济观察报记者了解到，2014 年财政部第一次对各地上报的 PPP 示范项目进行评审的时候，当时上报的项目材料质量不是很高，财政部要求打回全部重新做，补充材料后质量仍差强人意，最后只评出了30个示范项目。

2015 年时，第二批示范项目上报的材料质量有所提高，但还是参差不齐，最终从 800 个上报项目中只选出 200 个。

经济观察报记者获悉，2016 年示范项目采取网上申报，一共上报 1174 个项目，初步选定为 500 多个，但还未最后确定，财政部正在和其他部委会签，走联合评审、联合发布的程序。

据了解，这 1174 个项目由地方财政部门和相关部委推荐。

要想成为示范项目需要经过两道关卡，即定性评审和定量评审。定性评审有几条红线不得触碰。比如，运作方式不得采用建设 – 移交（BT）实施；对采用建设 – 移交（BT）方式的项目，通过保底承诺、回购安排等方式进行变相融资的项目，将不予受理。

前两批 PPP 示范项目是由财政部组织的，第三批示范项目由财政部联合其他 19 个行业主管部门共同推荐。前两批示范项目投资总额分别为 1800 亿元、6589 亿元，而第三批示范项目投资总量有望超过万亿元。

2015 年底财政部发布了《关于实施政府和社会资本合作项目以奖代补政策的通知》，对中央财政 PPP 示范项目中的新建项目，财政部将在项目完成采购确定社会资本合作方后，按照项目投资规模给予一定奖励。其中，投资规模 3 亿元以下的项目奖励 300 万元，3 亿元（含 3 亿元）至 10 亿元的项目奖励 500 万元，10 亿元以上（含 10 亿元）的项目奖励 800 万元。

经济观察报记者了解到，这笔以奖代补的资金划入普惠金融专项资金，总额约 20 亿，由财政部金融司负责。奖励资金由财政部门统筹用于项目全生命周期过程中的各项财政支出，主要包括项目前期费用补助、运营补贴等。

薛涛告诉经济观察报记者，第三批项目具有三个显著特征：一是示范项目的范围和规模再次扩大；二是随着财政部各项配套制度建设完备，流程和规范性有所提高；三是不同于前两次的资本观望，这次推出可能会受到资本市场的追捧。

“从第三批上报的项目来看，一是增量项目增多，存量项目减少；二是行业越来越广泛，如何确认 PPP 适用领域的问题应该引起重视；三是已经完成建设的项目容易入围，这不是很合理，只是因为进度快就可以得到加分，项目本身不一定好，应该完善评审标准；四是评审时会出现材料可研报告与实际操作有冲突的情况，应该完善标准；五是随着 PPP 的推广，新的问题也随之增加，比如对固定回报的理解会有差异，需要做出明确界定。”金永祥对经济观察报记者说。

虚火

从 2013 年年底财政部提出推动 PPP 发展至 2016 年已近三年。“现在整体来看 PPP 制度搭建工作完成了，政策性文件出台的差不多了，正在酝酿当中的 PPP 财政项目管理办法、税收优惠政策等在 2016 年出台的可能性极大。以后要以解决实际问题为主。”一位 PPP 监管部门人士告诉经济观察报记者。

经济观察报记者获悉，发改委最近研究的一份 PPP 项目的流程管理文件，也进入了征求意见阶段，从 2014 年开始陆续出台的政策已经基本告一段落，发改委将会完善 PPP 项目库、组建 PPP 的专家库，并且将评选出具有可复制、可借鉴的优秀 PPP 项目，但数量不会太多。

尽管 PPP 推进迅速，但问题也陆续凸显出来。

上述 PPP 的监管人士告诉经济观察报记者，未来三到五年将会是 PPP 去虚火的阶段，现在 PPP 各个方面都有虚火，比如政府着急用 PPP 方式融资，PPP 中介着急赚快钱，投资人大量明股实债。“现有的一些 PPP 操作不是特别规范，国有企业是主角，民营企业相对少。整体来看，PPP 在实施和监管上都需要及时做出改进。”上述监管层人士告诉经济观察报记者。

上述监管层人士还对经济观察报记者表示，在 PPP 行业发展中，中介咨询公司的问题也需要重视。“PPP 发展离不开中介咨询，但是现在中介咨询公司很多工作人员从业不足一年，还有不少没有做过 PPP 业务的招投标公司也在转向 PPP 业务。业务文件经常是互相抄袭，项目质量可想而知”。

金永祥从事 PPP 中介业务多年，他告诉经济观察报记者，现在各地政府对咨询公司更加重视，但观念依然陈旧，如何判断中介公司是否有足够的能力来承接项目？中介市场的混乱对地方政府推进 PPP 项目实施会产生负面影响。

（刊于《经济观察报》2016 年 9 月 24 日）

PPP 仅两环节享税收优惠 财政部不会特别“开口子”

近日，经济观察报记者获悉，财政部推动 PPP 的另一项重要政策，《关于支持政府和社会资本合作（PPP）模式的税收优惠政策的建议》（下文简称《建议》），已经进入征求意见阶段。据悉，《建议》主要是针对 PPP 项目公司成立阶段和执行到期阶段和资产交易转让两个环节进行税收优惠，涉及增值税、企业所得税等六七个税种。“在制定 PPP 税收优惠政策的时候，基本原则还是维持税收中性的原则，不开特别的口子。”一位 PPP 专家告诉记者，不开特别口子的主要原因是财税部门认为现行税收政策体系对公共基础设施和公共服务领域已经给予了一系列优惠政策，PPP 项目可以按照规定平等享受，所以在主体税种方面，不宜对 PPP 项目的正常经营活动给予特殊的优惠政策，但对于因引入 PPP 模式而额外增加的税收负担，基于税收公平、中性原则要予以免除。

大岳咨询总经理金永祥认为财政补贴或者政府可行性缺口补贴，是否缴税很重要。“也就是财政付费的钱，作为 PPP 的项目公司收入是否该上税。交税的话等于地方财政补贴中央财政了，现在好多 PPP 项目不好进行结构设计，就是因为这个原因。”金永祥告诉记者。

主体思路

经济观察报记者了解到，这次制定 PPP 的税收优惠政策主要是针对资产转移交易环节的税收，同时为维护市场公平，应当在保持税收政策的中性与公平的前提下研究 PPP 的有关税收政策问题，在主体税种方面，不宜对 PPP 项目的正常经营活动给予特殊的优惠政策，不会对 PPP 开特别大的口子，也就是不会对 PPP 项目实施特别大的税收优惠政策。

从本报拿到的《建议》稿看，财政部认为完善支持 PPP 项目的税收优惠政策的思路：政府在与社会资本签订合作协议前，要根据所提供的公共产品和公共服务种类、数量和质量等就收费价格和政策补贴等关键条款进行磋商并达成一致。

“这是因为在 PPP 项目中会涉及价格补贴，或者说是财政可行性缺口补贴，而税收优惠也是财政补贴的一种形式。”PPP 项目专家告诉记者。所以财税部门认为，政府单方面通过特殊税收优惠形式对 PPP 项目给予优惠，相当于变相给予 PPP 项目财政补贴。

在《建议》稿中，财政部表示，社会资本和政府在商洽合作协议时，双方就应该就该税收优惠政策对 PPP 项目全生命周期的影响进行测算并计入政府方的出资，相应地减少未来政府的财政补贴或降低收费价格。因此，通过税收优惠政策给予 PPP 项目特殊支持与直接财政补贴相比并无本质区别，而且还会增加前期 PPP 物有所值评价分析和 PPP 合同磋商过程的复杂性。

同时财政部认为 PPP 项目广泛应用于提供公共产品和公共服务的所有领域，现行税收政策体系已经给予了大量优惠政策。

在公共领域 PPP 项目主要集中应用于轨道交通、供水、供热、污水处理、垃圾处理、环境综合治理、体育、医疗等行业。这些行业已经存在的税收优惠政策包括对公共基础设施和环境保护、节能节水项目所得给予“三免三减半”企业所得税优惠政策；对环境保护、节能节水、安全生产等专用设备给予投资抵免企业所得税优惠；对垃圾处理、污水处理等资源综合利用企业给予增值税即征即退优惠政策等。

此外，《建议》稿称，PPP 项目从政府方取得的专项用途财政性资金，符合政策规定的还可以作为不征税收入，在计算缴纳所得税额时从收入总额中减除。《建议》稿还对 PPP 税收优惠政策的对象做出了要求，需是财政部 PPP 中心指定的 PPP 综合信息平台的项目库中的项目。

财政部平台项目库由各地财政部门按照统一授权分级录入项目库信

息。项目由省级财政部门提交，而这些项目都编制了实施方案，通过物有所值评价、财政承受能力论证，还有的是通过中央或者上级财政部门评审被列为中央或者省级示范的项目。截至2016年6月末，全国PPP综合信息平台的入库项目9285个，总投资额10.6万亿元。《建议》考虑到PPP综合信息平台对入库PPP项目信息按照统一授权、分级管理且对社会公开，为保障税收政策支持规范的PPP项目和执行中的便利，将PPP税收优惠政策的适用范围确定为列入PPP综合信息平台示范项目库的PPP项目。

免税政策

《建议》稿认为，对于PPP项目应该主要是两个环节免税：一是免除PPP项目在项目公司成立阶段发生的有关资产转移所涉及的税收，二是免除PPP项目执行到期后发生的有关资产转移所涉及的税收。而在PPP项目公司成立阶段，免除政府方和社会资本合作方按照PPP项目合同约定向PPP项目公司转让有关资产设计的交易环节税收，避免因采取PPP模式而增加税收负担。《建议》稿还认为，应该从税收政策中鼓励化解地方政府存量债务。目前，财政部正在引导和鼓励地方融资平台存量项目转型为PPP项目。财政部认为，为了鼓励地方政府将存量项目资产转移给PPP项目公司，从社会资本合作方回收的资金主要将用于偿还项目建设中所欠债务，建议对政府方按照PPP项目合同从社会资本方取得的收入免征企业所得税。

"通过地方政府存量项目资产进行PPP操作，可以化解存量债务，此举是要促进存量债务形成的项目资产进行转化，降低地方债务，减轻地方政府债务负担。"一位PPP人士给记者分析。

（刊于《经济观察报》2016年7月31日）

PPP 财政管理办法征求意见 政府违约强制扣款

中国财政部正在期望通过将 PPP（即公私合作模式）支出纳入预算和对不履约地方政府进行转移支付扣款的方式，来解决在推动 PPP 发展中遇到的问题。

经济观察报记者获悉，中国财政部推动 PPP 发展、扫除 PPP 投资障碍的一份最重要文件——《PPP 项目财政管理办法》（以下称《办法》）在 2016 年 7 月进入征求意见阶段。

2015 年财政部主导的 1800 亿的 PPP 基金也已经进入选择项目阶段，而财政部成立 PPP 基金的作用也是为了解决 PPP 项目落地难的问题，以及将与社会资本共同解决投资中遇到的地方政府信用问题。

记者了解到，《办法》主要分为四个部分，最主要的内容是地方政府不履约时的扣款机制和将 PPP 支出纳入预算管理，主要是为了保障 PPP 项目合同中地方政府履约能力，解决地方政府信用问题，让社会资本不再对政府信用心存芥蒂。

大岳咨询总经理金永祥认为出台《办法》能够解决政府的信用问题，特别是现在社会资本对政府不信任的问题。但是这个制度推动起来会比较困难，因为地方政府欠款已经是一种普遍现象，扭转过来很困难，并且对于地方政府是否违约的确认难度会很大。

一家 PPP 基金的管理者认为《办法》应该尽快出台，在做投资项目中需要这个，特别是一些城市级别比较低的，现在大多数县的项目为什么都不做，因为做不了。主要就是风险问题，政府信用问题。以前因为没有制度性的规定，在级别比较低的地区做 PPP 项目比较困难。

主要内容

据悉,《办法》对PPP的投资、国有土地、国有资产与资源、PPP纳入预算支出以及对地方政府监督都做了详细的规定。

记者了解到，能源、交通运输、水利、环境保护、农业、林业、科技、保障性安居工程、医疗、卫生、养老、教育、文化、体育等公共服务领域的各类PPP项目，包括能源、交通运输、水利、环境保护、市政工程等特定领域实施特许经营的项目都规定在内。

文件还规定了项目实施机构应当综合评估项目潜在合作方的专业资质、技术能力、管理经验和财务实力等因素。文件称，要依法择优选择合作伙伴，不得以不合理的条件对合作方实行差别待遇或者歧视待遇。要积极鼓励民营企业、中小企业参与，依法允许外资企业参与。“在制定《办法》时考虑到要鼓励民间投资进入，禁止对民营企业歧视等因素。”一位权威财税人士告诉记者，并且为了防止社会资本重视施工利润而忽视运营，也做了规定。比如规定项目实施机构应当分别评估项目潜在合作方在项目建设和运营环节的实施方案及成本报价，严禁合作方重建设、轻营运，通过运营环节的恶性低价获得项目主导权，通过设计、施工、核心材料采购等环节获得较高关联性收入、转移利润。《办法》要求每年7月底之前，行业主管部门应按照当年PPP项目合同约定，结合本年度预算执行情况、支出绩效评价结构等，计算下一年度应纳入预算的PPP项目收支数额。行业主管部门应将需要先从预算中安排的PPP项目支出责任，按照相关政府收支分类科目、预算支出标准和要求，以及绩效目标管理等预算编制规定，纳入本部门、本单位预算草案。

另外，对于地方政府土地入股、国有资产转让、特许经营权授权等内容,《办法》也一一做了要求。

《办法》称，政府以国有建设土地投入PPP项目时，一般应按照国有土地使用权出让，作为出资或入股等有偿使用方式参与PPP项目。国有建设用地使用权作价出资额应当依法进行评估，不得低于土地取得成本、土地前期开发成本和按规定收取的相关费用之和。政府以存量国有资产作为PPP

项目配套投入，以及对存量资产、股权进行转让时，应遵循公开、公平、公正的原则依法进行资产评估，并经履行出资人职责的机构报请本级人民政府核准，以合理的方式折价入股或转让，防止国有资产流失。

但是对于地方政府影响最大的，是财政部将建立结算扣款机制。在《办法》中规定，上级财政部门应当督促下级财政部门严格履行 PPP 合同。没有及时足额向社会资本支付政府付费或者提供补贴的，按照合同约定依法办理。经法院判决后仍不执行的，由上级财政直接从相关资金中代扣，并支付至项目公司或社会资本。

清华大学教授王守清支持财政部的扣款机制，他表示，现在推动 PPP，民营企业担心政府不守信用，没有钱支付财政补贴。不少地方上项目超过财政承受力，投资者就有拿不到补贴的可能。现在将转移支付扣除直接支付给民营企业。

此外，为了防止扩大地方政府借道 PPP 变相融资、增加隐形债务、将 PPP 异化，《办法》对有可能形成地方债务的方面也做了一系列的规定。

比如：《办法》规定 PPP 项目在实施运营全过程中形成的项目公司的负债不得移交给政府。财政部门应会同行业主管部门做好 PPP 项目债务识别工作，防止企业债务向政府转移。“在 PPP 高速发展过程中，不少地方借 PPP 之风成立了各种基金，基本属于明股实债的范畴，这样增加了地方政府的隐形债务，使得地方政府的杠杆上升，中央政府在预估实际债务空间的时候会有差距。”一位研究地方债务的专家告诉记者。

期待

从来没有一份 PPP 法规像《办法》这么受到期待，也从来没有一份 PPP 相关的法规一直被财政部挂在嘴边上。

2015 年，财政部发布《财政支持稳增长的政策措施》中就提到要出台 PPP 项目财政管理办法。在 2016 年两会中，财政部部长楼继伟在政府预算报告中提到研究推进政府和社会资本合作法的立法工作，出台 PPP 项目财政管理办法、标准化合同范文和分行业合同。

2016 年 6 月 15 日，财政部党组成员、副部长、PPP 工作领导小组组长史耀斌主持召开 PPP 工作推进会，提到按照分工负责制要求，金融司要发挥好 PPP 工作领导小组办公室作用，制定出台 PPP 项目财政管理办法。《办法》是财政部推动 PPP 在中国的快速发展的重要一环。一位 PPP 企业的从业人士告诉记者，由于相关法律法规、风险分担、退出机制不完善，且投资期限长，收益率偏低，加上社会资本对政府信用心存芥蒂，PPP 项目存在推广困难。部分地方政府因财力紧张，无力按合同支付相关款项，严重影响了民间资本参与 PPP 的积极性。有政府部门坦言，PPP 最大的障碍就是政府信用。《办法》的出台，可以从制度上形成约束机制。

在 2017 年 6 月 7 日的国新办促进民间投资健康发展专项督查有关情况吹风会上，参与民间投资专项督查的财政部副部长刘昆表示，当前 PPP 项目储备比较丰富，但项目落实困难。

2016 年 7 月 11 日，财政部 PPP 中心数据显示，截至 2016 年 6 月末，PPP 项目库入库项目 9285 个，总投资需求额首次突破 10 万亿元，达到 10.6 万亿元。6 月末全国 PPP 项目落地率由 1 月末的 20% 提高至 23.8%，落地项目总投资额 1 万亿元，项目落地加速。其中，232 个财政部 PPP 示范项目落地率更是高达 48.4%。这一投资需求额已经超过 2015 年全年基础设施总投资额。国家统计局数据显示，2015 年全年全国基础设施投资总额是 10.13 万亿元。**“现在入库项目 10 万亿，整个市场已经很是庞大，制定《办法》首先代表市场对 PPP 越来越有信心。地方政府对 PPP 越来越有兴趣。剩下的就是如何让项目规范落地。”金永祥告诉记者。**

（刊于《经济观察报》2016 年 7 月 16 日）

PPP没有想象的那样简单

最近，王守清几乎每天都奔波在路上，他要赶往各个政府机关以及国企去做关于“公私合作（PPP）”的咨询。他感觉这段时间，政界和企业界对PPP的热情，犹如北京的夏天一样火热。

王守清是清华大学国际工程项目管理研究院副院长，研究了20多年的PPP。就在2013年，舆论对此还是冷清一片，那时他也基本没怎么串过政府机关的大门，但前不久王守清和一些研究PPP的专家，受邀参加了相关部门召开的特许经营立法座谈。

PPP到底是什么？应该包含哪些模式？目前结论仍付之阙如。然而在民间，PPP已然是个时髦词汇。王守清提到，此前他曾跟地方政府官员谈BOT项目投资，但对方说，现在财政部在推PPP，我们不谈BOT，谈PPP吧。他认为，这种反常的热闹是值得警惕的。

PPP为什么这么热？经济观察报记者就此采访了王守清和实际操作过PPP项目的大岳咨询有限公司总经理金永祥、北京市资略律师事务所合伙人徐向东。

记者：现在各界对PPP的火热追捧，是否是一个正常的现象？需不需要降温？

王守清：

现在PPP是中央这边热，真要热起来，还是要问问各地的市长愿不愿意。若是地方的市长有钱，肯定不愿意实行PPP；没有钱还想做项目，就会使用PPP。但是民营企业不一定愿意干，一个项目二十年、三十年才能脱身，风险太大。

PPP肯定不是万能的。比如PPP支付分为使用者支付、前端补贴和后端补贴等，前段补贴就很容易造成地方政府和企业联合骗取中央财政。而

且 PPP 对地方债务的帮助，没有想象那么高，因为地方政府融资成本高，若是使用 PPP 可能效率更低，不一定适用。

金永祥：

我觉得谈不上降温，政府在做该做的事情。但是学术界比较活跃，研讨特别多，这也为以后做项目在进行理论上的准备。但要防止讨论多，实务少，现在的 PPP 应该规范，讨论得太热，实质性的推动却没有那么热。

徐向东：

这个问题从两方面看。一方面，当前 PPP 非常火热，如果是表现在关注的人多，讨论的人多，提供建议的人多，研究的人多，总结经验的人多，相关会议多，那么这是一个好事情。在 PPP 相关立法没有正式出来之前，应该鼓励各行各业的专家进行多方位、各个角度、不同层次的沟通交流，甚至是碰撞，有利于 PPP 在中国的良性发展。

另一方面，我最近也经常碰到，很多地方本来准备采用 BOT、TOT 模式实施项目的，突然提出要改为 PPP 模式来实施项目。这不仅是对 PPP 模式的误解，更会成为推进中国 PPP 模式良性发展的障碍。如果是这种情况，那绝对需要降温。

不是所有的项目都可以采用 PPP 模式。采用 PPP 模式的项目，必须符合降低成本、提高效率、改善公共服务的要求。对于项目特性和预期服务质量具有不确定性、难以明确项目要求，或者难以明确划分风险的项目，不应采用 PPP 模式。

我个人比较赞成王守清老师的观点，一般适合做 PPP 的项目，包括道路、港口、机场、监狱、水处理、垃圾处理、污水处理、政府办公楼。哪些项目适合采用 PPP 模式，可以通过 PPP 法律的基本原则和适用范围来解决。

记者：现在部委都在研究 PPP，这些研究应该避免的最大问题是什么？

王守清：

我认为从国家层面制定的 PPP 法律，内容应该包括政府审批权限的问题，流程和管理程序的问题，合同框架和风险分担原则，退出机制和纠纷处理机制，各地项目规模上限与政府财力比例，会计准则等制度，使之具备全国统一的原则性做法和较强的法律效力，避免由中央部门或地方法规政策所带来的冲突。

金永祥：

全国财政工作会议中，楼继伟部长讲了两个小时的 PPP，力度很大。财政部、住建部、发改委现在都在研究 PPP，用财政资金来撬动社会资本，实施混合所有制。但应该保持冷静头脑、冷静思考，争取少走弯路，因为 PPP 没有想象的那样简单。

比如，什么样社会资本才能进入？用 PPP 是为了解决粗放型发展的问题，但现在中国的 PPP 项目已经有很多了，未来 PPP 立法要是解决不了实际问题，就没什么意义了。

徐向东：

不仅是部委，很多民间机构、大学、团体甚至个人都在研究 PPP，发改委、财政部走在了研究的前列。目前，发改委牵头起草《基础设施和公用事业特许经营法》，而财政部则成立了政府和社会资本合作（PPP）工作领导小组。

我曾经根据中国既有实践，总结出 PPP 十大主要问题和冲突，或者说需要改进的地方。从某种角度来看，一个 PPP 项目能否成功，至少会涉及到发改部门、财政部门、土地管理部门、规划部门、住建部门、银监会以及行业主管部门等，任何一个部门的工作对 PPP 项目的实施都是至关重要的。中国的公私合作法，应是一个综合性的法律，各个政府部门的协同及能力建设至关重要。

记者：PPP 该怎么定义？中国以往的 PPP 项目是如何发展起来的？

王守清：

1992 年，世界银行开始使用 PPP 这个称呼。过去狭义的 PPP，是完全交给企业去做，但是企业是追逐利润的，后来实行项目管理公司，也就是 SPV，政府在 SPV 中占股份，政府就掌握了一定的话语权。

PPP 应该是一种泛称，叫什么无所谓，世界银行将其定义为“公共部门与私人银行部门一系列合同的行为”。2003 年之后，中国商务部开始推 PPP，商务部一位原副部长曾经说，中国对外务工赚那么点辛苦钱，应该升级对外投资模式，也就是开始用 BOT 之类的模式。

金永祥：

中国 PPP 经历了五个发展阶段。改革开放到 1994 年是探索阶段，当时项目是随机的，包括广州白天鹅酒店、北京国际饭店等。1994 年到 2002 年是试点阶段，在中共十四大提出社会主义市场经济的概念后，当时的国家计委先后推出 5 个试点项目，叫做 BOT 试点，比较典型的有广西来宾第一电厂。地方也出现了一些项目，但是没叫试点，比如沈阳的自来水项目、上海浦东大桥项目等。

第三阶段是 2003 年到 2008 年的发展阶段，受中共十六大影响，当时的建设部发布了《大力推进市政公用市场化的指导意见》。这五年里 PPP 项目量非常大，包括兰州自来水项目、北京地铁四号线等都是在这个阶段，但当时也出现了一批争议很大的失败项目。

2009 年到 2012 年是反复阶段，受金融危机影响，政府出台四万亿经济刺激计划，“国进民退”导致 PPP 市场受到很大打击。一年后国务院出台“非公经济新 36 条”，希望利用社会资本搞基础设施建设，但当时金融资源仍在向国有企业倾斜，社会资本的机会很小。

从 2013 年到现在属于 PPP 的推广阶段，中共十八大提出“市场在资源配置中起决定性作用”后，从 2013 年财政工作会议至今，财政部、住建部、发改委一直在研究 PPP，地方政府也开始用 PPP 模式引导建设项目。

徐向东：

中国的 PPP 经历了两个阶段，现在已进入第三个阶段。

中国 PPP 第一阶段始自 20 世纪 80 年代中期，以 BOT 为代表的 PPP 模式被引入中国电厂等基础设施领域，主要是外商投资特许权项目。

第二阶段始自北京 2008 年奥运会及配套建设项目的投资、建设，以城市公用事业领域的特许经营为代表。在这个阶段，外资企业、国有企业和民营企业等均有大量的参与，BOT 和 TOT 模式较为流行。在这一阶段，出现了很多至今仍视为经典的 PPP 项目，如国家体育场（鸟巢）PPP 项目、北京地铁 4 号线 PPP 项目、浦东自来水厂股权转让项目等。

中国 PPP 第三阶段启动的标志是，国务院于 2010 年 5 月 7 日发布的“非公新 36 条”。在第三阶段，PPP 模式应用范围不断扩大，如安置房的 BT 项目、小城镇综合开发 PPP 项目、智慧城市 PPP 项目以及公立医院的 PPP 项目等。而且 PPP 内涵外延不断拓展、延伸，涉及新型城镇化建设、破解地方融资平台的债务问题，以及提供公共产品或服务领域。

目前，国家发改委、财政部和住建部、工信部等都在研究相关政策，为 PPP 模式的深度和广度应用提供强有力的政策支持空间。

记者：PPP 模式对于缓解地方债务能起到多大作用？

王守清：

我认为主要是和支付方式有关，若 PPP 模式主要是用户支付，不会再对政府产生债务。若是政府支付，则是通过 PPP 模式，将政府支付的时间拉长，政府还是要有一定的支出，但是缓解了政府一次性的支出压力。当然用时间换取资金压力，是需要付出利息的。

金永祥：

PPP 还是能减轻地方政府负担的，最主要是效率会提高。但是 PPP 与以往的存量债务是没有关系的，只能为以后的经济建设减轻压力，将政府的负担向后转移，给政府打了个时间差，给其充足的时间消化存量债务。

徐向东：

按照财政部的观点，采用 PPP 模式破解地方融资平台的债务问题，减轻政府债务压力，收益性项目成为重点，这应是财政部大力推动 PPP 模式的主要原因之一。

但是，地方政府债务如何定义，从现行法律来看，存在障碍。如按照现行的《预算法》，各级预算应当做到收支平衡，按照量入为出、收支平衡的原则编制，不列赤字。那么从法律意义上，不存在中国地方政府债务的问题。

然而在实践中，中国存在着大量的政府性债务。按照审计署的观点，根据政府对债务的偿还责任和法律责任不同，结合国际惯例，将“政府性债务”划分为政府负有偿还责任的债务、政府负有担保责任的债务和政府可能承担一定救助责任的债务这三种类型。

从付费的角度，采用 PPP 模式是否能缓解地方债务，可以分为两大类情况。

一是政府购买产品或服务的 PPP 项目，政府延期或分期付款。虽然有一种观点认为，根据适用的会计准则不同，这部分债务可能不算政府债务。但个人认为只是延缓了政府债务的支付时间，并没有减少政府债务。

二是对于使用者付费的 PPP 项目，政府需要承担 PPP 模式实施引起的或有负债，如特许经营合同提前终止的补偿，相关债务或收入的保证等。个人认为，这只是在政府债务和政府或有债务之间进行调整和转换，从显性变为隐性，政府性债务的总量没有变化。

从上述分析来看，采用 PPP 模式的确可以化解部分政府债务压力，变成延期支付；或者将政府债务转变成政府或有债务，减少显性政府债务的数量。但是个人认为，应坚决杜绝纯粹为了达到上述目的，而盲目使用 PPP 模式。

（刊于《经济观察报》2016 年 6 月 24 日）

解密中国首条 PPP 高速路最后还是国企拿了大单

没有先例可循，中国首条 PPP（政府和社会资本合作）高速公路是怎样炼成的？

2016 年 6 月 1 日，总投资 130 亿的兴延高速公路正式协议签约，这是北京市规划建设的一条高速公路，连接北京市区与延庆区，也是北京市延庆区举办 2019 年世界园艺博览会的重点配套工程。中国国际工程咨询公司研究中心处长徐成彬对经济观察报表示，兴延高速项目基本上是借鉴轨道交通的方式，特别是北京地铁四号线的模式。

“北京地铁四号线创新的可行性缺口补贴、预测流量以及超额收益分配等模式，都给兴延高速公路的建设提供一系列的参考。”大岳咨询总经理金永祥说。

三套方案

高速公路 PPP 模式此前没有先例可循。

早在这条公路兴建之前，2014 年底，北京市发改委、交通委以及财政局对未来高速公路的建设情况做了一个摸底分析，同时梳理了高速公路融资平台的债务情况，结论是：未来 5 年间北京要修 8 条高速公路，而政府无力承担这么多项目资金，因此经各方讨论，最终由北京市政府给出政策——分 5 年为这 8 条高速公路各自提供 25% 的资本金，其他的需要自行筹集，经测算北京市政府一年能拿出来的资本金总额是 35 亿。

兴延高速公路就是从这个资本金“池子”里尝到甜头的一条。该公路全长42公里，其中山区段有24.4公里，大概有5.7公里的特长隧道，预计投资140亿。2015年3月，该公路开始编制实施方案，历时三个月，而操刀此次实施方案的是北京市交通委计划发展处李飞。

李飞告诉经济观察报记者，由于是首次用PPP模式修建高速公路，我们做了三套方案进行比较。方案一是政府承担工程总投资的25%，再加上运营补贴后总出资40亿，吸引社会资金100亿，进行可行性缺口补贴；方案二是政府25%，再加上征地拆迁费用以及运营补贴；方案三是前期所有资本金投入都由政府去解决，包括前期能拿出来的25%，剩余资金交给融资平台，这是中国交通建设的传统方案。“第二个方案之所以入选，是考虑到北京征地拆迁费用非常高，而且不确定性也大，如果因为拆迁困难导致整条公路无法开通运营，最终的投资可能远超初步批复的投资概算，而这个风险让社会投资人承担，有点过大。”李飞说，因此政府把征地拆迁的风险揽过来，再有不足时可使用可行性缺口补贴，测算后比第一种方案增加了30亿补贴。

最终操刀者北京市交通委选择了方案一。

李飞的考虑是，一方面该方案严格执行了25%的投资上限，缓解了当期财政压力，另一方面在政府和社会资本之间合理分配了风险，落实了政府剥离融资平台和债务的精神，因为这种操作实际上把项目的债务划给了项目公司。“但是方案一有个缺点，运营期的补贴较多，测算下来政府可能一年要拿5到7个亿的初始资金。”李飞说，高速公路主要的难点在建设，运营相对来说会简单一些，所以我们认为会有更多的潜在投资人来看中这些项目，充分竞争。

而对于方案二，李飞认为虽然政府承担了征地拆迁费用，在一定程度上缓解了当期财政压力，也重新分配了风险，但不足之处在于除了25%的资本金外，额外增加30个亿的资金需求，北京市政府不太可能完全满足；同时，政府建设期的投资压力相对较大，而且既然已经承担了70亿——相当于预算总投资的一半，不如政府完全自己做。

方案二的拆迁难度也是一个问题，“北京地铁14号线就是一个教训，至今未能全线贯通运营，卡就卡在丽泽站，因为拆迁的问题。”李飞表示。

最后，李飞谈到方案三，也就是最传统的公路建设方案。该方案的好处是政府在运营期间不用补贴，而在建设期的投资压力大。李飞认为，虽然从财务测算和经济的角度来说，可能是最省钱的做法，因为政府融资平台只需要负担当期银行利息。“但那为什么还要用 PPP？ PPP 不光考虑到经济测算，还从其他的多种角度比如后续运营、同业竞争等去考量，最终 PPP 模式还是会节约成本的。”李飞说。

尽管设计了三套方案并最终确定了方案一，但这并不代表着 PPP 高速公路就只有这一种方式。国家发改委投资司副司长韩志锋认为，PPP 模式需要针对每个项目分别设计合同以及合作方案，包括融资结构、回报机制、风险分担机制等，如此项目才能真正落地实施，否则更多是一种虚热。

民资进入的难度

目前，兴延高速公路项目公司的架构是项目公司由首发集团代表政府和社会投资人共同成立，项目总投资是 143.5 亿，项目涉及的投资回报机制包括车辆通行费的收入、广告牌、加油站的收入，以及财政可行性缺口补贴的收入。

这和之前北京市建设地铁 4 号线的方式如出一辙。

其中，北京市交通委在兴延高速公路中设计的保底车流机制——当社会投资人车流低于某一个额度的时候对它进行保障——即保底不兜底，这些经验都来自于北京地铁 4 号线。

李飞认为，高速公路作为基础设施行业，投资大、收益相对低，是一个线性工程，收益期也比较长，社会投资人为什么要做这个项目？要让他们看到政府的诚意。“所以我们在设计方案时吸取了 4 号线、14 号线、16 号线的机制，除了保底车流机制，还有超额收益分成机制。”李飞说。

最终，兴延高速中标结果为，中国铁建股份有限公司以综合得分第一。“中铁建主要是对投资建设以及运营成本控制较好，另外各项收入预测也较为乐观，同时自有资金收益水平也相对较低，它将总投资从 140 多亿降到了 130 多亿。”李飞说。

但这个结果，在君合律师事务所合伙人刘世坚看来，是一个危险的信号。“在大型基础设施项目中，民企真的是没有优势，无论是从业绩、队伍、资金、兜底能力上都比不上国企、央企。”刘世坚说。

李飞解释称，交通基础设施投资非常大，对社会资本的投资资本金要求、业绩要求也很高，如果民企没有这种能力，没有资本金，一旦出了问题，赔都赔不起。

对于PPP模式，一位专家表示，实践中大家有一个深切的体会，如果政府方和社会资本方要进行交易条款的谈判，需要一些有助于达成共识的基础工作，这些工作包括可行性研究——对于一些重大疑难项目，甚至可能要做到初步设计——做到这一步，实际上前期投入是非常大的，结果又有不确定性，用招商引资的方式简单交给社会资本方，实际上不但无法保障项目进度和质量，这种做法本身都有可能成为一扇阻碍民资进入PPP项目的“玻璃门”。

徐成彬也认为，PPP的社会资本一方，在所有制结构里民间投资占的比重是比较少的，这一直是做PPP项目的一个难点。核心原因可能是两个方面，一是互信机制，政府可能不信任社会资本，社会资本不信任政府。二是融资难度，由于绝大部分项目还是靠银行贷款，现在融资成本相对比较低的是开发性金融比如国家开发银行和农业发展银行，而民营企业很难从这些机构获得贷款。

“这些原因都导致民营资本不敢投PPP项目，一旦投进来融资成本过高，会导致这个项目收益率算下来是亏的，出于理性的考虑，民营企业不愿意面临这个风险。”徐成彬表示。

（刊于《经济观察报》2016年6月9日）

150亿普惠金融专项资金成立在即支持PPP和“双创”

中国政府打算设立一支新的财政专项资金，来支持涉农贷款、双创和PPP在中国的发展。

5月中旬，经济观察报记者从财政系统人士处获悉，即将成立的该专项资金全名叫做“普惠金融发展专项资金”，是将已有的针对涉农贷款、农村金融机构和创业担保的三项存量转移支付资金整合，再加上新增的政府和社会资本合作（PPP）项目以奖代补资金后，共同设立的。

新成立的普惠金融专项资金规模大约150亿，其中PPP专项资金大约20亿。PPP专项资金由财政部设立的PPP工作领导小组办公室和PPP中心负责评审管理，其中定性评审主要审查项目合规性，定量评审主要审查项目质量。

中央财经大学银行业研究中心主任郭田勇认为，普惠金融属于国家重点支持，的确需要专项投入。商业性金融机构在普惠金融的运作过程中面临不少困难，比如弱势群体、边远地区的业务在商业和可持续上面临挑战，需要国家财政方面的投入，财税政策的扶持和配合必不可少，普惠金融专项资金的意义也就在此。

据悉，普惠金融专项资金主要目的在于，撬动各类金融机构对普惠金融的重视，拉动金融机构对普惠金融的投入，并发挥杠杆作用。

如何分配

2016年1月，国务院发布了《关于印发推进普惠金融发展规划（2016—

2020年）的通知》，其中提出要用好普惠金融发展专项资金，重点针对普惠金融服务市场失灵的领域，遵循保基本、有重点、可持续的原则，对普惠金融相关业务或机构给予适度支持。

普惠金融发展专项资金是指中央财政用于支持普惠金融发展的专项转移支付资金，主要包括县域金融机构涉农贷款增量奖励、农村金融机构定向费用补贴、创业担保贷款贴息、PPP项目以奖代补资金等四部分。

专项资金的分配方式，主要由财政部按照各个地区可给予奖励的县域金融机构涉农贷款平均余额增量、可给予补贴的农村金融机构贷款平均余额、可给予贴息和奖励的创业担保贷款规模，以及可给予奖励的中央财政PPP示范项目规模，再考虑到地方融资平台公司存量项目转型化债等因素及相关权重，结合地方财政的困难程度进行分配。

这里提到的“相关权重”，是根据各个地区常住人口数量、乡村常住人口占比、城镇登记失业率、每万人农村金融机构数量、PPP模式推广运用情况、上年度专项资金补助水平以及使用情况等因素综合确定。

比如对符合条件的县域金融机构和小额贷款公司，其当年涉农贷款平均余额同比增长超过15%的部分，财政部门可按照不超过2%的比例给予奖励。涉农贷款一般指农户农林牧渔业贷款、农户消费和其他生产经营贷款、农村企业以及各类组织农林牧渔业贷款、农村企业以及各类组织支农贷款等四类。

经济观察报了解到，在普惠金融发展专项资金中，除去PPP项目以奖代补的资金大约20亿是由中央财政全额安排，其他领域的专项资金由中央和地方财政共担。其中，东、中、西部地区中央财政与地方财政的分担比例分别是3：7、5：5、7：3。

专项资金将原则性划分地方财政负担的比重，东部省级财政分担地方财政资金总额的30%，中部分担50%，西部分担70%。“我们也在探讨，财政出一部分资金，农业发展银行出一部分钱，财政资金贴息。但是配套资金需要地方政府想办法，对于市县这一级还是很困难的，现在基层都是吃饭财政，配套配走了大部分财政资金。”一位市级财政部门的农业处长告诉经济观察报。

鼓励化解地方债务

经济观察报记者了解到，在 150 亿的普惠金融发展专项资金中，大约有 20 亿的 PPP 以奖代补资金完全由中央财政负担。

这笔资金主要用于对于符合条件的 PPP 示范项目和转型为 PPP 项目的地方融资平台公司存量项目给予一定的奖励，目的是提高项目操作的规模性，保障项目实施质量，同时鼓励融资平台公司化解地方政府次能量债务。

其中对于中央财政 PPP 示范项目中的新建项目，财政部将在项目完成和确定社会资本合作方后，按照项目投资规模给予一定的奖励。具体为投资规模 3 亿以下的项目奖励 300 万元，3 亿（含 3 亿）至 10 亿的项目奖励 500 万元，10 亿（含 10 亿）以上的项目奖励 800 万。

对转型为 PPP 项目的地方融资平台存量项目，财政部择优评选后，按照项目转型实际化解地方政府存量债务规模的 2% 给予奖励。业内人士告诉经济观察报记者，PPP 以奖代补的费用主要用于前期费用和后期的运营补贴。

当然，财政部对于能够获得补贴的项目也做了一些规定。

比如项目合同约定的政府和社会资本合作期限原则不低于 10 年。享受以奖代补政策支持的 PPP 项目必须纳入财政部 PPP 综合信息平台项目库，并按照规定将项目信息和获得的奖补资金信息录入 PPP 综合信息平台。享受以奖代补政策支持的地方融资平台公司存量项目，通过转型为 PPP 模式化解的项目债务应纳入地方政府性债务管理系统，或 2013 年全国政府性债务审计范围。

据悉，PPP 综合信息平台是全国 PPP 项目信息的管理和发布平台，职责在财政部 PPP 中心。全国 PPP 项目信息由地方各级财政部门组织相关部门录入，并经审核通过后纳入项目库。本次公开的项目库信息，主要包括入库项目总数、投资总额和行业分布，库中有每个项目的名称、所在地、实施内容、投资额、合作年限、PPP 运作方式、所处 PPP 操作阶段、联系方式等基本信息。

截至 2016 年 1 月 31 日，按照《关于规范政府和社会资本合作综合信息平台运行的通知》(财金[2105]166号)要求，经各省级财政部门对全国上报的9283个项目进行审核，6997个纳入财政部PPP综合信息平台项目库，总投资需求8.1322万亿元。

同时财政部还规定了一系列不准参与以奖代补的禁制条款。

比如不符合示范项目要求被调整出示范项目名单的项目，采用建设－移交（BT）方式的项目，通过保底承诺、回购安排、明股实债等方式进行变相融资的项目，以及合同变更成本高、融资结构调整成本高、原债权人不同意转换、不能化解地方债务风险、不能实现物有所值的地方融资平台公司存量转型项目，不享受以奖代补政策支持。

大岳咨询总经理金永祥认为，PPP领域出台专项资金政策比使用其他类型财政资金效率要高，对一个PPP项目来说，通过选择经验丰富能力强、没有劣迹行为的中介机构把项目做好，从而争取到专项资金，相当于聘请中介机构没有增加负担，对于促进PPP中介行业更加专业起到很大的推动作用。

支持双创

2016年5月12日，国务院办公厅印发《关于建设大众创业万众创新示范基地的实施意见》(下称《意见》)，系统部署了双创示范基地建设工作。上述普惠金融专项资金的设立对双创示范基地建设的支持力度也很大。《意见》确定了首批共28个双创示范基地，包括北京市海淀区等17个区域示范基地、清华大学等4个高校和科研院所示范基地、海尔集团公司等7个企业示范基地。

普惠金融发展专项资金对“双创”安排了专项支持，主要是用于对符合条件的创业担保贷款给予一定贴息，支持劳动者自主创业、自谋职业，鼓励以创业创新带动就业。专项资金贴息的个人创业担保贷款，最高贷款额度为10万元，贷款期限最长不超过3年，贷款利率可以在贷款合同签订日同期同档次基准利率基础上上浮一定幅度。专项资金贴息的单位创业担保贷款，最高贷款额度不超过200万。贷款时间期限最长不超过1年。

但并也不是所有的创业者都可以申请到这笔资金。

该专项资金要求除去助学贷款、扶贫贷款、首套住房贷款、购车贷款以外，个人创业担保贷款申请人及其家庭成员（户为单位）自提交创业担保贷款申请日起向前追溯 5 年内，应没有商业银行其他贷款记录。

同时，按照资金的管理办法，作为借款人的个人和单位需要通过人力资源社会保障部门的借款主体资格审核，持有相关身份证明文件，并且经过担保及基金运营管理机构和经办银行审核后，具备相关创业履历，符合相关担保和贷款条件。

经济观察报记者了解到，上述管理办法提到的“相关文件支持创业担保贷款政策”正在由中国人民银行牵头制定当中。

（刊于《经济观察报》2016 年 5 月 22 日）

特许经营报告披露十大问题
发改委将组建立法团队

作为PPP（政府和社会资本合作）模式的一种尝试，中国的特许经营立法正在衔枚疾进。

经济观察报记者获悉，亚洲开发银行对于特许经营法的援助项目《中国基础设施和特许经营立法研究报告》（下称“报告”）已经完成，报告就特许经营立法的十个问题进行了研究，并专门就特许经营与PPP的区别进行了解读。

与此同时，国家发改委将在下周组成一个50人左右的特许经营法立法团队，将涵盖PPP领域比较活跃的专家、行业代表和部委代表等。

2016年5月11日，大岳咨询总经理、报告专家组组长金永祥对经济观察报记者说，该报告研究的是特许经营法立法中会遇到的各种问题，共分10个方向，分别是特许经营的适用范围，立法目的，项目选择、准备与实施，政府一方的角色、责任和相应授权，社会资本利益的保护、政府支持、金融风险和其他风险的管理、特许经营社会资本方的选择、有关特许经营的争议、优化特许经营审批流程。

金永祥认为，未来特许经营法的立法宗旨应侧重于提高公共服务质量和效率、保护特许经营者合法权益、实现公共利益最大化，特别是强调特许经营法是为满足公共服务需要，而非强调融资需要。

经济观察报记者获悉，国家发改委层面对特许经营法的上述推动工作，包括成立立法团队等，将会在下周展开。4月，国家发改委召开了专家会议，并与特许经营立法涉及的各个行业协会进行了座谈。

此外，中国政府已提请亚洲开发银行提供关于基础设施和公用事业特许经营立法的政策咨询技术援助，该技术援助项目由国家发改委作为执行和实施机关。

“特许经营法在2013年就已经列入立法计划，应该加快推动进程。”清华大学教授、PPP专家王守清说。

金永祥则认为，虽然中国已经成为特许经营领域最活跃的实践者之一，但在特许经营和PPP方面立法严重滞后，由于缺乏全国统一的特许经营和PPP立法，由部门主导的法律规章自成体系，各自在较低阶段的部门规章和规范性文件层面反复徘徊。

“这一方面存在PPP法律文件内部冲突的问题，另一方面又在与PPP相关的其他法律规定相冲突时，不得不让步于其他的法律规定。”金永祥说。

而一些PPP领域专家认为，这种状况与相关部委对PPP和特许经营两种名称的理解不同有关。

根据财政部《关于规范政府和社会资本合作合同管理工作的通知》（财金［2014］156号文），PPP模式“是在基础设施和公共服务领域政府和社会资本基于合同建立的一种合作关系”，同时在其附件《PPP项目合同指南（试行）》编制说明中认定，PPP从行为性质上属于政府向社会资本采购公共服务。

而由亚开行协助完成的上述立法报告则认为，从学理上，大多认为对PPP的理解应有广义与狭义之分。

广义PPP泛指公共部门与私营部门为提供公共产品或服务而建立的长期合作关系，而狭义PPP更加强调政府通过商业而非行政的方法在项目公司中占股份来加强对项目的控制，以及与企业合作过程中的优势互补、风险共担和利益共享。

上述立法报告称，无论广义还是狭义，其内涵都偏于民事法律关系，而非行政法律关系。**“厘清PPP与特许经营二者间关系的难点，在于特许经营的性质在法律层面界定不清。”金永祥说，与现有规范将PPP认定为属于平等民事法律关系的清晰定性不同，特许经营的性质在现有规范上难以断定，这导致其与PPP之间的联系很难解读。**

上述立法报告认为，如果换一个角度，从二者设立的目的入手进行考察，可以寻得二者之间关系的线索。

其中，特许经营的目的最终是对关系公共利益的项目的授权、监管、退出管理；而 PPP 的目的在于通过合作引入社会资本，解决公共事业领域资金不足的难题，二者可以看做是两个维度的问题。

金永祥说，特许经营是政府对此类行业的一种管理方式，但包含对社会资本的引入和某些方面平等协商的因素，而 PPP 是政府基于平等协商引入社会资本的手段，但包含政府对引入和绩效等某些方面的管理因素。PPP 着重强调政府与社会资本之间的合作不同，特许经营重点突出政府方对社会资本的管理。

因此，上述立法报告认为，特许经营和 PPP 是对政府引入社会资本提供公共服务这一事物的不同角度的规制，二者之间没有本质区别。

（刊于《经济观察报》2016 年 5 月 15 日）

实操者口述：PPP 还需要中介吗？

刚刚过去的 2015 年，PPP 开始加速稳增长。

财政部和国家发改委各自推出了第二批 PPP 示范项目，在金额上足以达到稳增长的需求。但更让这个领域的专业人士看重的是，PPP 建立了可进可退的机制。

然而，有不少从事实操的中介机构开始抱怨，理由有二：中介咨询业务收费过高，建立 PPP 中介库等同于形成地方保护。这两项均是财政部力主推进的 PPP 规范措施，为何落地之后反成桎梏。为此，经济观察报采访了三位长期观察 PPP 行业的专家，详解其中缘由。他们分别是大岳咨询总经理金永祥、上海市财政局 PPP 专家纪鑫华和中建政研信息咨询中心主任梁舰。

收费的烦恼

经济观察报记者：如何看待不少人反映的中介收费高的问题？ PPP 收费高低该如何决定，会受哪些因素影响？

金永祥：英国等发达国家做 PPP 项目的前期费用约为 2 ~ 5%，中国目前 PPP 项目的前期费用不足它们的十分之一，是很低的。中国中介机构的问题不是收费高的问题，而是咨询质量问题，对于没有较好相关经验和专业背景的所谓中介费用是高了，但对于 PPP 需要的有水平的中介费用又太低了，因此结果往往是劣币驱逐良币，造成咨询成果堪忧。

纪鑫华：作为转变政府职能、激发市场活力、打造经济新增长点的重要举措，PPP 模式越来越受到各级政府的高度重视。但由于 PPP 模式架构比较复杂，且政府很难拥有项目实施所需的全部技能，如行业、财务、法律、金融、环境等多个方面，因此在PPP项目的准备、采购和管理过程中，专业的中介咨询机构可以创造额外价值。且随着经济、社会的快速发展和社会分工的不断细化，中介机构在政府、企业和个人之间所起的桥梁纽带作用日益明显，并在不同专业领域形成了自身的核心竞争力，并可以从既往经验中总结得出符合市场规律和切实可行的运作实施程序，完全有可能帮助政府在PPP项目设计中优化方案设计，并提高政府在与社会资本谈判磋商中的专业能力。

梁舰：目前PPP中介收费还没有一个具体的标准，但如果做一个对比，答案就不言而喻了。比如有的PPP咨询项目收费还低于招标代理费，而且因为PPP是一个新生事物，PPP咨询难度会更高，从这角度来说，当前的收费标准不算高。

PPP咨询服务中介凭借其在法律、财务、工程等方面专业技术，在整个PPP项目操作中充分发挥到推进和引导作用。中介收费的高低取决于诸多因素，首先，客户要求的服务内容及服务范围，决定了项目咨询服务的边界条件；其次，项目范围和体量的大小决定了项目咨询服务的工作深度，同时也决定了项目所涉及的外部条件协调程度；然后，针对不同类型的项目客户会提出不同的服务质量要求，因此项目咨询服务所匹配的资源条件也不同。最后，咨询中介机构提供咨询服务的内容和一定的经验附加值，项目的规模、类型、复杂程度以及需要消耗的时间成本、人力成本等因素也决定了市场收费的高低。

总之，中介收费的高低同项目需求及项目咨询服务范围息息相关，对项目咨询服务工作的深度及质量，是中介收费的重要指标。

经济观察报：PPP中介在整个PPP项目全周期能起到什么样的作用？是否不可或缺？

纪鑫华：PPP作为转变政府职能、激发市场活力、打造经济新增长点的重要举措，PPP模式越来越受到各级政府的高度重视。但由于PPP模式架构比较复杂，且政府很难拥有项目实施所需的全部技能，如行业、财务、法律、金融、环境等多个方面，因此在PPP项目的准备、采购和管理过程中，专业的中介咨询机构可以创造额外价值。且随着经济、社会的快速发展和社会分工的不断细化，中介机构在政府、企业和个人之间所起的桥梁纽带作用日益明显，并在不同专业领域形成了自身的核心竞争力，并可以从既往经验中总结得出符合市场规律和切实可行的运作实施程序，完全有可能帮助政府在PPP项目设计中优化方案设计，并提高政府在与社会资本谈判磋商中的专业能力。

梁舰：PPP中介能起到促进和推动PPP项目快速签约、引导PPP项目合法合规运作的重要作用。从法律和政策角度分析，没有任何一部法律规范或政策规定一定要有PPP中介的介入，从PPP项目实务操作方面分析，PPP中介是不可或缺的。2014年9月，财政部发布《关于推广运用政府和社会资本合作模式有关问题的通知》，宣布在基础设施和公共服务领域开展政府和社会资本合作模式，由此在全国掀起了一股PPP热潮。在PPP项目快速发展的背景下，根据项目特点设计不同的运作方式、风险分配架构、交易结构、合同体系、投资回报机制等，并协助政府和社会资本方进行商业谈判就显得越发必要和重要。

虽然PPP的发展势头强劲，但由于其发展还不成熟，大部分政府和社会资本方只有一个模糊的概念，对于如何将PPP项目落到实处并不完全了解。加上PPP项目本身特点是周期长、投资规模大、涉及的专业多、交易结构复杂，政府、企业、金融机构等任何一方均存在自身无法独立承担的专业工作，需要有专业中介从项目总体层面提供支持服务。因此从PPP项目的识别、准备、采购、执行到移交全过程均需要有经验丰富、实力较强的中介机构帮助政府和社会资本方进行规划和指导，确保PPP项目快速落地和合法合规运作。

PPP中介机构在整个PPP项目全生命周期中起到项目指导服务的作用，PPP中介机构自项目立项开始，从投资、法律、财务、工程等多纬度评估项目的可行性，规避防范各种风险，为项目实施提供坚实可靠的依据，保障项目在可控的范围内稳定实施。

抢食蛋糕

经济观察报：地方政府推行PPP中介库是否属于地方保护范畴，特别是当县级政府都开始进行PPP库建设时？

金永祥：现在各地政府PPP建的太多了，这种做法从宏观上效率低，违背PPP提高效率的理念。在2015年中英经济财金对话期间，我对英方人士说，你们对中国咨询市场感兴趣但你们没机会，中国地方政府可能会建3000个PPP咨询公司库，光做这些工作就会消耗掉你们全部精力。因此在正式发言时我建议英方与我们共同推进中国咨询市场的建设，有了好的市场大家才有发展的机会。

由财政部或其他部委统一建一个咨询公司库为地方政府选择咨询公司时参考是可以考虑的做法，在互联网上地方政府使用很方便，这样就可以提高全社会的效率。需要注意的是，这种入库不应该是地方政府选择咨询公司的强制标准，只能起参考作用。另外，这种入库应该是开放的，任何企业只要不提供假信息随时都可以加入咨询公司库，随时可以更新自己的资料信息。

纪鑫华：应不断培育壮大中国的PPP咨询机构。既要鼓励各类中介咨询机构的发展，引入足够充分的市场参与者，包括各类事务所、金融机构、咨询公司、行业研究院等，避免咨询机构无法应对日益扩展的PPP项目需求，从而在部分项目咨询服务的不到位；同时，还应逐步鼓励形成具有权威性的标杆机构，发挥其在PPP咨询市场的导向和示范作用。

梁舰：中国PPP起步较晚，在市场上PPP中介机构没有形成有效竞争机制的情况下，政府主导按照一定的标准筛选中介机构库是有必要的，在一定程度上保证咨询机构库的质量，这样可以省去各地开展PPP项目的部分成本。

地方政府推行PPP中介库的目的，是为了遴选有实力、有资质、高品质的PPP服务机构，便于PPP服务机构在本区域内形成良性竞争，为本区域内的PPP项目提供优良的服务。对于有些地方PPP入库中介需要工程施工资质的情况，我们是反对的，因为这些资质是不能代表PPP咨询专业技术水平的。

但从长远来看，如果地方政府建立了 PPP 中介库，并且咨询服务中介仅从中介库里挑选，推行 PPP 中介库这种做法是违背市场原则的。一方面不利于咨询服务市场的公平竞争、不利于 PPP 咨询服务业的持续、健康、快速发展；另一方面从中国 PPP 政策的动态更新性分析，入库单位作为既得利益者，因没有退出和淘汰机制，不一定能满足 PPP 项目的时代发展和市场变化的需求。

地方政府建立 PPP 中介库，有涉嫌地方保护的倾向，因为实践中对于已建中介库的地方，很多 PPP 项目遴选 PPP 中介时，会对入库单位额外加分。这将催生地方保护的不良后果。

经济观察报：此前不少地方都出现过搞了 PPP 库，进库的公司是从以前的招标公司、研究院转变过来的，并没有实际操作过 PPP 项目，对于这个事情如何看待？对于推动 PPP 发展会有多大影响？

金永祥：PPP 项目是一种长期合作关系，项目质量会长期经受考验，对项目问题解决方案和项目协议的要求远远高于传统项目，因此在国际上政府做 PPP 项目聘请咨询公司是惯例。咨询公司参与项目首先是将全国乃至全世界 PPP 项目的经验教训应用于项目之中，使项目少走弯路。第二是专业的人做专业的事用专业的方法解决项目本身的问题。第三是政府和社会资本间的桥梁增进双方之间的理解和对项目的信心，还有很多。现在很多地方把咨询作为几张纸简单抄来抄去，不仅影响前期工作的效率而且会为 PPP 项目的执行留下隐患，甚至最终被反对 PPP 的人利用而毁掉 PPP。永远要记住，假如 PPP 出了问题不是 PPP 不好而是运作 PPP 的人不好。

有些公司不专业，它录入的信息是真实的，它有权利录入，但客户一定不会选它们。对于有虚假信息的，应该有记录提示，严重者应该从咨询公司库中除去。这对咨询公司库的建设机构的能力要求很高。

纪鑫华：注重发挥咨询服务的“物有所值”。这里衡量“物有所值”的并不是绝对的咨询价格，而是咨询服务质量与咨询费用的一个相对衡量。目前让地方政府比较头疼的一个问题是部分咨询机构低价竞争，如果是真正的“质优价廉”固然是好，但绝大部分还是通过低价抢占市场、或纯粹为了做业绩，项目到手以后中介机构又基于成本等考虑，无法按时保质完成咨询任务，这样的咨询往往就不能胜任政府决策的外脑和助手。由于PPP多为当地的国计民生项目，社会属性很强，且全生命周期最长可超过三十年，如果咨询机构无法帮助政府优化项目实施方案，甚至无法准确地测算相关数据，那么这种低质量咨询所带来的损失绝非咨询的低价所能弥补，甚至会导致PPP项目的失败。因此，笔者强烈建议政府在采购PPP咨询服务时，要精心设计采购条件，让无法胜任的低价竞争者出局，真正实现咨询服务本身的VFM。

梁舰：国内PPP起步较晚，满足要求的咨询机构较少，而在市场上有大量的PPP项目集中推出，服务的咨询机构已不能满足市场需求，因此招标公司、研究院从PPP部分板块出发所做的转型是很有必要的。

入库单位有些是招标公司、有些是设计院，出现这种现象，说明入库标准不科学、不合理，甚至没有标准可言，助长了弄虚作假行为的发生。这些入库单位的专业性不强，质量不高，从而对将来PPP项目咨询服务带来隐性风险，会导致PPP项目的合法合规性难以保障，严重影响了基础设施、公共产品和服务的质量，进而严重损害社会公共利益。

（刊于《经济观察报》2016年1月11日）

PPP 立法结束征求意见
财政部门赢得主导地位

财政部的《政府和社会资本合作法（征求意见稿）》明确要求一个 PPP 项目的运营时间一般不少于 25 年，并且对 PPP 项目如何进行融资担保等做出了规定。

2015 年 12 月 29 日，经济观察报独家了解到，在公布上述两文件的前几天，财政部的《政府和社会资本合作法（征求意见稿）》（下称征求意见稿）征求意见结束。

据悉，征求意见稿中明确要求一个 PPP 项目的运营时间一般不少于 25 年，并且对 PPP 项目如何进行融资担保等做出了规定。在征求意见稿中，提出财政部门负责指导协调、监督管理全国的 PPP 工作。PPP 项目的产生必须通过物有所值评价和财政承受能力论证。

当天，财政部对外公布了《PPP 物有所值评价指引（试行）》和《关于规范政府和社会资本合作（PPP）综合信息平台运行的通知》。

大岳咨询总经理金永祥认为，经过很长一段时间的交流碰撞，财政部和发改委对 PPP 和特许经营的理解都在调整，财政部理解 PPP 的内涵与发改委理解特许经营的内涵有逐步靠拢的趋势。国家发改委的特许经营立法和财政部的 PPP 立法解决的问题有很大一部分会重叠，如果能把两个部门的立法工作进行协调，统一为一部立法，未来地方政府推进 PPP 和特许经营工作会顺利一些。如果两部立法不能统一，那么应该划清两者之间的界限，避免同一个问题在两部法律里找到两个不同法律依据的困境。

相关 PPP 专家认为，财政部的征求意见稿强调了政府和社会资本合作是平等主体之间的合作，并明确争议解决路径是可依法提起民事诉讼或仲裁；同时强调政府和社会资本之间是长期合作，强调履约的持续性和稳定性。

启动立法

财政部为什么要这么快的推动 PPP？

一位 PPP 研究人士表示，推动 PPP，有利于转变政府职能实现政企分开，并且还能打破行业准入限制，完善财政投入和管理方式，提高财政资金的使用效率和效益。

相关财税专家认为，在当前财政收入增速下降，规范清理地方政府性债务的形势下，政府在公共服务领域进一步投资的潜力和空间受到制约。并且在传统政府投融资模式下，存在重投入、轻产出，重建设、轻运营维护，重准入、轻监管的问题。发展和推动 PPP 能够更有效地提高公共服务的供给效率和实际效果。

在起草这次征求意见过程中，财政部研究了在上个世纪九十年代，以电厂水厂高速公路为投资对象、以外商投资为主题的建设－运营－转让也就是 BOT 模式的实施情况、存在的主要问题。

在 2014 年财政部正式启动政府和社会资本合作立法的起草工作，成立了立法小组。并且在 2014 年，财政部先后赴福建、四川等省开展 PPP 立法调研工作。之后又结合国外操作 PPP 的经验。并且根据第一批 PPP 示范项目的调研督导后的意见和建议，形成了政府与和社会资本合作法征求意见稿。

在 2014 年年底，财政部召开全国财政工作会议，把政府与社会资本合作（PPP）的立法工作列入财政部近期立法工作计划。目前，财政部已经开展调研和起草工作，力争 2016 年前颁布实施。

一位 PPP 相关人士告诉记者，未来财政部门的 PPP 立法工作，主要是规定政府购买服务的适用范围，选择企业的相关条件和程序，各方的权利和义务，以及部门职责分工等。“还有一些未来 PPP 操作流程的管理，监督管理和其他相关法律的衔接问题。”该人士告诉记者。

主要内容

《征求意见稿》共有 7 章 59 条。这 7 章分别是总则、政府和社会资本合作项目的产生、政府和社会资本合作协议、政府和社会资本合作项目的实施、监督管理和争议解决、法律责任、附则。

在第一章总则中的管理体制中就强调了国务院财政部门负责指导协调、监督管理全国政府和社会资本合作工作，并会同有关部门制定政府和社会资本合作综合性政策措施。并且规定县级以上人民政府财政部门负责指导协调、监督管理本级行政区域内的政府和社会资本合作工作。

君合律师事务所合伙人刘世坚认为在 42 号文中，已经表达出财政部门是 PPP 的牵头和总协调部门。在这次 PPP 立法得到了确认。42 号文是 2015 年 5 月国办发［2015］42 号 国务院办公厅转发财政部发展改革委人民银行关于在公共服务领域推广政府和社会资本合作模式指导意见的通知。

42 号文提出围绕增加公共产品和公共服务供给，在能源、交通运输、水利、环境保护、农业、林业、科技、保障性安居工程、医疗、卫生、养老、教育、文化等公共服务领域，广泛采用政府和社会资本合作模式。

征求意见稿还提出 PPP 合作项目包括基础设施类项目和公共服务类项目。基础设施类项目包括公路、铁路、港口、机场、城市轨道交通、供水、供暖、燃气和污水垃圾处理等项目，公共服务类项目包括环境保护、大气污染治理、教育培训、公共医疗卫生、养老服务、住房保障、行政事业单位房产运行维护等项目。

在最重要的 PPP 项目融资担保方面，征求意见稿做出了规定，社会资本或者项目公司可以对项目公司的财产，包括不动产和动产，项目公司的土地使用权，项目公司的股权，合作项目的收益权等进行抵押和质押。

刘世坚认为有些抵押是有法律基础，有些是一直在呼吁的，现在将这一块融资放开是比较开放的，比如权利质押是限制的，收费权、特许经营权质押是没有说法的。国内商业银行对这块质押并不看好。因为银行缺乏介入的能力，在中国项目公司出现贷款违约很可能会在政府违约之后出现，银行把这个拿在手里意义不大。

PPP 的项目合作期限一般不少于 25 年，并且要求合作项目连续 3 年收益过高或者过低，幅度超过合作协议约定的，应当按照合作协议调整政府付费标准，或者公共产品和服务的价格。

为了推动社会资本更加积极的参与 PPP，征求意见稿还提出，被采纳的政府和社会资本合作实施方案建议的提出者，未被依法选择为社会资本的，有权获得制作实施方案建议的成本补偿。

一位多年从事 PPP 业务的专家评价说，现在很多地方政府的运作能力有限，项目运作前期和潜在的投资人合作，让前期投资人做一些工作，若是没中标，对于社会资本是一种补偿。

上述专家告诉记者，现在 PPP 一直没有上位法，这部法的出台将是非常必要的，但是出台之后还要看部委之间的协调，比如怎么去兼容发改委 PPP 主导的项目，这是个很大的问题。

（刊于《经济观察报》2016 年 1 月 6 日）

道路 PPP 项目冷热不均
央企不惧条件严苛

一边是央企参与、风生水起，一边是资本围观、两度流标。

从 2014 年就开始火爆的 PPP（政府和社会资本合作）项目，从未像 2015 年这般冷热不均。在 PPP 专业人士看来，热度的切换与项目本身的盈利性密切相关。

“2014 年，PPP 项目以环保类为主。到了 2015 年，已经以市政基础设置为主了，这次出现冰火两重天的就是市政道路项目。”一位长期研究 PPP 的专家告诉经济观察报记者，后者的回报率更低，甚至类似于纯公益类项目，对民企和外资自然吸引力不高，在这些领域，央企的进入是合理的。

他所说的央企进入，指的是位于安徽省黄石市的一条快速路PPP项目。这条从黄山新高铁站通往市区的市政道路，从咨询机构进入到项目最终签约，只用了三个月的时间，并于 2015 年年中开工建设。这也是央企—中国中铁操作的第一个 PPP 项目，具体承包商为中铁四局。

2015 年 11 月底，中铁四局安徽投资公司总经理吴欣荣告诉经济观察报，黄山市政道路实现了产业全链条打通，即从勘探设计，到投融资、再到建设运营都由中铁四局来承担，“2015 年中铁四局对 PPP 投资额在 40 个亿，明年预计达到 300 个亿左右”。

而那个两度流标的 PPP 项目，也在安徽省，同样是一条市政道路。据当地一位投资人士透露，这条命运多舛的道路在项目招标之前，甚至没有和参与 PPP 投标的社会资本进行过协商，条件太过苛刻无法令对方接受，是流标的一个重要原因。

那么，投标一个市政道路 PPP 项目的正确“姿势”是什么？

中铁四局投资的这条快速路，早在2013年就已经开始操作。

安徽黄山市建委副主任汤克会对经济观察报记者说，黄山高铁站修建后，缺乏一条到市区的高速道路，但是资金紧张，特别是建设成本和前期费用太高，是PPP模式推动了这条路的开工修建。“首先是资金的问题。以前道路都靠银行贷款，现在土地卖不出去，政府缺乏偿还贷款的本钱。黄山市在经济状况好的时候大约土地每年能卖20个亿，2015年到现在一块都没有卖出去，而2015年市里要偿还的债务就达到9个多亿。”汤克会说。

为此，选择PPP模式对黄山市来说至关重要，这也是当地首个市政道路PPP项目。

最终确定的结果是，道路PPP项目总投资约9.17亿。2015年初，由黄山市政府授权当地市政工程管理处为项目实施机构，通过公开招投标方式选择社会资本投资人。

据当地政府人士介绍，黄山道路招标中报名的社会资本为10家，资格审查后选择了5家，其中主要是中国建筑、中铁工程、中铁建、中铁四局等大型央企。汤克会表示，在资格预审阶段，考查的主要是专业技术管理能力、财务能力、业绩、信誉，之后采取的是综合评分法，最终确定中铁四局为社会资本投资人。

项目的特许经营期是8年，其中建设期1年，合作运营期7年，特许经营期满时，项目移交给黄山市。黄山市政府授权黄山市城投公司为出资方，与中铁四局共同出资成立PPP项目公司，即黄山铁城投资有限公司，并引入信托资金实现PPP项目公司增资扩股。

股权安排上，整个项目公司是黄山市持股20%，主要负责办理项目报审批和征地拆迁等前期工作；中铁四局及信托资金持股80%，主要负责项目施工和建设管理。其中，政府授权黄山城投出资20%后，未来政府购买服务的费用不仅含投资额，还有维修费、养护费大约1个多亿，采用等额本金方式。

2015年7月7号，黄山市政道路PPP项目正式签约，四周后特殊目的公司（SPV）成立。

参与该项目实施的一位PPP中介人士表示，黄山这个项目进展迅速的原因，在于不仅充分考虑政府出资方的利益，同时还从合作的可能性角度，考虑了社会资本的诉求，使两者达成有效衔接，“此外，在竞争充分的前提下，加快项目落地速度，以符合中央部委对推广 PPP 的要求，也是这个项目顺利实施的平衡点所在。”

吴欣荣对经济观察报记者表示，黄山市政道路是中国中铁第一个 PPP 项目，虽然接近 10 亿元的规模并不算大，但由于 PPP 项目涉及发改委、建委、财政、审计、环保、规划、国土、城投等十几个市级部门，企业要了解情况、确定是否投资，所需考虑的情况特别复杂。因此，在他看来，这个项目可以做成一个标准，方便在中铁集团内部推广复制。

但显然，并不是所有的市政道路 PPP 项目都是一帆风顺的。同样在安徽省的另一个市政道路项目，就数次遭遇流标。

一位曾参与该项目的投资人告诉经济观察报记者，当时政府作为出资方向社会资本方提出了很多要求，比如融资费率、合作时间、施工范围、股权比例，还要求对方提供巨额的保证金。

“当时在这个项目的推介会上来了几十家公司，政府并没有展示出这些条件和要求，也不认为招标会出现问题，所以没有进一步与社会资本进行沟通。”上述人士说，结果到招标时，由于社会资本并不认可这些苛刻的条件，导致连续两次出现流标。

为了防止第三次继续流标，据上述人士称，当地主要领导利用私人关系找到了一家设计研究院做“托”，并许以更为优惠的条件，从而通过迂回方式解了燃眉之急。

事后复盘，上述投资人士认为，不论政府的中介咨询方还是社会资本的中介咨询方，为 PPP 合作服务方争取利益并不一定就是对的，最终目的是促成这单合作。如果违背了这个前提，无止尽地为自己的服务方争取利益，必然会损害另一方的利益，合作不成功是必然的，“一定要在政府和社会资本方之间寻找到平衡点”。

北京大岳咨询有限公司总经理金永祥表示，目前阶段，更多地让央企参与进 PPP 项目是合理的，因为很多 PPP 项目的回报率很低，尤其是市政道路这种纯公益类项目。

他说，民企和外资往往更要求高回报，而且目前对于民营资本来说，还很难解决与政府之间的信任关系，双方事后毁约的事情也经常见到，“比如，此前东部某省的一个供暖 PPP 项目，社会资本进入后，因为原料涨价而跑路，政府又只能回过头来接手这个项目。”

（刊于《经济观察报》2015 年 12 月 6 日）

PPP 税收优惠　资产转让环节最有戏

经济观察报记者获悉，财政部正在研究 PPP 模式中的税收优惠政策，主要方向聚焦流转税，特别是政府和社会资本之间转让资产的交易环节税收。

或许未来不久，PPP（政府和社会资本合作）项目将会享受到税收优惠政策带来的好处。

经济观察报记者获悉，财政部正在研究 PPP 模式中的税收优惠政策，主要方向聚焦流转税，特别是政府和社会资本之间转让资产的交易环节税收。

PPP 项目的整体税费，包括该项目全生命周期的各种税收、行政事业性收费和政府性基金等。其中，仅税收一项就包括增值税、契税和企业所得税等。具体到资产转让环节，社会资本可能会对项目的资产每年做折旧费用处理，但税务部门不一定认可这种处理，一般是在每年资产的评估值基础上征收契税。

此外，社会资本在 PPP 项目中获得的各种财政补贴，税务部门也可能将其视同收入，缴纳企业所得税，这样可能会导致社会资本向政府寻求更多补贴，形成一种恶性循环。

此次财政部研究的 PPP 税收优惠政策，主要涉及政府和社会资本之间资产转让的交易环节。**北京大岳咨询总经理金永祥对经济观察报表示，比如一个污水处理厂，政府来经营基本上是不涉及税收的，但出售给社会资本，经过一次交易就会涉及税收问题，社会资本要在这个项目上赚钱，也会涉及税收。**

PPP 税收优惠的提法，最早出现在 2015 年 5 月，当时财政部、发展改革委、人民银行三部委联合发布了《关于在公共服务领域推广政府和社会资本合作模式的指导意见》（下称《意见》），其中提出，落实和完善国家支持公共服务事业的税收优惠政策，公共服务项目采取政府和社会资本合作（PPP）模式的，可按规定享受相关税收优惠政策。

在金永祥看来，如果税收优惠政策最终实施，那么所有与企业相关的税收项目，PPP 项目都会涉及，因为 PPP 项目公司也是一类企业。特别之处在于，PPP 项目经营涉及公共产品和公共服务，项目公司和政府的关系与其他企业不同，政府要对其进行规制和监管。

调研

2015 年第三季度，财政部已经就 PPP 项目的税收优惠政策，对北京、上海、河北、辽宁、江苏、浙江、安徽、湖南、贵州等省市进行了调研。

一位基层的财税人士告诉经济观察报记者，财政部的调研主要是针对四个方面的问题。首先是 PPP 项目在全生命周期过程中主要涉及哪些税收和行政事业性收费、政府性基金，税费负担如何；其次是 PPP 项目在实际操作中面临哪些税费上亟待解决的问题。

第三个问题是地方政府对“从税收和行政事业性收费、政府性基金全方面出台支持 PPP 发展”有何具体建议。比如，在 PPP 项目全生命周期的不同阶段，可以从哪些税种或者行政事业性收费、政府性基金方面给予优惠，以及如何给予税收优惠——采取的优惠方式和力度。

最后一个问题，就是在给予 PPP 项目有关税费优惠政策时，如何加强税收征管和增强政策的可操作性。

君合律师事务所合伙人刘世坚向经济观察报记者举例说，PPP 项目的全生命周期，就 TOT 项目来说主要涉及一个存量资产，从转让到经营，再到最后移交给政府。而BOT项目则是从建设、经营到最后移交政府的全过程。

在整个过程中，税收对于 PPP 的影响被认为是系统性的，而且不少业内人士强调，有些税率偏高。

金永祥表示，税率能够降低最好，但是 PPP 项目公司设立涉及的交易环节颇多，有些社会资本希望在所有环节都能够享受到税收优惠，我认为

有难度。

比如，对于园区开发中涉及房地产业的，如何制定优惠政策才能使之不要成为对于房地产行业的优惠，这取决于对 PPP 的认识。金永祥说，哪些属于 PPP 范围，哪些不属于，这在出优惠政策时一定要考虑到，他建议可以将税收优惠政策直接给具体行业，比如市政基础设施，可以单独给指定行业的 PPP 项目享受税收优惠政策。

力推

正在研究的 PPP 税收优惠政策，只是财政部推动 PPP 发展的诸多措施之一。

经济观察报记者获悉，此前传言搁置的“PPP 财政补贴纳入预算管理办法”，目前也已重新启动；但财政部内部会签完毕的“物有所值指引”，据了解已被打回重新修改。

在一位长期研究 PPP 的专家来看，PPP 财政补贴纳入预算管理办法是非常重要的，甚至比“财政可承受力指引”和“物有所值指引”都重要。

这位专家告诉经济观察报记者，对 PPP 的财政补贴是政府的一项支出，应该纳入预算管理，并且只有《预算法》将其纳入预算管理，进行预算审批，才使财政补贴是有法律依据的；如果只是政府承诺给予补贴，则在法律效力上存在瑕疵，在最终的兑现上也存在风险。

而“物有所值指引”之所以重要，是因为其能辨别出真正规范的 PPP 项目。一位省级财政部门 PPP 管理人士表示，从国内 PPP 模式的实践来看，物有所值指引尤其对那些保底承诺、固定回报等包装出的伪 PPP 项目，具有辨识作用。因为这些项目不能充分实现风险的有效转移和合理分配，所以往往无法通过“物有所值”评价。

但在 2015 年 11 月底，曾有舆论认为在中国做 PPP，不适合搞物有所值。理由是，在各地 PPP 项目推进过程中，部分善于做“命题作文”的中介咨询机构，往往会根据业主的意见左右“物有所值”评价结果，使其流于形式。

上述省级财政部门 PPP 管理人士则表示，虽然存在一些问题，但不可否认，各级政府包括所属的财政、发改和行业主管部门等，都在观念上逐步意识到了“物有所值”的重要作用，而这种观念上的进步，对未来充分发挥 PPP 模式的体制机制优势，意义重大。

他认为，目前 PPP 项目的“物有所值”评价还不为相关政府主管部门所普遍接受，出现一些负面的评价甚至反对的声音都是可以理解的，尤其是目前“物有所值”评价框架尚在完善之中，因此地方政府在实践中容易走偏等问题也确实存在。

“财政部作为 PPP 推进的牵头部门，一方面在着力完善 PPP 模式的相关制度框架，其中很重要的一部分就是如何引进具有竞争优势的社会资本，并充分发挥其主观能动性，以实现供给的增加、风险分配的优化，以及成本的降低，这些理念目前也已为各级政府所逐步接受。另一方面，财政部也正为开展定量‘物有所值’评价积极进行准备，通过建立相关 PPP 项目的数据库，充分收集各类项目的基础信息。”这位 PPP 管理人士表示。

（刊于《经济观察报》2015 年 12 月 5 日）

两部委密集出招 PPP 更侧重实际操作

中国为政府和社会资本合作（PPP）立法立规的步伐正在加快。10 月 10 日，国家发改委牵头起草了《基础设施和公用事业特许经营暂行条例》，目前正在征求国务院有关部门和地方意见。

一位 PPP 相关人士对经济观察报记者表示，国家发改委起草的上述暂行条例，有些类似于实际操作的实施条例，相比 2015 年上半年出台的特许经营管理办法会更加细化。

“此前国家发改委启动特许经营法（《基础设施和公用设施特许经营法》）立法后，先出台了特许经营管理办法，现在又出台特许经营暂行条例，这将大大加快特许经营法的立法工作。”上述 PPP 相关人士表示。

另一方面，经济观察报记者了解到，财政部对 PPP 项目的“物有所值指引”已经进入部内会签阶段，而更重要的“PPP 纳入预算管理办法”也在研究之中。

财政部财政科学研究所副所长王朝才表示，他在各地调研后发现，现在地方政府做 PPP 的思想有些误区，将优质的项目留给自己做，不好的、甚至无法获得收益的项目交给社会资本来做，这是错误的，应该反过来。“社会资本去操作有现金流的、比较好的项目，无收益的公共项目由政府来做”。

立法加速

在经历了 2014 年和 2015 年上半年大量 PPP 规章制度出台的热潮之后，

此前一度难产的特许经营法起草工作再度加速。

牵头特许经营法起草的首席专家、大岳咨询总经理金永祥认为，特许经营法的出台要经过各方考证，目前国家发改委已经对之前出台的管理办法落实情况进行了检查评估，预计下一步就是要尽快完成特许经营法立法草案。

2014年5月，国家发改委首次发布了《基础设施和公用设施特许经营法（征求意见稿）》，并公开向社会征求意见，但是后来特许经营法并没有如约出台，取而代之的是部委层面的规章——特许经营管理办法。

2015年4月21日，考虑到当前促进民间投资、稳定经济增长需求任务紧迫，按照急用先行原则，国家发改委会同财政部等部门联合起草了《基础设施和公用事业特许经营管理办法》，并表示将于6月1日起施行。

到了10月10日，为引导规范政府和社会资本合作（PPP）开展，推动PPP项目落地，按照国务院部署和要求，国家发改委又牵头起草了《基础设施和公用事业特许经营暂行条例》，目前正在征求国务院有关部门和地方意见。

PPP有特许经营、股权合作、政府购买服务等多种实施方式。从相关实践情况来看，中国绝大部分PPP项目集中于基础设施领域，基础设施和公用事业特许经营是PPP最主要、最普遍的实施方式。

一位PPP专家认为，鉴于股权合作、政府购买服务可以通过《公司法》、《政府采购法》等法律法规予以规范，仅特许经营缺乏国家立法对其作出有针对性的规定，因此当务之急是加快推进基础设施和公用事业特许经营立法，对PPP活动予以引导规范。

相对于特许经营立法，上述特许经营暂行条例规定更为细化。比如，条例提到，国家鼓励通过设立产业基金等形式入股，提供特许经营项目资本金。鼓励特许经营项目公司进行结构化融资，发行项目收益票据和资产支持票据等。另外，条例还指出，国家鼓励特许经营项目采用成立私募基金，引入战略投资者，发行企业债券、项目收益债券、公司债券、非金融企业债务融资工具等方式拓宽投融资渠道。

而对于PPP的另一个重要主管部门财政部来说，眼下的当务之急也是出台一些操作层面的细则，比如已经进入部内会签的“物有所值指引”和研究当中的 PPP 纳入预算管理办法。“更重要的是 PPP 纳入预算管理办法，这对于 PPP 将是一部非常重要的制度，特别是 43 号文出台后，这个管理办法将能促进 PPP 在中国更加健康的发展。”上述 PPP 专家说。

43 号文是指 2014 年 10 月国务院出台的《加强地方政府性债务管理的意见》。根据 43 号文，地方政府借债的“后门”基本被堵住，而地方政府 PPP 项目产生的债务或者政府购买服务的资金将被纳入预算，这对于社会资本将是一颗定心丸。

担忧

从 2014 年开始财政部力推 PPP 模式，到现在接近两年了，财政部与国家发改委出台了大量关于 PPP 的促进政策。“国家发改委、财政部都希望 PPP 在这一轮稳增长中显示出作用。”上述 PPP 人士表示。

此次国家发改委正在征求意见的特许经营暂行条例，是在此前的特许经营管理办法基础上，立足实践中迫切需要立法解决的问题，重点从明确条件范围、强化政府履约、鼓励民间投资、完善争议解决以及加强法律法规衔接等方面，作出的有针对性的制度安排。

相关 PPP 人士认为，国家发改委提出的针对性制度安排，正是目前 PPP 面临的各种各样问题，比如专业技术方面的、法律法治方面的，以及最重要的政府角色方面的，这些问题都需要在制度设计上予以体现。

金永祥表示，推动 PPP 发展最重要的是两个核心问题：明确条件范围，就是规定在哪些条件下，哪些范围内可以进行 PPP 项目；强化政府履约，就是要建立一种制度，强化上级政府对于下级政府的监管，未来可能会通过财政等手段来要求地方政府履约。“现在主要的问题就是，社会资本和地方政府在发生争议的时候，要么社会资本方不敢说，忍了；要么去地方法院还不一定赢，要在法律上构建一种公平的制度。”金永祥说。

财政部财政科学研究所副所长王朝才也提到，现在中国的社会资本缺乏和政府对等谈判的底气，同时政府也很难放下身段来，和社会资本平等谈判。

不过，法律人士认为，国家发改委牵头的特许经营法使用的是行政法，把政府和社会资本作为行政法的两方当事人，“而在行政法面前，社会资本是比政府低一级的，这是先天的不平等”；相比之下，财政部为PPP选择的是合同法，将政府和社会资本当作平等的主体，这是民商法领域的一种更有益的尝试和探索。

（刊于《经济观察报》2015年10月18日）

财政部再发 PPP 大礼包：1000 亿 +12 亿 +2%

地方政府很可能在年底收到一个“实在”的大礼包。

经济观察报记者获悉，1000 亿人民币的 PPP 基金正在启动中，2 亿美元（折合 12 亿人民币）的 PPP 项目前期开发费用贷款已经落户财政部 PPP 中心（2014 年正式挂牌成立），对于政府债务中的存量项目转为 PPP 项目的财政部或将给予 2% 的财政补贴。

据了解，PPP 中心的前期费用，一个多月前，在全国各省市财政部门征求过意见，咨询各省市的对 PPP 前期费用的需求情况。

一位地方财政人士对经济观察报记者表示，PPP 基金可以分两块来做，一块是前期引导基金，另一块可以作项目开发基金。财政部的资金不可能仅仅做前期引导基金，还可能做产业基金投资，现在来看不知是否会对示范项目有所倾斜。

大岳咨询总经理金永祥认为，PPP 基金主要是解决 PPP 项目的资本金问题，同时财政部的 PPP 基金投入到项目之后等于为项目提供了增信，对于前期费用非常需要，现在不少 PPP 项目前期工作不足，地方政府不愿意投入前期费用，使得不少项目做砸。财政部不仅仅提供资金，还引领地方政府改变观念，代表了中央对于前期工作的重视，减少 PPP 项目的失误。

PPP 基金

财政部 2015 年 6 月末曾表态称，将研究设立 PPP 融资支持基金，加快 PPP 项目实施进度，提高 PPP 项目可融资性。

5月13日，李克强总理主持召开国务院常务会议时决定，在交通、环保、医疗、养老等领域，推广政府和社会资本合作模式，支持地方政府与金融机构共同设立基金，用好税收优惠、奖励资金、转移支付等手段，多措并举吸引社会资本参与公共产品和服务项目的投资、运营管理。

8月26日的国务院常务会议决定，进一步破解审批繁琐、资金缺口大等问题，加快棚改、铁路、水利等重大工程建设，设立PPP项目引导资金，扩大有效投资需求。

财政部设立的PPP基金叫做PPP融资支持基金。据经济观察报记者了解，8月财政部就此与几大金融机构进行沟通，财政部将联合金融机构、行业企业一起设立PPP基金，基金总规模1000亿元，财政部的出资规模在100亿–200亿元，财政部对于PPP基金参股不控股。

相关财税人士告诉经济观察报记者，财政部设立PPP基金的主要作用是通过股权、担保、债权等方式为PPP项目提供融资支持。

“在社会资本不太愿意进入PPP项目的情况下，财政部设立的PPP基金实际上属于引导基金，这将产生杠杆效应进而引导更多社会资本进入。我们现在参与了很多产业基金项目的咨询和投资，有做得好的，也有做得不好的。政府的PPP基金，在很大程度上也给项目本身做了增信，吸引社会资本的进入。对于社会资本的进入、退出都有作用。”君合律师事务所合伙人刘世坚告诉经济观察报记者。

眼下，地方政府正在忙着纷纷设立产业基金，经济观察报记者了解到，已有多个省级政府开始设立PPP融资支持/引导基金，推动项目落地。山东PPP发展基金总规模为800亿元，分3年募集到位。其中，山东省政府引导基金出资80亿元，吸引银行、保险、信托等金融和社会资本720亿元，2015年首批基金规模为200亿元。

8月18日，江苏省首期100亿元PPP融资支持基金出资机构落定。江苏省财政厅专门设立PPP融资支持基金，由省市县财政共同出资10亿元，江苏银行、交通银行等多家银行各认购18亿元。

金永祥也参与了PPP产业基金项目。他认为，PPP基金主要是解决资本金的问题，一个是社会的资本量很大，有投资需求但是没有去向，做

PPP 需要资本金，但是社会资本负债比较高，有 PPP 基金进来，可以解决资本金的问题。调动社会资源来参与 PPP 项目，也起到了稳增长的作用。

前期费用

相关财税人士告诉经济观察报记者，财政部 PPP 中心获得的世行 2 亿美元低息贷款，将主要用于 PPP 项目的前期费用，但是并不能全部覆盖项目的前期费用，还需要地方政府配套。“这件事情已经在全国各个省市征求过意见，是否需要财政部提供前期费用。”他说。

金永祥告诉经济观察报，PPP 的前期费用，主要就是从提出项目做一些前期的研究和策划，从项目提出到和社会资本签约就是前期工作。咨询公司、律师事务所、设计院（技术可行性）等作为中介机构，一般情况下，咨询公司是牵头顾问。

金永祥认为前期工作非常重要，准备工作做得扎实将有利于项目的进度。这也和项目大小、复杂程度、前期工作量大小有关。政府做得细致，费用就会降低，如果政府工作不到位，费用就会高。以英国为例，前期费用比例为 2%–5%。

一位 PPP 人士认为，中央出部分前期费用用意是非常好的，地方政府不舍得花钱或者没钱，但是现在各地的做法，包括建立专家库、中介库等地方保护的倾向是很明显，比如因为 PPP 比较火，不少地方原来做监理和设计的，没有做过 PPP 项目的都改行做 PPP 中介。

“去某地做 PPP 中介入库，去了那么多知名的中介，结果最后入库的只有本地的几家。中央想的很好，调结构稳增长。落实的差距还是有的。”上述 PPP 人士告诉经济观察报记者。

地方财政人士告诉经济观察报记者，现在除去中央部委，各地都有或多或少的地方保护，对当地有倾斜是正常的，关键是以质量为主要参考。

（刊于《经济观察报》2015 年 9 月 3 日）

第二批 PPP 示范项目来了

财政部的第二批 PPP（公私合作模式，是公共基础设施中的一种项目融资模式）示范项目已经评审完毕，并将会于近期公布。经济观察报记者了解到，对于第二批示范项目，财政部将会实施以奖代补的形式进行奖励。

相较于第一批示范项目，财政部对第二批项目设定了更为严格的申报流程和审批标准，从中也可以看到财政部对未来推广 PPP 项目的整体思路。

相关人士告诉经济观察报，第二批示范项目是从 700 至 800 个上报项目中评选出来，主要涉及行业是水务、交通、市政、社会（公共）行业。与第一批示范项目最大的区别是，有了一套相对严格的标准和筛选流程，财政部出台了十余条更加具体的项目打分标准，而且项目质量更高。

大岳咨询总经理金永祥对经济观察报记者表示，从政府本意来说做示范项目是形成一批规范的、具有可推广可复制性的项目。这又在实践中对 PPP 本身起到了积极作用，这也有助于解决 PPP 项目的老大难问题，对地方政府遵守契约也会起到很大的推动作用。

增设标准

经济观察报了解到，财政部给第二批 PPP 示范项目的评选设置了十余项标准。与第一次不同的是，这次在财政部附近找了一家酒店，将打分的专家在里面封闭了一个星期。据悉，这次第二批示范项目，大部分省市都报了，除去一个市和一个自治区。

2015 年 6 月底，财政部下发通知要求各地上报第二批示范项目，要求在能源、交通运输、水利、环境保护、农业、林业、科技、保障性安居工程、医疗、卫生、养老、教育、文化等公共服务领域，筛选征集适宜采用

PPP 模式的项目，加快建立项目库。

相较于第一批示范项目，第二批项目的要求更加细化，例如通知明确：合作期限原则上不低于 10 年。对采用建设 – 移交（BT）方式的项目，通过保底承诺、回购安排等方式进行变相融资的项目，财政部将不予受理。

为此，财政部要求第二批 PPP 示范项目建立“能进能出”的项目示范机制，对已列入示范项目名单的项目，如项目交易结构发生重大变化不能采用 PPP 模式，或一年后仍未能进入采购阶段的，将被调出示范项目名单。

8 月 31 日，财政部在内蒙古呼和浩特召开政府和社会资本合作（PPP）示范项目督导会议，对第一批示范项目进行督导小结和经验交流，对第二批示范项目进行动员部署。而在开会之前的两周，关于 PPP 的评审工作已经完毕。**“和第一次项目相比，这次 PPP 申报强调了 PPP 项目物有所值的定性评价，没有再提定量评价，避免了 PPP 项目申报走形式的现象，从项目审批上有利于筛选优质项目。这是为了避免地方政府为了争取优惠条件而刻意申请做 PPP 的现象。”金永祥对经济观察报记者表示。**

经济观察报记者还了解到，第二批示范项目的标准之一是项目定性评审主要审查项目的合规性，具体包括主体合规性、客体合规性、程序合规性三部分内容。项目相关参与主体是否合规首先就是要看国有企业和融资平台公司不能作为政府方签署 PPP 项目合同的，其次对于未按国办发 42 号文要求剥离政府性债务、并承诺不再承担融资平台职能的本地融资平台公司作为社会资本方的，都不能选为示范项目。“国有企业和融资平台作为政府方签订 PPP 合同的，这次是不能选为示范项目。”一位相关 PPP 人士告诉经济观察报记者，标准还要看适用领域，看是否属于公共产品或公共服务领域；对于采用建设 – 移交（BT）方式实施、合作期限低于 10 年、采用保底承诺、回购安排、明股实债等方式进行变相融资的也不能作为 PPP 示范项目。

在这次评审中还增加了一项标准，那就是财政中长期的可持续性，也就是是否按照《政府和社会资本合作项目财政承受能力论证指引》进行财政承受能力论证，论证方法和过程是否科学；每一年度全部 PPP 项目需要从预算中安排的支出责任，占一般公共预算支出比例是否超过 10%。项目采用PPP模式的适用性。项目是否按要求开展物有所值评价，项目采用PPP模式与传统政府投资模式相比是否能够提高公共服务供给数量和效率，降低项目全生命周期成本。

不过，经济观察报记者了解到，其实在第二批上报的项目中也有不少的项目并没有进行财政承受能力论证。

这次项目的筛选标准将PPP化解地方政府存量债务作为一个单独指标——PPP存量项目是否能够有效化解地方债务，对可化解地方政府债务的金额和占比等做出估算。

质量提高

财政部对于第二批示范项目的评选，与第一批相比，不论是项目标准、项目质量都有了非常大的进步。

金永祥参加了第一次示范项目的评选，他告诉经济观察报，第一批示范项目，一开始财政部征集了一批项目，但是地方政府上报项目并不踊跃，只上报了66个项目。"但是上报的质量不行，选了20个项目要求地方政府补充材料，同时继续征集项目。后来一共征集了120个项目，在财政部的PPP中心选了一天，最终挑选了30个。"金永祥告诉经济观察报。

除了江苏和安徽很积极外，第一批地方申报项目并不是很积极，而且项目的总体质量不高，文件的规范性也参差不齐。

财政部在第一批示范项目建设完成后，财政部将组织专家对前期实施情况进行验收，重点审查示范项目是否符合PPP模式的必备特征。符合PPP模式特征的，将作为实施范例进行推广。不符合PPP模式特征的，财政部将督促实施单位进行整改，或不再作为示范项目推广。

此后，财政部对第一批示范项目进行了督导，财政部的督导小组由14个司局组成，共设立4个督导小组，进行分省督导。进行督导的10个省市为天津、河北、辽宁、上海、江苏、浙江、安徽、青岛、重庆、陕西；督导对象为财政部门及行业主管部门，PPP项目实施机构、项目社会资本参与方、中介机构和融资提供方等。

相较于第一批示范项目，财政部对第二批项目设定了更为严格的申报流程和审批标准，从中也可以看到财政部对未来推广PPP项目的整体思路。

金永祥认为财政部第一次抓示范项目，更主要是依赖评选专家的经验，这也在某种程度上导致第一批示范项目中有些到现在都还没启动。“但是第一批示范项目对 PPP 的推动作用很大，这是为什么第二批示范项目这么积极，示范项目等于中央给予增信了，项目和金融机构都很踊跃。”金永祥说。

（刊于《经济观察报》2015 年 9 月 2 日）

财政部兑现大礼包
PPP 首批直补最高百亿

PPP 示范项目的扶持政策日前确定。

经济观察报记者获悉，财政部对于 PPP 示范项目中属于存量项目的，将给予项目资金额度 5% 的补贴，补贴是提供给地方政府的。而对于上述示范项目中的新增项目，则用 PPP 基金提供融资支持，目前来看，PPP 基金的额度料不会低于 500 亿。

2014 年年底，财政部公布第一批 30 个示范项目，总投资规模约 1800 亿元，涉及供水、供暖、污水处理、垃圾处理、环境综合整治、交通、新能源汽车、地下综合管廊、医疗、体育等多个领域。照此计算，若第一批 30 个项目都属存量项目，财政部将拿出近百亿的真金白银。

大岳咨询总经理金永祥对此持肯定的态度。他认为，地方债务的存量项目转为 PPP 项目，并由财政提供资金补贴，有助于引导地方政府盘活存量资产、化解债务和稳增长；另外，引导新的资金投入 PPP 新增项目，也为社会资本提供了投资的机会。

事实上，财政部对 PPP 项目提供的支持不仅包括财政补贴，还涉及中介咨询费用，也就是PPP项目开展的前期费用，这项费用不分存量和增量。总体算下来，财政部对存量项目提供的资金将会超过项目资金额度的 5%。

对增量项目提供的 PPP 基金也在进展当中。相关人士告诉经济观察报记者，目前财政部的 PPP 基金或将做成投资公司形式，由各家金融机构买份额，财政部也会使用一部分财政资金入股。

在 2015 年 7 月 1 日举办的一次内部会议上，财政部金融司司长孙晓霞表示，PPP 项目落地要跨越六道坎，其中之一就是融资渠道难畅通。“目前，PPP 项目融资主要依靠银行贷款，银行对项目资本金比例要求较高并需提供担保，难以实现无追索或有追索的项目融资，融资成本较高。”孙晓霞说。

而制订中央财政出资设立 PPP 引导基金具体方案，以及后续基金投资管理办法，正是为了便利社会资本参与方在 PPP 项目上获得融资。据悉，财政部正在研究出台“以奖代补”措施，引导和鼓励地方融资平台存量项目转型为PPP项目，对符合条件的项目按照化债规模的一定比例给予奖励，同时还会进一步完善专项转移支付资金管理办法、税收优惠政策，加大对 PPP 项目的政策支持力度。

相关人士告诉经济观察报记者，财政部未来将会继续以项目示范的方式来推动 PPP 模式。其中，地方政府在 PPP 示范项目以外做的名股实债项目或者 BT 项目，通过名股实债的方式确实能举借到债务，但这种“保本收益”不属于财政部希望推动的 PPP 项目，因此进入不了财政部的示范项目库，也就得不到财政部的技术支持和政策支持。

事实上，地方政府在对 PPP 项目的补贴方面已经进行了一步。其中，福建省对示范项目给予前期费用奖补。2015 年 -2017 年列入省级 PPP 示范项目的，将按项目新引入的社会资本金额，给予实施地政府一次性财政奖励，奖励标准是：5000 万元以上、1 亿元以下的奖励 50 万元；1 亿元以上每增加 1 亿元再奖励 30 万元；单个项目奖励额不超过 500 万元。列入财政部 PPP 示范项目的，奖励金额按上述标准增加 20%。奖励资金主要用于补助 PPP 项目前期费用及其他相关费用支出。

福建省对PPP的支持政策还鼓励存量债务转化。存量债务清理核实后，在财政部确认的 2014 年底地方政府负有偿还责任债务余额中，鼓励地方政府筛选适合实施PPP模式的项目，制定债务转化方案和PPP项目实施方案。

2015 年 -2017 年，地方政府通过实施 PPP 项目减少上述负有偿还责任债务的，福建省财政按当年化解债务规模的 3‰给予奖励，单个市、县（区）累计奖励额不超过 300 万元。不过，存量项目中列入财政部或省级 PPP 示范项目的，会按照就高原则不重复奖励。

就在中央和地方的补贴政策陆续出台之际，PPP 第二批示范项目也已在申报之中。

2015年6月26日发布的《关于进一步做好政府和社会资本合作项目示范工作的通知》要求，加快推进首批PPP示范项目实施，组织上报第二批备选示范项目，在公共服务领域广泛征集适宜采用PPP模式的项目。

通知指出，优先支持融资平台公司存量项目转型为PPP项目。重点推进符合条件的融资平台公司存量项目，通过转让－运营－移交（TOT）、改建－运营－移交（ROT）等方式转型为PPP项目。存量项目债务应纳入地方政府性债务管理系统，或2013年全国政府性债务审计范围。

相关人士告诉经济观察报记者，第二批备选示范项目目前上报了大约1000个项目，然后将初选200个左右，再从中遴选50–60个作为示范项目。该人士透露，为了确保项目落地，第二批示范项目的遴选比第一批更严格规范，评选的专家也会选择更有经验的，“第一批遴选比较粗，好的项目不是很多，导致最后不好落地。“第二批示范项目质量会好一些，总投资规模也许会接近5000亿。”上述相关人士表示。

（刊于《经济观察报》2015年7月20日）

财政部清查PPP项目　不合格将不予补贴

纳入中国财政部示范名单的PPP（政府和社会资本合作）项目正迎来一轮大清查，不符合要求将无法获得财政补贴，也不会被即将成立的PPP基金视为潜在的合作对象，这表明财政部对PPP项目的要求正越来越严格。

经济观察报记者独家获悉，财政部在2015年6月底至7月上旬对10个省市的23个PPP示范项目进行了督导，将在7月上旬对结果进行汇总。

这次督导的10个省市为天津、河北、辽宁、上海、江苏、浙江、安徽、青岛、重庆、陕西，督导对象为财政部门及行业主管部门，PPP项目实施机构、项目社会资本参与方、中介机构和融资提供方等。

据了解，督导的主要内容是示范项目的概况、实施情况、政府履约安排、监督措施、项目实施时间表、项目实施主要面临的困难和存在的主要问题、政策建议等。

在业内人士看来，财政部在此次督导中最根本的意图是明确PPP示范项目“能进能出”的动态调整机制。**清华大学教授王守清告诉经济观察报记者，“能进能出”意味着财政部推出的示范项目是不固定的，做得不合适的示范项目要退出，而只有保留在示范项目名单里的PPP项目，未来财政部才会给予一定的财政补贴，并且获得PPP基金的股权投资。**

督导

经济观察报记者获悉，这次财政部的督导小组由14个司局组成，分别是条法司、税政司、预算司、国库司、行政政法司、教科文司、经建司、农业司、社保司、资产管理司、金融司、国合司、文资办、PPP中心。共设立了四个督导小组，进行分省督导。

按照财政部的安排，这次督导6月下旬开始调研，7月上旬完成督导小组调研报告并送到PPP工作领导小组办公室，完成汇总工作之后将召开PPP示范项目专题督导会。

2015年6月8日，财政部召开全国电视电话会议，打响了推广PPP模式中顶层设计的“当头炮”，会议提出，今后的关键在于“真刀真枪”地推进项目建设。财政部一位副部长认为，一年多来，PPP工作目前的进展是“实现了组建一个工作机制、设立一个专门机构、搭建一个制度框架、推出一批示范项目的‘四个一’目标”。

其中，第一批示范项目在2014年年底公布。财政部当时印发《财政部关于政府和社会资本合作示范项目实施有关问题的通知》，公布天津新能源汽车公共充电设施网络等30个政府和社会资本合作模式（PPP）示范项目，总投资规模约1800亿元，涉及供水、供暖、污水处理、垃圾处理、环境综合整治、交通、新能源汽车、地下综合管廊、医疗、体育等多个领域。

目前，财政部正在筹备第二批备选的PPP示范项目。2015年6月26日，财政部发布《关于进一步做好政府和社会资本合作项目（PPP）示范工作的通知》（下称《通知》），要求加快推进首批示范项目实施，以及组织上报第二批备选示范项目。

大岳咨询总经理金永祥认为，相比上一次，也就是第一批示范项目，这次财政部管理示范项目的能力进步很大，比如要求示范项目报资料和运作信息，组织专家验收，对第二批项目的要求比第一批更有针对性。

大岳咨询在财政部的第一批30个示范项目中参与了8个项目，其中池州和湘潭的项目已经完工，其余6个示范项目还在运作过程中。

内容

据了解，这次督导主要针对示范项目的概况、实施情况、政府履约安排、监督措施、项目实施时间表、项目实施等方面。其中，示范项目的概况是项目的基本情况、建设情况、项目公司的股权情况、项目政府债务问题、项目运营情况、项目有关财政收支情况。

一位 PPP 相关人士告诉经济观察报记者，在众多概况中，项目的财政收支情况是非常重要的，因为涉及了 PPP 项目的产权、项目收益、政府股权投资、运营补贴、配套投入、风险承担机制等，可能还涉及 PPP 融资支持基金或补贴资金情况。

其他方面，比如示范项目的实施情况，主要包含工作组织情况、实施方案编制情况、项目物有所值评估和财政承受能力验证情况、市场响应评估和社会资本沟通情况、项目采购情况、项目执行情况。政府履约的安排主要是政府履行合同的具体安排，合同修订、违约责任、争议解决等方面的工作思路，涉及部门的履约意愿及保障措施。项目实施时间表则包括了方案设计、完成、包皮、项目采购、项目执行、移交等时间安排。

事实上，财政部的第二批 PPP 示范项目，已经体现出上述督导内容。

财政部要求各地财政部门，在第二批示范项目中合理确定财政补助金额，每一年度全部 PPP 项目需要从预算中安排的支出责任，占一般公共预算支出比例应当不超过 10%。省级财政部门要统计监测所有 PPP 项目的政府支付责任并报财政部备案，对于示范项目的实施方案、合作伙伴选择、物有所值评估、财政承受能力论证等，优先支持融资平台公司存量项目转型为 PPP 项目。

金永祥表示，此次通知强调了 PPP 项目的“物有所值”定性评价，没有再提定量评价，避免了 PPP 项目申报走形式、走过场，充分考虑了国情因素。

他所提到的国情因素主要在于地方政府对 PPP 项目的误解。“财政部的第一批示范项目中还没有启动的，主要是因为地方政府不想搞 PPP，只是想获得附带在示范项目上的好处，比如政策支持、资金支持等。”金永祥告诉经济观察报。因此第二批示范项目同时建立了“能进能出”的机制，避免地方政府为了示范项目争取国家政策，而不是真正做 PPP 项目。

上述第二批示范项目的通知还提出，财政部将建立 PPP 综合信息平台，加快推进专家库和项目库建设，抓紧出台 PPP 项目财政管理办法、物有所值操作指引等配套实施细则，为 PPP 项目示范工作提供必要的业务指导和技术支持。

（刊于《经济观察报》2015 年 7 月 4 日）

银行怎么看 PPP？一份贷款意见书引发的争议

政府希望加速 PPP 项目融资的热情，碰上了银行贷款审查的“铁门”，谁应该做出改变？

经济观察报记者获得的一份国有商业银行的贷款审批意见书显示，针对 PPP 的不同模式，比如 BOT、BOO、TOT 等，银行有不同的贷款要求。一个政府和社会资本合作（PPP，Pub-lic-Private Partnership）项目想要顺利获得银行贷款，需要满足包括所处区域、还款来源、资产负债率、实收资本以及现金流等在内的 20 多项条件。

以现金流为例，贷款意见书要求，城市基础设施和公共服务项目需要经营性现金流稳定，项目使用者付费及政府付费获得的收入，要能全额覆盖贷款本息。而且，涉及使用付费者为公众，如果项目未通过价格听证机制，应追加有效抵押担保方式；若项目在完工后无法通过价格听证的，应立即停止放款，同时要求客户立即偿还贷款本息和有关费用。

由于银监会尚未对 PPP 贷款有明确的定义和要求，意见书认为，这些贷款条件只是对 PPP 项目的最基本原则性要求。不过在一些 PPP 专家看来，这些条件过于苛刻，实际上代表的是商业银行对 PPP 项目融资的观望态度。

为此，6 月 17 日，国务院召开常务会议，提出要引导金融机构建立快速通道，加快重大工程、PPP 项目等贷款审批，促进有效投资持续增长。不过，**在大岳咨询总经理金永祥看来，金融服务 PPP，需要金融体系进行相应的改革。**

意见书

经济观察报记者获得的这份意见书显示，该行在办理 BOT、BOO 项目的融资贷款时，首先根据项目所处区域不同安排了不同级别的办理方式。

比如项目位于直辖市、省会城市、计划单列市的，可直接办理；项目位于地级市的，则有两种情况。对于还款来源是政府支付为主的，要综合考虑地方财政收入、GDP、地方政府负债率等因素，地方财政一般预算内收入须在 15 亿元（含）以上，且 GDP 在 200 亿元（含）以上。对于还款来源是使用者付费为主的，除上述条件外，还追加了地方社会商品零售总额需在 80 亿元（含）以上。

而对于项目位于县域地区的，地区条件则需要满足地方财政一般预算内收入 10 亿元（含）以上，且 GDP100 亿元（含）以上。

银行对于 PPP 项目公司，即贷款主体的条件更严格，比如要求项目公司为在该银行信用评级 10 级（A）及以上的大中型企业客户，资产负债率不高于 75%，实收资本在 3000 万元及以上。其他条件则包括：借款人的经营期限或存续期限应长于贷款期限，在该银行开立基本结算账户或一般存款账户等。

对于项目本身，银行的基本要求是符合政府法规的要求。比如 BOT\BOO 贷款，要求符合财政部、发改委等相关政府部门的相关制度规定，符合国家产业、土地、环保等政策，符合土地利用总体规划、城乡规划、土地利用年度计划等规定。按规定履行了项目的合法管理程序，并取得相应的批准（审批、核准、备案）文件。

值得注意的是银行对项目收益的条件规定。

意见书对现金流和政府预算提出了明确要求，“城市基础设施和公共服务项目经营性现金流稳定，项目使用者付费及政府付费获得的收入全额覆盖贷款本息。借款人和政府签署的项目合同中，须有明确的回报机制和收费定价调整机制。还款来源中涉及政府支付的部分，应纳入同级政府预算，并按照预算管理的相关规定执行。”

一位地方 PPP 人士表示，现金流测算很麻烦，不可预计因素太多。比如高速公路，测算不光是车流量本身，整体经济发展情况、高速公路周围的产业布局，都会对现金流量产生影响。“现在PPP项目不能给予固定的回报，比较稳定的现金流都是测算的结果。都是有一定的风险在里面的。”上述PPP人士表示。

担保问题

这份银行贷款意见书还对项目本身的资本金比例提出了要求，一般不低于项目总投资的30%，根据在银行的信用等级最低可降至20%。

其中，银行总行级战略客户集团及其信用等级较高的成员企业，以及信用等级较高的总行级主办银行客户，项目资本金比例不低于25%。

而对国家有明确规定项目资本金可降至20%的项目，一般客户的项目资本金比例也不能低于25%，只有战略客户集团及其信用等级较高的成员企业、信用等级较高的总行级主办银行客户项目资本金比例才能不低于20%。

另外，对通过产业基金、股权性投资产品等方式给予资本金支持的项目，为同一项目提供的所有资金（含权益性资金和债务性资金）不得超过该项目总投资额的80%。

PPP相关人士说，总的来说，银行贷款意见书反映出来的这种模式，和以前的BT模式没有多大区别，只不过政府不会出太多的红头文件，银行未来模式上要改变，不然不好做PPP贷款，而这需要监管部门出文件来改变。

问题的核心在于PPP项目能不能使用信用贷款。

金永祥认为，PPP需要的首先是低成本的资金，即降低利率，二是长周期的资金，贷款期限要长，需要的是风险分担。但在银行看来，风险还是太大。

“PPP项目在抵押上没有优势，PPP的融资一般都是基于项目载体，也就是SPV（特殊目的公司）来融资。SPV公司属于项目公司，一方面固定资产并不是很充分的，因为大部分都是在建项目，是无法抵押的；另外大股东和政府也不会提供全额担保，PPP项目实际上使用的是一种‘有限追索权’的贷款。”上述 PPP 人士表示。

具体来说，万一项目出现风险，还不上银行贷款，银行只能追索到 SPV 项目公司这一层面，无法再向项目公司的股东方和政府去主张权利。有限追索权的贷款，银行认为风险太大。

因此金永祥表示，让金融助力 PPP 的发展，需要银行进行相应的改革，这不是加快贷款审批速度的问题，“制约金融服务于 PPP 的问题不是贷款批准太慢，而是金融体制的问题”。

（刊于《经济观察报》2015 年 6 月 19 日）

财政部正为中国式 PPP 准备大礼包

日程表上排满了各种飞行记录，从湖北到福建，从北京到广东，落地的名单还在不断被开出。

金永祥看来已经习惯了这样的生活：2015 年 6 月 3 日还在湖北省黄冈市，与当地市委书记交谈甚欢；两天后就飞抵福建宁德，为各个市县的政府官员讲课。6 月 9 日，他会准时出现在国家发改委的“特许经营法”起草会议上，同一天还有个环保部的“水十条”会议。此外，他还接到了广东省财政厅的邀请，以后的几天将在炎热的南方度过。

中央部委和地方政府的热情令金永祥应接不暇，作为一家 PPP 项目咨询中介机构的负责人，他明白这些热情不是冲着他本人而来。PPP（Public-private Partnership）即政府和社会资本合作模式，之所以被当下的中国遍地热议，缘于经济发展和结构改革处在这样一个临界点上。

宏观经济和财政收入不断下行，地方政府债务规模仍在攀升，财政政策遭遇“天花板”，如何在财政可承受范围内，有效利用社会投资来拉动经济，并撬动中国十几年来难以攻破的财税、投融资改革“堡垒”，现实的中国需要一个楔子。

PPP 被认为是这样的一个楔子。

金永祥正处于这个热门产业的链条之中，他能感觉到躁动正在加剧。从 2013 年下半年开始，他所在的咨询公司 PPP 项目业务量明显增加，从平均每个月签四五个合同增加到差不多八个；到了 2014 年，各地政府开始委托他所在的咨询公司起草 PPP 政策文件和合同范本，业务量更是翻了一番。期间，他为员工涨了两次工资，并追加了丰厚的年终奖金。

来自各种 PPP 研讨会、审查会的邀请纷至沓来，一大波投资机构、设计建设、材料设备供应和运营机构也蜂拥而至，这和金永祥十几年前刚刚

踏入这一行时，简直天壤之别。

现在，就连中央部委们，也开始吹响集结号了。

大礼包

财政部正在为中国式 PPP 准备一个“大礼包”。

经济观察报记者获悉，这个“礼包”当中的 PPP 基金，目前已经在国务院层面获得批准，财政部将于 6 月 12 日召开基金启动会。PPP 基金是一种旨在从财政层面对 PPP 项目提供支持的引导基金，规模大致有几十个亿，全部来自财政资金。

财税系统知情人士表示，这是一个母基金的概念，不一定会投具体项目，可能会投到地方，帮助省级政府成立类似的基金，具有政策引导的作用，“PPP 基金和产业基金以投资回报为宗旨的商业行为完全不同”。

财政部正在紧张筹备的，不只是 PPP 基金，还包括物有所值指引、PPP 项目发起机制、中介付费机制等一系列政策。之所以被称为“礼包”，缘于这些政策大多都伴随着财政资金的注入。在地方政府普遍债务高企的当下，中央政府能拿出真金白银，在从事 PPP 领域的商界人士看来，是给足了诚意。

其中，“项目发起机制”解决的是社会资本发起 PPP 项目的动力问题，若有社会资本发起了 PPP 项目，但最后没有中标，可以获得一定的财政补偿；而“中介付费机制”则是在鼓励地方政府使用中介服务，中介费用由上级政府买单。

截至 2015 年年初，中国已有多个省份在建立自己的中介机构名单库；而财政部 PPP 中心也准备建立 PPP 专业咨询服务机构库，供有需要的 PPP 相关方参考。金永祥所在的咨询公司也在这些中介机构名单库里，这让他顿时感觉有了底气。

实际上，不只是财政部，中国 PPP 模式的另一个主管部门国家发改委，也已经抛出了它的“大礼包”。5 月 25 日，国家发改委网站专门开辟 PPP 项目库专栏，以各地已公布的项目为基础，审核建立了 PPP 项目库，集中向社会公开推介。

本次发布的PPP项目共计1043个，总投资1.97万亿元，项目范围涵盖水利设施、市政设施、交通设施、公共服务、资源环境等多个领域。其中，福建有28个PPP试点推荐项目，总投资1478亿元；青海推介了80个PPP项目，总投资达1025亿元；安徽发布PPP项目共42个，总投资达710亿元。

金永祥曾经做过一番统计，自上世纪末截至目前，中国已经采用PPP模式运作的项目，累计总数也不过1000多个，涉及交通、通信、能源、水资源等领域，总投资9000多亿元。而上述新的投资数字，是以往十几年投资总额的两倍以上。

不仅如此，目前国家发改委和财政部还在分头推动PPP的立法工作，前者叫做“特许经营法”，后者被称为“政府和企业合作法”。这些法规和前面提到的一系列政策，正在塑造着中国式PPP的新轮廓。

“现在PPP逐渐进入轨道，启动和进入准备的项目越来越多，金融资本和社会资本开始愿意进入，这是一个很大的趋势。”金永祥预测，未来随着这些项目的陆续落地，PPP将成为经济形态里的重要形式。

这种判断让金永祥对他所在的咨询公司的未来充满了信心。

动员令

现在，金永祥正在期待6月8日财政系统即将召开的全国PPP视频会议。

财政部的“大礼包”即将抛出，这次视频会议是在系统内部进行的一场总动员。专门为PPP开会在财政部并不常见，最近的一次是在2013年年底，财政部召开的全国财政工作会议中专门开辟了一场PPP会议。

那一年，经济下行的压力带来了财政收入的锐减，2013年中国公共财政收入增速降到10%左右，而且是连续三年下降——从2011年的24.8%降到2012年的12.8%。过去政府主导投资的发展模式受到极大的挑战，PPP开始被财政部提上议事日程。

当时在财政部看来，政府不应再大包大揽一些基建投资和公用事业等公共品的提供，也不能再单纯依靠地方融资平台模式解决投融资问题，以及拉动 GDP，而应该面向市场主体，与社会资本合作。

到了 2014 年，情况更糟糕，中国公共财政收入仅仅增长了 8.6%。

虽然发布于 2014 年 6 月的财税改革总体方案中，并没有专门为 PPP 开辟章节，但在地方财政部门看来，从预算制度改革，到加强地方债务管理，财政部 2014 年的各种文件中，PPP 一直是核心字眼，到后来甚至成为国际谈判中的热门话题。

据中国财政部部长楼继伟介绍，当年 10 月 22 日 APEC 财长会召开，有关亚太区域基础设施融资话题的讨论最为激烈，几乎占了近一半时间，核心就是讨论倡导政府与社会资本合作的“PPP 模式”，最终，APEC 财长会通过了《APEC 区域基础设施 PPP 实施路线图》。

这种热度也渐渐体现在中国经济决策最高层的表态中。2014 年 10 月 24 日，国务院总理李克强在国务院常务会议上，决定创新重点领域投融资机制、为社会有效投资拓展更大空间，积极推广政府与社会资本合作（PPP）模式。

而这种表态转化为行动，只用了短短半年。2015 年 5 月 13 日，国务院总理李克强主持召开国务院常务会议，部署推广政府和社会资本合作（PPP）模式，要求汇聚社会力量增加公共产品和服务供给。

一周之后，国务院办公厅就转发了财政部、发展改革委、人民银行《关于在公共服务领域推广政府和社会资本合作模式的指导意见》，即 42 号文。42 号文指出，中国将在水利、保障性安居工程、环境保护、交通、科技等公共服务领域广泛采用 PPP 模式，并将其作为化解存量债务，以及今后基础设施和市政公用事业建设的重要融资渠道。

这无疑是从国家层面为 PPP 模式定了调。

“PPP 作为新一届政府力推的模式，既是一种地方政府未来解决部分公共产品供给融资问题的方式，也是一种推动地方经济发展的动力。”中诚信国际政府与公共融资评级部高级分析师关飞说。

原动力

推广PPP的目的是什么，地方政府似乎看得很简单。“现在经济下行压力太大，推出PPP项目就是用来稳增长的，但是由于PPP的周期比较长，如何推动还是个问题，对于我们来说，PPP最重要的就是解决了融资的问题。”一位地方财政人士表示。

不过，能不能用PPP模式来融资，地方政府必须满足一些必要的条件。这些条件用PPP领域里的专业术语来说，包括“物有所值指引”和“财政可承受能力评价”。

所谓“物有所值”（英文简称VFM，Value for Money）评价，是指一个组织运用其可利用资源所获得的长期最大利益，换句话说，一个项目是否需要地方政府用PPP模式操作，这是一个标准。而“财政可承受能力评价”则用来评估地方政府是否有能力，用PPP模式来操作一个项目。

其中，财政可承受能力评价的文件已于4月份出台。经济观察报了解到，“物有所值指引”在5月底进行了工作稿的再次审核，将随6月的“大礼包”一同抛出。具体来说，该指引原则上鼓励定量评价，未来将采取两种方式。

第一种是传统的横向比较，即最近一段时期与PPP项目相同或类似的虚拟项目，假设完全单独由政府投资，与PPP模式相比效果如何。第二种是纵向比较，即三年内政府曾经采购的项目与PPP模式进行效果对比。

听上去有些专业，实际上，这是衡量地方政府是否可以操作PPP项目的重要门槛，也是杜绝财政补贴超标，防止PPP成为又一个地方融资平台的“卡口”。

这也是国务院在上42号文中特别强调的一点。

42号文提出，PPP必须控制项目的政府支付责任，防止政府支付责任过重加剧财政收支矛盾，带来支出压力，积极引进社会资本参与地方融资平台公司存量项目改造，争取通过政府和社会资本合作模式，减少地方政府性债务。“高层对财政承受能力的论证尤其看重，提出将营业收费权和其他支付对价，在政府综合财务报告中进行反映，后续应该会有一系列的改革动作。”上海市财政局 PPP 专家纪鑫华告诉经济观察报记者。

这是 PPP 模式与正在实施的财税改革之间，最为明显的关联之处。

关飞对此深表认同。他从自己长期研究 PPP 和地方债务问题的经验中敏锐地发现，地方政府把事情想得过于简单。因为从 2015 年开始，中国政府对 PPP 的诉求发生了根本的转变。“早期中国 PPP 只是为了满足解决资金搞活经济的需要，现在则开始致力于建立规范的地方公共或准公共产品公私合作的供给模式，目标取向不再单一。”关飞说，这体现了中国经济从计划到市场的逐步转变，也与中国经济的市场化程度和政府职能转变，具有高度相关性。

而这一转变的背后原因，是 PPP 项目推进的艰难现实。

2015 年 3 月 19 日，民生证券研究院发布的一份研究报告称，2014 年底的 43 号文即《地方政府性存量债务清理处置办法（征求意见稿）》出台前后，34 个省市区地方政府推出的总额约 1.6 万亿的 PPP 项目。但到目前为止，真正签约的大约为 2100 亿，仅占总额八分之一。若据此粗略计算，1.6 万亿的 PPP 项目投资规模，实际签约落地仅有 13%，尚不足总盘子的两成。

当时 PPP 项目不落地，带来了各种各样的猜测和分析，而一份地方财政人士当时告诉经济观察报记者，对于赚钱的项目，社会资本都会进入的，最重要的是信心问题，让社会资本对于政府、政府项目有信心。

这也是 42 号文强调的政府和社会资本的对等关系和契约理念。

早在 2014 年 10 月初，金永祥在向国务院高层递交的一份“关于当前形势下做好 PPP 工作的建议”中就提到，无论是试点示范还是总结经验教训，都应该把转变政府官员的市场观念和提升政府机构适应市场的能力，作为推广 PPP 模式的主要目的。

但金永祥对此并不乐观，因为见过不少 PPP 项目最后以政府违约告终的局面。在他看来，经济比较上规模的城市，官员们能够接受 PPP 模式，而其他的城市，观念的转变显然没有那么快。

（刊于《经济观察报》2015 年 6 月 6 日）

PPP项目签约率不足两成：不应过分强调社会效应

发改委为稳增长再次“出手”，2015年5月25日，中国首个PPP项目库公布。

发改委网站在显著位置开辟了PPP项目库专栏，公开发布PPP推介项目。项目库共有项目1043个，总投资1.97万亿元，项目范围涵盖水利设施、市政设施、交通设施、公共服务、资源环境等多个领域。而且所有项目都标明了项目所在地、所属行业、建设内容及规模、政府参与方式、拟采用的PPP模式、责任人及联系方式等信息。

大岳咨询总经理金永祥表示，1043个项目不会集中落地，而是会在未来一两年内逐步落地。

项目发力

“发改委更加重视PPP并且开始推动落地，项目库里的项目是否适用财政系统关于PPP项目的相关文件，特别是10%的天花板，基础设施特许经营管理办法和招投标法在这些项目上的适用值得关注，还有就是国发42号文的协调效应还需要一段时间才能显现。”君合律师事务所合伙人刘世坚告诉经济观察报记者。

国发42号文是指财政部、国家发展改革委、中国人民银行《关于在公共服务领域推广政府和社会资本合作模式的指导意见》（国办发［2015］42号）。

财政部在2014年和2015年制定的制定中有相当一部分也与PPP有关，比如项目操作指南等，特别是财政部发布的PPP财政承受能力指引，明确要求项目不超过公共预算支出的10%。

4月18日，发改委印发了《关于进一步做好政府和社会资本合作项目推介工作的通知》，要求各地发展改革部门尽快搭建信息平台，及时做好PPP项目的推介工作。

在发改委公布的PPP项目库中，交通项目和市政项目占据了大部分。“交通项目投资总额大，一个轨道交通项目等于十几个甚至几十个其他项目的投资规模，推动交通项目对稳增长意义重大。这次国家发改委推出的项目，有些已经在进行之中，有的社会资本已经确定，比如北京地铁14和16号线，支持这类项目见效快。”金永祥告诉经济观察报记者。

在此次公布的项目中，安徽省公布的推介项目最多，共127个，其中又以市政设施和交通项目数量最大。

在江西省入库的项目中，公共服务项目最多，达26个，主要是教育、医疗和健康养老项目；在9个交通设施项目中，有修水至平江、东乡至昌傅和铜鼓至万载3条高速，以及3条铁路专用线和3个港口项目。市政设施项目包括南昌地铁3号线及总投资42亿元的红谷隧道工程，拟采用BOT模式引进投资者。

金永祥认为，如果地方地铁能得到中央资金的支持，PPP会更容易做，很多地铁项目由于资金无法平衡而推进缓慢。交通产业投资基金可以补充社会资本不足，但也是要求回报的，中央政府还可以从改善项目现金流的角度多做些努力，如投资补助、贴息和运营补贴等。

“信息公开是一个大趋势，是降低全社会成本的重要抓手，以前经常要单独去找项目信息，非常麻烦而且有时会联系不上。现在信息公开，市场充分竞争，信息越是公开，竞争越充分，降低了各方成本。”金永祥说。

金永祥还对经济观察报记者表示，现在政府发布了项目信息，而且相关的联系方式也提供了，可以有效提高PPP（Public-private Partnership）中第一个“P”（政府公共部门）与第二个“P”（私营部门）的对接效率，这也是政府从管理型向服务型转变的一个体现。

“政府推出的项目，通常都会有一部分不会被社会资本接受，这是正常的。此外，项目落地也要有一个过程，PPP项目的落地需要一个较长的过程，这期间包括了方案的制定，文件的编写，社会资本的选择，以及谈判和最后的签约。这个过程需要半年、一年甚至两年，所以现在只有百分之

十几的签约率，随着时间的推移，落地的项目会越来越多。”金永祥坦言。

项目进展也应公开

从2014年下半年开始，一系列和PPP有关的文件相继出台，地方省市纷纷拿出了各自的推介项目。

并不是所有的推介项目都能实施，在某省的推介会上，经济观察报记者发现，有些项目根本无法产生收益，这样的回报率对投资者来说显然无法产生吸引力。有业内人士就表示，过分强调社会效应，这样是难以吸引社会资本进入的。

民生证券研究院发布的一份研究报告称，43号文（即《地方政府性存量债务清理处置办法（征求意见稿）》，国办2014年9月发布出台）出台前后，34个省市区地方政府推出的总额约1.6万亿元的PPP项目。但到目前为止，真正签约的大约为2100亿元，仅占总额八分之一。若据此粗略计算，1.6万亿元的PPP项目投资规模，实际签约落地仅有13%，尚不足总盘子的两成。

对此，发改委投资司副司长罗国三坦言，一些地方拿出的项目还不具备投资条件。

金永祥告诉经济观察报记者，“现在对PPP感兴趣的资金很多，但是好项目不多，这也是现在PPP发展比较慢的原因。目前要做的是保证项目现金流，推出有价值的项目。”

“怎么提高项目质量，是政府部门需要认真思考的，要保证项目可以落地。下一步要提高项目质量，在这次发改委公布的推介项目中，有些项目已经做完了，有些项目已经选定了社会资本，但还出现在项目库里，此前发改委推出的80个项目，也不少都已经处于操作阶段，有的已经吸引社会资本进入，甚至有的已经完工。因此，今后应该标记推介PPP项目的进展情况，要提高信息的准确和可用程度。当然公布推进项目库已经是PPP信息公开透明的重要一步，应该坚持下去。”一位PPP相关人士表示。

（刊于《经济观察报》2015年5月31日）

国务院发文明确扩展 PPP 外延

导语：指导意见进一步明确了特许经营和PPP的关系，不是所有的PPP项目都会实行特许经营制度，强调了政府主张的PPP的内涵，表明财政部与发改委之间的意见越来越统一。

5月22日，国务院办公厅转发财政部、发展改革委、中国人民银行《关于在公共服务领域推广政府和社会资本合作模式的指导意见》。

指导意见要求，在政府和社会资本合作模式（PPP）下，政府以运营补贴等方式作为社会资本提供公共服务的对价，以绩效评价结果作为对价支付依据，并纳入预算管理、财政中期规划和政府财务报告，在当代人和后代人之间公平地分担公共资金投入，有效弥补当期财政投入不足，减轻当期财政支出压力，平滑年度间财政支出波动，防范和化解政府性债务风险。

在大岳咨询有限公司总经理金永祥看来，指导意见与特许经营管理办法形成了“姊妹篇”，进一步明确了特许经营和PPP的关系，不是所有的PPP项目都会实行特许经营制度，强调了政府主张的PPP的内涵，表明财政部与发改委之间的意见越来越统一。

上海财政局PPP专家纪鑫华认为，指导意见对PPP的定义做了更新，较“76号文”更为全面、深刻，突出了公共服务、竞争性选择、优势的社会资本、平等协商、合同、绩效评价等关键点，增加了对大众创业和经济增长的表述，PPP已超越了在公共服务供给方面的意义，外延大大拓展。

纪鑫华同时认为，指导意见强调了政府和社会资本的对等关系和契约理念。“财政部一直以来的制度建设，都意在加强PPP的法制化约束，尽可能打消社会资本的顾虑，增强社会资本参与的积极性。”

指导意见要求PPP必须遵循依法合规、重诺履约、公开透明、公众受益、积极稳妥的原则，并且控制项目的政府支付责任，防止政府支付责任过重加剧财政收支矛盾，带来支出压力，着力化解地方政府性债务风险，积极引进社会资本参与地方融资平台公司存量项目改造，争取通过政府和社会资本合作模式，减少地方政府性债务。

“指导意见再次强调了财政承受能力的论证。尤其要注意的是，这里提出将营业收费权和其他支付对价，在政府综合财务报告中进行反映。后续可重点关注，应该会有系列的改革动作。”纪鑫华告诉经济观察报记者，对于社会资本的定义有所变动，平台公司作为社会资本的路径大大拓宽，然而结合前一阶段发的“40 号文”，平台公司的改革阻力还是很大。

纪鑫华认为，对于此次指导意见，还要关注到对使用财政性资金作为社会资本提供公共服务对价的项目，地方政府应当根据预算法、合同法、政府采购法及其实施条例等法律法规规定，来选择项目合作伙伴，涉及可行性缺口补贴的也适用。

纪鑫华对经济观察报记者表示，还需关注简化审核流程，期待进一步明确如何操作，包括是否会涉及发改委的项目审批，保障项目建设用地，可有划拨、租赁、折价入股等不同方式。“更应该关注到中央财政出资引导设立的 PPP 基金（中国政府和社会资本合作融资支持基金）。金融机构如何参与并适应 PPP 模式要求，提供融资支持，预计这也是本次拉上央行一起发文的主要目的，期待后续政策。”纪鑫华告诉经济观察报记者。

（刊于《经济观察报》2015 年 5 月 25 日）

国务院会议部署推广PPP模式 业内人士希望推出有价值项目

国务院总理李克强2015年5月13日主持召开国务院常务会议，部署推广政府和社会资本合作模式（也称PPP模式），汇聚社会力量增加公共产品和服务供给。

会议认为，在交通、环保、医疗、养老等领域，推广政府和社会资本合作模式，以竞争择优选择包括民营和国有企业在内的社会资本，扩大公共产品和服务供给，并依据绩效评价给予合理回报，是转变政府职能、激发市场活力、打造经济新增长点的重要改革举措。

会议要求，一要简化审批，保障项目用地，支持地方政府与金融机构共同设立基金，用好税收优惠、奖励资金、转移支付等手段，多措并举吸引社会资本参与公共产品和服务项目的投资、运营管理。二要鼓励项目运营主体利用资本市场直接融资，发挥开发性、政策性金融机构中长期贷款优势，支持社保和保险资金参与项目。三要建立公共服务价格和补贴动态调整机制，坚持补偿成本、优质优价、公平负担，保证社会资本和公众共同受益。四要完善制度，规范流程，加强质量监管，提高公共产品和服务供给能力与效率。

金州环境集团副总裁张恒利曾经操作过许多PPP项目，如北京鸟巢、北京第十水厂等，他认为今天国务院常务会议对于PPP的几条措施比较得力，看到了问题的关键，但是有些看似比较遥远，比如社保等资金进入PPP，若是没有明确政策不好进入。

“今天会议中提到协调等特殊审批，都具有实操的意义。审批这一块是非常麻烦，项目是新的，各部门认知的口径会非常困难，所以需要简化审批模式，像重点项目一样，开辟一个绿色通道。现在全部审批下来需要走二三百项审批。另外付费机制用绩效评估来考核，都不失为一种好的方式。”张恒利告诉记者。

大岳咨询总经理金永祥认为这次常务会议从政策上讲，列出来的东西，无论行业还是措施上在以前财政部、发改委出的文件都有，关键是要重落实，催办这些事情，以此来稳增长。

“政府需要PPP来稳增长，接下来会更有利于PPP的推动，如直接融资发行股票，鼓励SPV项目载体上市。”金永祥告诉记者，“现在对PPP感兴趣的资金很多，但是好项目不多，这也是现在PPP发展比较慢的原因。目前要做的是保证项目现金流，推出有价值的项目。”

（刊于《经济观察报》2015年5月13日）

PPP 新办法鼓励社会化融资
基本法仍在研究

被称为 PPP（Public-Private　Partnership，政府和社会资本合作）基本法的“特许经营法”立法接近两年，目前仍未出台。不过，无须经人大审议的部门规范性文件——特许经营管理办法，已经等不及先亮相了。

2015 年 4 月 21 日，国务院常务会议通过《基础设施和公用事业特许经营管理办法》（下称“办法”）。该办法划定了特许经营的领域、参与主体、财政补贴和融资机制。特别是允许以预期收益质押贷款、设立产业基金、成立私募基金、发行各种票据债券的形式等拓宽融资渠道。

一位曾参与特许经营法立法过程的 PPP 专家对经济观察报记者表示，允许预期收益质押贷款为 PPP 项目的融资创造了条件，意味着项目的债务不会被放进母公司的资产负债表里，“在国企负债率很高的当下，这有利于国企尤其是央企做更多优质项目，而不会受经济下滑的影响”。

不过他认为，PPP 项目运作需要周期，近期对经济拉动有限，但明后年效果会显现，是经济增长的长效机制。

经济观察报记者了解到，该办法相对于 PPP 基本法来说仍是过渡性措施，特许经营法的立法工作还将继续推进，对此前征求意见中各方提出的问题，相关部委也正在进一步研究。

PPP 立法，即基础设施和公用事业特许经营立法，最早由全国人大法工委委托国家发改委牵头制定，主要侧重点是民营资本如何进入基础设施和公用事业领域。

在 2014 年十二届全国人大常委会的立法规划中，PPP 立法原被列为第二类项目，即“需要抓紧工作、条件成熟时提请审议的法律草案”。此后，全国人大常委会又将其从第二类项目调为第一类，这意味着立法进程将进一步加快。

2014年6月，国家发改委将“特许经营法”的征求意见稿转发到各个相关部委后，财政部对征求意见稿提出了建议，并专门与国家发改委进行沟通。但之后相关部门推动特许经营立法的工作进展缓慢，而且当时负责该项工作的发改委政策法规司的处长离职，特许经营法的立法工作改由国务院法制办来牵头。

经济观察报记者了解到，之所以出台特许经营管理办法，是因为原来的特许经营法立法中，有些问题没有形成一致意见，特别是对于PPP的想法不一致。

“这次出台特许经营办法主要为了推PPP，不是为了特许经营。PPP是从所有制讲的，允许社会资本通过PPP模式拥有基础设施和公用事业的股权；特许经营是从行业管理体制上讲的，垄断行业基本上都是特许经营，以前主要是国有资本在进行特许经营，问题并不突出，现在社会资本进入，需要厘清关系，所以开始重视特许经营。”大岳咨询总经理金永祥说。

他表示，特许经营法中的很多内容，现在都体现在特许经营管理办法中，之所以先出管理办法，是因为正在全国广泛推开的PPP项目，很多涉及社会资本进入垄断行业，如果上升到立法层面，时间来不及。

据了解，未来“特许经营法”将会由发改委、财政部联合推动立法。

实际上，财政部也有一项涉及PPP的立法内容，叫“政府和企业合作法”，目前已经列入财政部近期立法工作计划。

一位财税相关人士告诉经济观察报记者，“政府和企业合作法”主要是规定政府购买服务的适用范围，选择企业的相关条件和程序，各方的权利和义务，以及部门职责分工等，还有一些未来PPP操作流程的管理、监督和其他相关法律的衔接问题。

以政府购买服务方式提供财政补贴的PPP项目，是财政部着力需要推进和规范的方面。2014年11月，财政部赴韩国考察PPP后得出的结论是：韩国每年PPP财政支出不超过当年财政收入的2%，中国财政支出13万亿的话，就是2600亿，是很大的规模。

北京市资略律师事务所副主任徐向东表示，国务院常务会议通过上述特许经营管理办法，是在明确 PPP 作为改革和制度创新的手段，目的是增加公共产品和服务供给，“这个定位比较符合当前的实际”。

（刊于《经济观察报》2015 年 4 月 24 日）

PPP为何火不起来
池州样本试解玄机

导语：以往大多数PPP项目的签约，一拖就是一年以上甚至数年，能在7个月搞定池州项目，常庆海觉得很庆幸。

烟雾缭绕之中，常庆海起身沏了一杯茶，等他再次坐下时，他意识到，又一场漫长而艰难的谈判刚刚开始。

这是位于安徽省池州市住建委办公楼的一间会议室。不大的房间坐了十来人，却都是当地有头有脸的权威人物，常庆海的工作只有一个——说服他们。这些人里，有副市长，有财政局的副局长、住建委的副主任，还有一些职能科室的科长们。

副市长刚刚拍了桌子，气氛有些尴尬，常庆海正在盘算着如何开口。尽管类似的场景他并不陌生，但要将PPP（政府与社会资本合作，Pub-lic-Private Partnership）这个拗口名词中的一些细节和规则，向当地官员讲清楚，不是件容易的事。

常庆海是池州污水处理项目的负责人，这是由财政部和住建部共同督办的，第一个用政府和社会资本合作模式进行污水厂网建设的PPP项目。上面的要求是“一定要做好”，因此他不敢松懈，几乎每隔几天就会向住建部城建司汇报进展。

常庆海的另一个身份是大岳咨询有限公司的总监，他负责的池州PPP项目，从2014年5月到12月底，持续了大半年。“一个月两周要待在池州，周末回来一下，接着再去，加班是个常态化。”常庆海说。

如今每当有人提起这个项目，他都会记得那几次和政府差点要谈崩了的场景。“当时池州的领导拍了桌子，问为什么不能按照项目操作时间安排贷款，因为最理想的状态是和项目期限配套，但没有一家银行会贷款26年，我们解释了，他们反问‘为什么这么保守？要创新’。”常庆海回忆道。

这种紧张的状态一直持续到当年12月28日。那天，常庆海在微信朋友圈里留了一个言：“项目完成，明天投资人和政府签约”。

常庆海如释重负。

“标本”，如何定价？

以往大多数PPP项目的签约，一拖就是一年以上甚至数年，能在7个月搞定池州项目，常庆海觉得很庆幸。

他记得2014年那个春天，池州的天气不错，由于靠近九华山，没有北京的雾霾，也没有北京那么炎热。但忙碌的一切令他忽略了风景。

常庆海当时面对的图景是：池州市要将污水管网和污水厂打包实行市场化特许经营，包括存量和增量两部分。存量是当地现有的污水处理厂和管网，2005年起由深圳水务运营，至今运营10年，希望当地政府回购；增量是要在主城区和下辖县新建的污水处理厂和管网。这两部分当地都希望实施PPP模式，当务之急是解决存量部分。

除此之外，池州项目还顶着好几个光环：它是2014年财政部列入首批30个政府和社会资本合作模式示范项目，也是住建部在全国推行的首个管网项目，同时也是财政部与住建部唯一合作的示范项目——几座大山在身，让这个项目彻底变成一个标杆，只许成功，不能失败。

其中，住建部提的要求比较多，主要是厂网一体化，把以前在城市管网的欠债填上；另外考虑到池州本身属于中部城市，未来推广也比较有积极意义——此前住建部污水处理管网一体的众多试点比如池州、铜陵，目前看来，只有池州坚持了下来。

主管这个项目的正是当时池州市的一位副市长，这让常庆海如芒在背。从5月份进驻、开始设计方案，到寻找投资商、进行招投标和融资，那个不足百平方米的住建委会议室就成了他的大本营。“每周主管副市长到项目组吃一两次盒饭，讨论项目，包含每个协议的条款、标底的设计、评标的细则准则，项目进度的控制、财务测算、财务模型、测算方法、数据来源，以及设计合理的投标上限价，他都参与了。”常庆海说。因此，拍桌子这种事，他也见怪不怪了。

第一步就是测算成本，这里的指标叫做“拦标价”，也就是政府能承受多高的报价，最终反复了三次才敲定。

当时主管项目的池州副市长认为，如果采取竞争的方式进行投标，本来是没必要设置这个拦标价，但考虑到避免有人瞎报价，影响整个招标结果，最后还是与池州财政部门沟通设置了拦标价。

“因为是平均价即合理价中标，若是有人瞎报价，报得太高，就会把平均价抬高，主管的这位副市长是学金融出身，对此相当在行，对于拦标价的讨论也比较深入一些，大致讨论了两三轮，每轮大概是半个小时到一个小时，最终在 7 月中旬把这个价格给定下来了。”常庆海说。

他进一步解释称，在这个环节上，政府有两个担心。一是担心投标报价太高，财政承受不了，所以投资人的报价不能超过拦标价这个上限，说到底是节约政府资金，因为项目成功后，政府要采取购买服务的方式来付费；二是担心拦标价弹性太大，导致投标报价太低，没有利润，就没有合理的竞争。

“最终确定的拦标价是每吨污水处理费 0.89 元，变动幅度不超过 10%。”他说。

尽管如此，这个项目在常庆海看来还是有吸引力的，因为选择的模式是社会资本与政府合作成立合资项目公司，即特殊目的机构（SPV），而且当地自来水公司拿出了真金白银出资，占 20% 股份，由社会资本控股 80%，政府提供财政补贴。而以往社会资本与政府合作时，一般采用的模式如 TOT、BT 等，大都是社会资本完全出资，政府最初不会掏钱，顶多以其他资产来担保。

在常庆海看来，这是当地政府做出的一个巨大让步。但这会令社会资本心动吗？

民资、外资为何出局？

这一次，招标工作准备了三个多月。

首先是邀请企业，常庆海和池州市政府为此大费周章。因为标准太低，担心进来的企业良莠不齐；标准太高，又担心没有企业过来竞标，导致流标。

常庆海回忆，当时邀请时，大岳咨询和池州市政府整体对有资格的企业进行了筛选，筛选的基本标准就是公司达到多少规模或者说给一个规则限制。池州市政府的要求是：竞标企业净资产要达到两亿到三亿，这是最基本的；然后企业必须要有污水处理几万吨以上的经验，污水管网方面要有 100 公里以上的管理经验。

"这个项目是个市场竞争项目，每个人都有机会，而且必须满足三家以上竞标，不然会流标。因此设计的筛选条件在经验规定、资产规模等方面适当放宽了。"常庆海表示。

2014年7月，大岳咨询发出邀请，众多中国的环保水务公司参加竞标，但是当时并没有柏林水务、威立雅等国外公司的身影。

常庆海表示，因为这次 PPP 项目里面设置的项目公司（SPV）是由社会资本控股，若是外资来控股，需要经过商务部的审核。不过，据称威立雅对于池州项目还是非常感兴趣的，虽然威立雅没有国内管网的经验，但是在国外有。遗憾的是，在常庆海看来，"这个项目本身更重视国内的经验，而不是国外的经验"。

最终，深圳水务、北京排水、国祯环保和首创集团四家公司受邀并符合投标条件。

国祯环保是参加竞标的唯一一家民营企业，也是安徽当地的企业。"它具备 500 多公里的管网的运营经验，但是它没有投资建设的经验。"常庆海说，其实全部具备管网投资建设运营经验的公司，国内可能没有几家。

其他三家，如深圳水务投资运营了深州市 97% 的供水业务及特区内 99% 的污水处理，北京市的排水项目基本都是北京排水做的，首创集团在全国 16 个地区的 40 个城市都拥有参控股水务项目。"北京排水对于池州的项目可以说是志在必得的，深圳水务也是一样，深圳水务在池州本来就有项目，十年了，更不希望这个市场再让给对手，当时竞争还是比较激烈的。”常庆海说。

而首创集团的想法是，池州项目是财政部构建的试点，未来各地的污水项目也会很多，所以他们积极参与试点，希望能中标最好，不中标也相当于内部的练兵。

不过，8 月开始的报价才是硬指标。当时污水处理厂的报价中，首创集团最低，每吨 0.79 元，深圳水务是 0.81 元，北排集团是 0.82 元，国祯环保是 0.85 元——距离政府拦标价每吨 0.89 元都还有一段距离。而在污水管网这一块的报价，北排最低，每公里每年 8.8 万元，首创是 9.7 万元，深圳水务是 9.9 万元，国祯环保是 10 万元。

常庆海说，竞标时为了在价格上避免恶性竞争，同时保证服务质量，采取的是合理价中标，合理价中标包含成本、平均价下浮一定比例，技术实力、项目经验、融资能力、项目报价，构成综合竞标的要素，“价格占比 50%”。

报价之后，项目主管方对这些价格进行了测算。常庆海回忆说，测算主要是把投资商的相关成本数据进行比较，然后对它们报价的收益水平、价格进行整体的比较分析，看看里面是不是有些问题或者可以调整的空间。“这些数据分析，一来是为下阶段的项目推进提供一个支撑，也就是未来的增量建设；另外也是给政府一个决策的依据，未来政府要花多少钱来购买服务。”常庆海表示。

最终，深圳水务中标。10 年之后，它和池州市的合作又将重新开始。

融资：“为什么不创新？”

中标只是社会资本进入的第一阶段，而另一项招标也由此开始，那就是融资。

实际上，池州项目在融资刚开始时，并没有准备进行招标。“那时是国家开发银行牵头的银团贷款，实行基准利率，贷款时间为 15 年，工行、建行都进入了，融资规模 5 个亿。但是没有完成。”他说，国开行经常做长期贷款，PPP 项目基本都是十几年起，比较符合国开行的口味，而商业银行一般以中短期为主。

但这次的池州污水处理项目属于政府购买服务的一个试点，因此对当地政府来说，基准利率还是太高，会增加成本。“政府想为财政省钱，支出比较‘抠门’，因此就主导搞了银行招标，目标是利率下浮 10%。”常庆海说，最终是中国银行中标。

但到了这一步，池州市政府还是有些不满意。

“主要是对银行要求的还款方式。当时从财务角度是按照贷款 15 年设计，测算模型也是按照 15 年去做，但政府认为项目是 26 年，还款也应该是按 26 年来做。”常庆海说，而这样的还款期限设计，和银行之间是很难达成共识的。

这也正是副市长拍桌子的原因：不能按照项目操作时间安排贷款，也就达不到政府期望的与项目配套的还款理想状态，有可能会让当地政府面临意想不到的尴尬局面，比如需要额外补贴之类。“但我们认为银行系统不会接受 26 年，项目不可能这样设计，银行贷款没有这么长时间。他反问我们‘为什么保守？要创新’。”常庆海回忆道。

不过，最终他说服了池州市政府。

代价是在另外一些地方，常庆海不得不让步，比如整体计划的推进进度上。“最难的就是说服政府按照我们的计划去做，地方政府都希望尽快往前推动。”更大的让步来自对社会投资的一些附加条件。

“有些条件是中标之后加上的，会有一些争议，比如对环保的要求，以及价格与利率同步变动的要求等。”常庆海说，池州市希望项目公司承担环保的责任，必须达标；另外，如果因为银行利率方面调整，从而降低了成本，项目公司就要同步调价，下调价格。

在社会资本看来，这是政府在他们中标之后又加了码，虽然谈不上违约，但对方的强势地位令人担忧。

（刊于《经济观察报》2015 年 4 月 14 日）

跟政府合作，社会资本还缺什么？融资支持

用政府和社会资本合作（PPP，Public-Private-Partnership）的方式化解债务，同时加速投资，中国从没有像现在这般充满热情和紧迫感。

2014年12月4日，国家发改委与财政部分别发布了《关于开展政府和社会资本合作的指导意见》和《政府和社会资本合作模式操作指南（试行）》，从政策层面和实际操作层面对政府和社会资本的合作予以指导。财政部同日还发布了《关于政府和社会资本合作示范项目实施有关问题的通知》，确定天津新能源汽车公共充电设施网络等30个PPP示范项目。

经济观察报记者获悉，更多的顶层设计仍在酝酿。其中，作为PPP立法的先头部队，国家发改委牵头起草的《基础设施和公用事业特许经营管理办法》已完成征求意见，将明确PPP适用范围“正面清单”和部委职责划分“权力清单”。住建部和财政部联合起草的《关于在城镇市政公用领域推广和规范政府与社会力量合作的指导意见》，也将择机出台。

同时，财政部正在研究PPP项目的融资支持政策。首先是修订现行的专项资金管理办法，将PPP项目纳入支持范围；其次是鼓励金融机构创新融资管理方式和融资产品，更好的匹配PPP项目需求；最后是建立PPP项目投融资交流机制和设立PPP项目中央支持基金。

对于建立PPP项目投融资交流机制，财政部的设想是联合金融监管部门，邀请商业银行、保险公司等金融机构，以及有意向的地方政府参加，定期组织PPP项目的交流对接，不定期的展开联合现场调研和研讨交流等活动。

一位接近财政部的人士表示，PPP的关系是一段“婚姻”，长久的合作，而不是一场“婚礼”，由于PPP项目时间都比较长，但是在融资时并不占有优势，因此财政部会加强PPP项目的融资支持。

上述融资支持政策将触及PPP项目建设的诸多现实问题，比如项目能否享受财政补贴、能否为PPP项目融资提供担保、项目贷款期限能否延长等，地方政府违约的处置方案也在考虑当中。

但地方政府除了关心具体政策之外，更关心目前PPP模式中各部委的权限划分。PPP项目专家、清华大学建设管理系教授王守清在给地方政府作相关培训时，就经常被地方官员提问：地方做PPP该听哪个部门的？

王守清的建议是，“不需要用财政系统资金时听发改委的，用财政系统资金就听财政部的。”不过，在他看来，PPP的管理权限需要中央来顶层设计。他说，应该按照世界银行和亚洲开发银行的意见，在PPP领域成立跨部委的机构，必须明确有个部委牵头。

曾参与相关政策设计的大岳咨询总经理金永祥透露，目前各部委在PPP顶层设计中的大体分工是，国家发改委体改司、投资司和法规司负责PPP立法、指导意见以及规范性文件，财政部金融司、经建司负责PPP试点项目的审查、评估、项目指南以及合同文本的建议，住建部城建司负责示范项目，以及上述与财政部联合起草的《指导意见》。其他如农业部、水利部、交通部、卫生部等则负责相关领域PPP的培训以及政策研究。

而在具体项目上，经济观察报记者了解到，短期内财政系统的重点在规范存量项目，发改系统则负责审批新增项目。财政部相关人士对经济观察报记者说，目前PPP项目是需要审批的，审批应该是内部审批，包括企业内部审批和政府内部审批，“我们在积极推动PPP项目不要变成审批立项，这届政府也提供了一个很好的环境，即简政放权”。

“实际上PPP主要涉及财政职能，但是单单依靠财政部门一家，很难把它执行下去，财政部也希望和发改委、住建部加强协调沟通，形成合力。”上述接近财政部人士表示。

（刊于《经济观察报》2014年12月12日）

20省市上报PPP项目两成入围获融资便利

财政部近日下发了关于报送适合开展PPP项目的通知，要求每个省份从本省融资平台的PPP项目中优选15—20个项目，书面上报财政部预算司和金融司。未来这些筛选出的项目将获得国开行等金融机构的融资便利。

据了解，这些项目针对的是融资平台开工后的存量项目，主要是本身有一定的收益或者有收益但是现金流无法覆盖项目成本的项目，上报项目的内容须包含项目规模和分年投资、存量债务、预计收益、收益覆盖率等。

就在各省份上报优选项目的同时，2014年10月中旬，财政部召开了一次PPP项目评估推荐会。一位与会的专家告诉经济观察报记者，财政部经建司和金融司相关官员、中国财政学会PPP研究专业会员会专家，还有一些长期参与PPP项目的实际操作者和PPP学者，对大约20个省市的66个项目进行了评估，“基本每个省份都提供了一到两个省内项目，很多项目都是在建的”。

这次PPP项目评估将从66个项目中选出10—15个PPP项目推荐和示范项目，虽然中央不再提供各种资金补贴，但作为示范项目，可以在国开行等其他金融机构融资时获得便利。

PPP模式在中国也被称为特许经营模式，真正打通特许经营和处理地方政府性债务之间通道的文件，是2014年10月初国务院下发的《关于加强地方政府性债务管理的意见》。其中规定，鼓励社会资本通过特许经营等方式，参与城市基础设施等有一定收益的公益性事业投资和运营。其中，政府通过特许经营权、合理定价、财政补贴等事先公开的收益约定规则，使投资者有长期稳定收益。

上述文件意味着PPP模式被作为处理地方融资平台债务的一种方式得到认可。随即财政部下发了关于《地方政府存量债务纳入预算管理清理甄别办法》的文件，界定了哪些项目可以使用PPP模式。要求各省报送PPP优选项目的通知，即根据此文件而来。

据长期参与PPP项目的大岳咨询公司粗略统计，中国已经完成8000多个PPP项目，重新推出PPP试点或示范项目，可以总结的经验教训很难比这8000多项目蕴含的内容多，而且新的试点需要时间。因此，大岳咨询公司总经理金永祥建议，推进新的PPP试点或示范项目的同时，应更重视总结以往PPP项目的经验教训并推广。

这是2014年10月初金永祥在向国务院高层递交的一份"关于当前形势下做好PPP工作的建议"中提到的。金永祥认为，无论是试点示范还是总结经验教训，都应该把转变公务员市场观念和提升政府机构适应市场能力作为主要目的。

实际上，国务院总理李克强在10月24日召开的国务院常务会议上，也提到要积极鼓励推广政府与社会资本合作的"PPP模式"，他表示，一些地方政府已经有过类似的探索，有关部门要注重总结其中的经验、教训，积极推广试点经验，在更大范围内拓展广泛的投资空间。

"TOT项目比BOT风险要低，但是利润也要低，我们整个项目最后的回报应该在8%-9%。但是风险低、回报稳定。"柏林水务控股有限公司董事总经理梁军表示。柏林水务是安徽合肥王小郢污水处理厂的项目管理方。

据了解，柏林水务在该项目中的投资为4.8亿，10年后收回了其中35%的投资，剩下65%的银行贷款目前还需要3至5年才能还完。作为该项目合肥政府顾问方的大岳咨询公司合伙人郑洁告诉经济观察报，这个项目给国内培养了一批懂水处理的市场化操作的人才，同时回报与当初预期完全相符，有一定的利润，但不会产生暴利，这也就是PPP。"如果说北京第十水厂为中国的PPP提供了操作的模板经验，那么国内最早的一个TOT项目合肥王小郢污水处理厂为中国的水处理行业PPP项目提供了一个价格标尺。"金永祥说。

据了解，目前财政部PPP领导小组正在抓紧推进示范项目建设工作，确定第一批示范项目名单并及时对外公布；同时，相关部门也在尽快明确PPP融资支持政策，推动PPP工作规范开展。

（刊于《经济观察报》2014年11月18日）

财政部 PPP 指南进入征求意见阶段 为公私合作开绿灯

经济观察报记者独家获悉，由财政部相关机构起草的“政府与社会资本合作模式（PPP）操作指南”已进入征求意见阶段。

PPP（Public-Private-Partnership）模式是指政府与社会资本为提供公共产品或服务，所建立的“全过程”合作关系，又被称为“公私合作”。特征是授予特许经营权、利益共享和风险共担，通过引入市场竞争和激励约束机制，以提高公共产品或服务的质量和供给效率。以北京为例，地铁四号线、鸟巢都是 PPP 模式。

此前，财政部已于 9 月 23 日发出《关于推广运用政府和社会资本合作模式有关问题的通知》（下称《通知》）。知情人士告诉经济观察报记者，操作指南就是对于《通知》的解释版本，偏向实际操作方面。

比如，谁作为政府出资一方来管理 PPP 项目？符合什么标准的项目可以入围？投入到项目中的政府资金来自哪里？具备什么条件的地方政府才可以实施这样的项目？这些问题都可以在这本操作指南中得到解答。

值得一提的是，该指南称，财政部门将利用现有专项转移资金的渠道投入示范项目，这意味着会有中央财政资金直接投入公私合作项目；另外，地方财政也可以补贴示范项目，不过这取决于地方财政的承受能力。指南对此也有规定，称财政部门应根据财政中长期可持续性和项目全生命周期内的财政支出，对这一类项目开展财政可承受力评估。据悉，财政部这次征求意见的文件，除了一份操作指南外，还有一本厚厚的 PPP 模式项目标准化合同文本。

从最初发出指导意见，到现在将指导意见细化至落地可操作的指南和

合同文本，大岳咨询公司总经理金永祥认为，财政系统为公私合作即 PPP 模式开绿灯的意图已经相当明晰，以前一些模糊的规则问题也开始得到解决。

经济观察报获得的这份操作指南文件显示，各省、自治区和直辖市要设立的公私合作项目管理机构可能会被命名为地方 PPP 中心。

此前，财政部已经成立了政府和社会资本合作（PPP）工作领导小组，作为未来这一类项目的政府资金管理方，财政部当时就在酝酿成立 PPP 中心作为管理项目的事业单位。

此次文件要求，省级财政部门要结合部门内部职能调整，积极研究设立专门机构，履行政府和社会资本合作的各项职责。知情人士透露，未来地方中心主要负责公私合作项目工作的规划指导、识别评估、融资支持、信息发布、专家库建设、咨询培训、推广运用、统计研究和绩效评价等。

该指南还对什么样的项目可以入选公私合作模式，如何识别这类项目做了一定的要求。指南规定，财政部门或者 PPP 中心负责向各政府职能部门征集潜在项目。具体方式是，社会资本以项目建议书的方式向财政部门或 PPP 中心推荐潜在项目，后者会同政府有关职能部门，确定备选项目，制定此类项目的年度和中期开发计划。

北京市资略律师事务所合伙人徐向东表示，根据当前的相关立法草案，公私合作项目模式的适用范围很广，包括能源、交通运输、水利等九大领域。但并不是这些领域的所有项目都可以采用 PPP 模式，这些项目必须符合降低项目成本、提高服务质量和运营效率，以及改善公共服务的要求。

他指出，国外判断公私合作项目是否成功，筛选时要进行成本效益分析，比如智利，是率先使用成本效益分析对公共投资项目进行分析的国家之一，通常规定，项目年回报率必须超过最低线，目前当地为 8%。对此，上述指南要求，只有通过了“物有所值”评价和财政可承受能力评估的项目才能进行项目准备。

所谓“物有所值”评价，是指公私合作项目模式与政府传统采购模式相比能否增加供给、优化风险、提高效率等，同时要将项目整个周期内的政府支出价值和公共部门的比较值进行比较，才能明确“物有所值”评价。

而鉴于当前地方政府性债务的压力尚大，地方财政投入 PPP 项目还需要考虑上述提到的财政承受能力的问题。操作指南对此也有明确解释：财政部门应根据财政中长期可持续性和项目全生命周期内的财政支出，对此类项目开展财政可承受力评估。

目前看来，财政部门可以利用现有专项转移资金的渠道投入 PPP 示范项目，另外，地方财政也可以补贴示范项目。财政资金投入将从“补建设”向“补运营”转变，这也意味着地方政府需要通过中长期财政规划的制定，来考虑长远的补贴机制。上述指南屡次提及了这些问题。

不过，这些项目筛选和资金投入的方式，并不一定都能够符合实际情况。一位不愿具名的公私合作项目管理专家表示，PPP 项目需要对财政承受能力做出判断是应该的，但财政部发布的《通知》中没有透露如何制定判断标准，“如果真做判断，只有财政自己搞，别人搞不了，信息不对称。”他说。

据他说，欧盟有类似标准，但假使中国也参照欧盟制定标准，那可能很多地区除了那些自身资金能够平衡的项目之外，都做不了需要财政补贴较多的 PPP 项目。

加速布局

在财政部发布上述指南之前，从中央到地方，对 PPP 项目立规一直在进行当中。

进入第三季度，福建、江苏、重庆、青海等省份密集推出 PPP 试点项目，部分地方政府还制定了开展 PPP 的规范性文件，福建省政府于 9 月 11 日发布《关于推广政府和社会资本合作（PPP）试点的指导意见》。

知情人士告诉经济观察报记者，现在对于 PPP，包括财政部、发改委、住建部、交通部以及水利部在内的多个部委都在积极参与。其中，发改委的政策法规司正在研究进行特许经营立法，发改委体改司、外事司牵头研究推进 PPP 在全国推广。住建部此前原计划在 6 月推出但一度遇阻的“关于在城镇市政公用领域推广和规范政府与社会力量合作的指导意见”，也将在近期推出。另外，交通部、水利部也正在研究将 PPP 作为工具用在内部机制改革中。

不过，最积极主动的还是财政部。此前，财政部成立了 PPP 领导小组，由一位副部长任组长，还成立了内部协调机制，并在 2014 年 3 月内部印制了财政部门 PPP 项目培训手册。

金永祥认为，财政部出台关于 PPP 的《通知》，代表财政部推动 PPP 的姿态是积极的，《通知》内容也反映了财政部对 PPP 的政策安排，不过其他部委没有参与，《通知》中提出的政策的权威性可能受到其他部门意见的影响。

财政部财政科学研究所副所长王朝才告诉经济观察报记者，英国等一些国家都是财政部在主抓 PPP，原因在于财政部了解如何提高政府的运作效率，如何用较少的资金启动更多的社会资金，以及提供更好的服务。

他表示，PPP 涉及政府资产、政府的经营权、政府的收费权，而且未来 PPP 项目不在建设中提供补贴，而是“事后补贴”，将补贴从建设转移到运营当中，这主要是财政部门的工作。

王朝才所说的“事后补贴”，在 9 月底财政部的《通知》中，表述为“对项目收入不能覆盖成本和收益，但社会效益较好的政府和社会资本合作项目，地方各级财政部门可给予适当补贴”，并提出，财政补贴要以项目运营绩效评价结果为依据，综合考虑产品或服务价格、建造成本、运营费用、实际收益率、财政中长期承受能力等因素合理确定。

为此，地方各级财政部门要从“补建设”向“补运营”逐步转变，探索建立动态补贴机制，将财政补贴等支出分类纳入同级政府预算，并在中长期财政规划中予以统筹考虑。

（刊于《经济观察报》2014 年 10 月 11 日）

财政部为PPP清障
公共基建可享税收减免

本月起，投资建设码头、航站楼、公路甚至发电机组的企业，都将享受到头三年免征、后三年减半征收企业所得税的优惠。

这是财政部和国税总局在不断收紧税收优惠的大方针下，特意为公私合营（PPP）项目开的一个口子。

根据两部门日前发布的《关于公共基础设施项目享受企业所得税优惠政策问题的补充通知》，企业投资经营符合《公共基础设施项目企业所得税优惠目录》规定条件和标准的公共基础设施项目，采用一次核准、分批次（如码头、泊位、航站楼、跑道、路段、发电机组等）建设的，凡同时符合一定条件的，可按每一批次为单位计算所得，并享受企业所得税“三免三减半”优惠。

所谓“三免三减半”，是指企业从事符合条件的项目的投资经营所得，自项目取得第一笔生产经营收入所属纳税年度起，第一年至第三年免征企业所得税，第四年至第六年减半征收企业所得税。

大岳咨询总经理金永祥告诉经济观察报记者，这项政策相当于把PPP项目的税收问题进一步理顺了，把公共基础设施和市政节能环保的税收政策结合统一起来。他说，此前交通能源水利优惠政策一直没有明确，而节能环保和市政设施等领域早已有“三免三减半”政策了，主要用于垃圾、污水处理厂、海水淡化、节能环保等。

早在2008年、2009年和2012年，财政部就相继出台了有关企业所得税的优惠目录以及适用政策。比如，根据2008年颁布的《公共基础设施项目企业所得税优惠目录》，港口码头、机场、铁路、公路、城市公共交通、电力、水利被列入目录，并对其有相关的条件和技术标准及国家投资管理相关规定，而凡符合这些条件的企业，就享受“三免三减半”的企业所得税优惠。

但一项公共基础设施的建设往往耗时数年，而且并非一次性完工，此次通知新增的内容在于，项目建设如果分批次完成，每一批次均可分别享受税收优惠。但企业须同时符合三项条件：一是不同批次在空间上相互独立；二是每一批次自身具备取得收入的功能；三是以每一批次为单位进行会计核算，单独计算所得，并合理分摊期间费用。

对此，安永税务合伙人诸斌对经济观察报记者称，由于公共基础设施项目往往具有施工周期长、项目单元多、资金供给持续性强等特点，在制定相关企业所得税优惠政策过程中，国家税务机关显然已经考虑到了上述项目的特性并适时采取了更为灵活的审核方法。

他表示，在本次文件中所规定的三个具体考量条件中，前两个重点强调了分批分次建设的项目必须具有独立运作的功能，不仅表现为空间的独立，并且还需要体现出自身可以产生独立的经济效益。**“‘三免三减半’适合的是能源、水利、交通这些行业，其典型特点是前几年不挣钱，虽然‘三免’这块意义不是很大，但‘三减半’那部分有作用，过了两三年以后赚钱了，需要上税了，就可以享受到优惠了。”**金永祥表示。

金永祥认为，财政部和国税总局上述税收优惠政策，对于铁路、港口、能源以及水利系统，未来引入 PPP 模式，吸引企业进入是有好处的。这些项目一般都是在政府支持条件下做的，并不是单纯的社会项目。

（刊于《经济观察报》2014 年 9 月 5 日）

搞定PPP：一个公私合营项目诞生记

等待了16年，金永祥终于有机会看到他下海后的第一单大生意，顺利结出果实。

北京第十供水厂，首个直接利用外资建设基础设施的试点项目，即将在2014年年底建成投产，为北京东部包括CBD、通州、亦庄等区域供水。继成都的威立雅项目之后，这是全国第二个水务类PPP（Public-Private-Partner-ship）项目，启动于1998年。

曾担任过北京市计委官员的金永祥，当时以北京大岳咨询公司总经理的身份担当总顾问，全程参与了项目的招投标。直到现在，他仍然恨透了当时经常像吵架一样讨论项目文件的老外顾问团。“他骂我们是垃圾！那个时候要做英文文件，外国的律师不希望我们碰文件，觉得我们英文不行，要知道，我们给他的小时费就得100多美元！”金永祥说。

但在随后的合作中，金永祥不得不承认，在大部分中国人尚未搞清PPP这三个词之前，老外已经把所谓“公私合营”研究得透透的了。当时，34家跨国公司和银行购买资格预审文件，7家联合体共19家公司提交资格申请文件，最终招标委员会选择了5家联合体共12家公司参加项目投标，分别来自法国、英国、日本、意大利和香港。评标期间，各种法律文件打印了2000多页，评标资料更是装满了两辆大卡车。“事前制定严密的游戏规则，遇到困难时根据游戏规则维护自身利益，是PPP项目最大的亮点。”金永祥说，这个试点项目北京当时就想招外商，因为只有用外国人，才能把这种项目整个的玩法、项目规则摸清楚。

事情的发展比他想象得更有戏剧性。

十几年间，险情频频出现：水源地供需倒挂、政府中途萌生退意、外资伙伴突然出局、土地价格一路飙涨……中国此后许多PPP项目可能碰到的麻烦，这个项目几乎一个不拉都遭遇了，并成为当时亚洲地区唯一经常被全球媒体跟踪的热点头条。

最终，一家非常懂中国国情的外资企业接手了这个项目，这家企业的老板，是一位美籍华人。

起步

金永祥是在击败了另一家与计委有关系的咨询公司后，成功担纲总顾问的。

据他回忆，当时他在咨询公司抽调了五六个人专门做这个项目，加上律师、中介机构、政府部门，整个项目运作队伍有三四十人。其中，澳大利亚一家名叫 BDW 的律师事务所和国际财务顾问毕马威公司入选了顾问团队，而北京市负责这个项目的是当时的副市长汪光焘，即后来的建设部部长。

第十供水厂是北京市“九五”计划提出的项目。在确定运作方式时，北京市政府进行了多种方式的比较，基本目标是政府不再直接投资。但最初与国内机构进行协商时，由于前者对水价要求太高，最终放弃。随后，北京市政府决定采用 BOT 方式来建设——也就是现在所说 PPP 模式的其中一种，而且规定只允许外国投资人参加投标。**“当时民间资本比较弱，而且试点项目是要找规则，想搞清楚以后基础设施项目到底怎么做，这点国内的公司就做不了，基本上到投标的时候就只剩国际公司了。”金永祥说。**

整个项目从 1999 年开始做方案，然后是招商环节，直至 1999 年底招标结束，这时，问题也开始浮现。

最终入选的 5 家联合体共 12 家公司，包括日本三菱和英国安格利安的联合体、法国苏伊士和香港新世界的联合体、英国泰晤士和日本三井的联合体，法国威立雅，以及意大利的一家水务公司。项目组要求这些公司提供中英文标书。然而，苏伊士只在英文标书上签了字，而没有在中文标书上签字，这个小小的技术性问题，引发了一场持续一年之久的关于法律效力的大讨论。著名法学家江平、沈达明均参与了这场论战，但北京市政府的态度一直很谨慎，迟迟不下定论。

当时苏伊士曾和项目组沟通，认为即使没签中文标书也是有效的，但竞争对手三菱认为，这种标书是无效的。当时苏伊士的标书报价是每吨 1.1 元，三菱的报价排在了苏伊士的后面，每吨 1.39 元。为此，三菱公司还专门派人去项目组询问，什么时间苏伊士的标书能作废。

最终论证的结果是，标书应该废掉，苏伊士只能出局。**金永祥说，通过这件事，中国公司学到的第一个做 PPP 项目的经验就是：标书不符合中国政府要求的，直接作废。这也给在中国寻找生意的水务巨头们提了一个醒——傲慢必将酿造苦果。**

2000 年，北京第十供水厂项目定下了日本三菱和英国安格利安，两家水务公司随后成立了专门用于该项目的合资公司——北京安菱水务科技有限公司（下称“安菱联合体”）。经历了招投标的一番折腾，入围的这两家企业并不知道，等待他们的是另一份苦恼。

推迟

2000 年 8 月，北京市颁布了《北京市三、四环路内工业企业搬迁实施方案》，计划用五年左右的时间，使规划市中心区内的工业用地比例降至 7%。其中，当年就搬迁了三环内 20 家的污染扰民企业。

随后，为了迎接奥运，北京市又发布了《北京奥运行动规划》，要求在 2008 年之前重点加强冶金、化工、电力、水泥等行业生产污染控制，东南郊化工区和四环路内 200 家左右污染企业将全部完成调整搬迁工作，特别提出首钢完成减产 200 万吨钢和结构调整目标。

企业外迁，对于当时的北京空气环境和转变经济发展方式都是有利的，但是对于第十供水厂这个项目，却是一个致命的打击：因为北京的用水量下降了，要不要建水厂，这是一个问题。“现在北京的用水量大概将近 300 万吨，与 1999 年那时用水量差不多。起初规划建水厂时，是预计东部地区用水量会上升，但由于工业企业外迁，用水量反而下降了，北京市政府建水厂的意愿就不那么强烈了，因为做起来后水没法卖出去。”金永

祥说。

更要命的是，第十供水厂原本规划的是从北京密云水库引水，但 2000 年后那里一直处于干旱状态，没水源了。金永祥说，“以前密云水库的存水是 30 亿立方，但后来一是不下雨，水量补充有限；二是水库上游的潮白河，在河北省地区开始截流，农民把水截了。”

北京市政府在建新水厂这件事上不积极了，两家水务公司立刻面临一个问题：投资人需要融资，而且这又是国际项目，如果政府不支持，投资人就完不成融资；即便政府支持了，如果项目建起来无法达到预期的收益，比如用水量增长带来的收益，无法弥补低水价的运营成本和前期建设成本，投资人也损失了，同时政府也算违约了。

最终，北京市政府选择了推迟第十供水厂的建设，时间是在 2002 年。金永祥认为，政府在规划供水项目的时候，无法考虑到像密云水库断水和工业企业外迁这样的变量，而且用水量下降是任何人都预测不到，推迟建设对北京市政府来讲，也是一件比较难处理的事情。

为此，三菱和安格里安组成的安菱联合体与北京市政府僵持了两年。2004 年 7 月，安菱联合体正式向北京市提出终止项目的书面请求，要求赔付 2000 万美元的违约款，并转让手中所持的项目股份。

面对这意想不到的变故，考虑到未来新水厂建设的必要性，以及北京市政基础设施改革的第一个项目所带来的国际影响，北京市政府仍然希望能将项目继续下去。

这个时候，一家有外资背景的神秘公司出现了，这家名叫金州环境的水务公司，联合国企北控水务和北京自来水公司，接受了安菱联合体所转让的股权。

接盘

金州环境其实在第十供水厂刚刚定标的时候就已经出场了。只不过那时它只是安菱联合体的顾问公司和指定总承包商，谁也没有想到，金州环境成了最后的接盘者。

金州环境的官方网站显示，这是一家在中国给排水和固废处理领域进行项目投资并提供专业服务的集团化公司，作为美国金州控股集团的子公司，负责金州在华的环境业务。2006年，金州环境曾通过组建联合体，先后中标北京奥运主体育场和奥林匹克水上公园的循环水处理系统项目。

蒋超，美籍华人，现在是金州环境集团董事长。他说，接盘第十供水厂项目时，“我们确实承担了很多风险”。其中，最大的风险是土地。

第十供水厂位于北京市定福庄，东五环边上。1999年，项目首次与三菱、安格里安谈判时，土地采取的是划拨方式，以当时北京的地价来算，即使要买下这块地，代价也并不高。但到了金州环境接手时，定福庄这块地需要用3200万美元才能买下，当时是2006年前后。

从那时到现在，北京的地价已经水涨船高。由于迟迟没有开工，五环边上的这块地已经涨到了八九亿元，几乎是2006年的4倍。为此，北京市政府专门对金州环境提供了2亿元的补贴，以减少地价抬升对接盘企业带来的损失。

目前，第十供水厂的项目公司安菱联合体，其公司名称得以保留，但股权关系发生了实质性变化。据蒋超介绍，新的安菱联合体中，金州环境和北控水务在其中占67%，北京自来水公司占33%。其中，北京自来水是完全的国有性质，北控水务是国有控股，金州环境属于外资，蒋超一直认为这是一个真正的混合所有制的典范。

金永祥说，现在接盘第十供水厂项目其实是个好时机，因为北京东部的用水量，随着通州开始建新城已经提高了预期；同时南水北调工程将在2014年内入京，水源也有了保障。

而蒋超对中国PPP的看法则是，稍微有一点现金流的项目，企业会愿意来做的，政府应该稍微贴补一点，这个项目就由企业来搞，因为项目运作还需要足够的知识和经验。而剩下的没有现金流的项目，如养老、医疗、教育、扶贫等，就应该由政府的财政收入去支撑。

（刊于《经济观察报》2014年7月25日）

亚开行 PPP 试点两项目停摆

与中国财政部合作良好的亚洲开发银行（下称“亚开行”）似乎遇到一点问题。

经济观察报记者获悉，目前亚开行支持实施的两个中国 PPP（公私合作）试点项目，一个因未获国家发改委批准而被取消贷款，一个因未知原因被暂停。

PPP 是公私合作伙伴关系（Pub-lic-Private-Partnership）的简称，指公共部门与私人部门为提供公共服务或公用性基础设施建设，而通过正式的协议建立起来的一种长期合作伙伴关系。

2014 年，亚开行在中国选取了两个地方进行 PPP 试点，分别是洛阳和哈尔滨，亚开行将通过技术援助和主权贷款两种方式支持试点城市开展 PPP 项目工作。其中，与洛阳初步选定的是市政路桥和污水处理打包项目，计划由亚开行提供总额 1 亿美元的主权贷款支持。

据知情人士透露，国家发改委未批准的原因在于亚开行希望进行主权担保。根据亚开行的规定，若试点项目当年年底前不能完成合同签署，需要项目所在国提供主权担保；而亚开行前期准备工作繁琐，标准要求高，该人士认为，项目管理公司在 2014 年年底前可能无法完成施工合同的签署工作。

而哈尔滨项目缘于黑龙江省 2014 年年初与亚开行合作实施的“PPP 领导力建设项目”，引导亚开行等国际金融机构在城市发展、节能环保等领域，与省内有潜力的私有经济体开展直接融资合作。为此，黑龙江省已先后向国家申报了“松花江流域水污染控制”“职业教育实训基地”等 PPP 类项目，引资总额度约合 2.43 亿美元。

其中，哈尔滨项目原本预计于 2014 年年底正式与通过招标确定的社会资本合作伙伴签订 PPP 协议，也是计划由亚行提供 1 亿美元的长期优惠贷款。但目前也被暂停，原因尚未明。

洛阳市和哈尔滨市是财政部确定的亚开行 PPP 项目两个试点城市。在 2014 年年初的一次会议中，亚开行中国首席代表曾经对经济观察报记者表示，对于中国的两个项目充满信心。对于此次洛阳项目未获国家发改委批准，据上述知情人士说，亚开行并未放弃该项目，仍在寻找其他方式进行合作。

曾担任过亚开行国际顾问的大岳咨询有限公司总经理金永祥认为，洛阳、哈尔滨项目被取消或暂停，不是亚开行的问题，也不是财政部的问题，可能是地方政府不了解亚开行、财政部的流程而产生的乌龙事件。

亚开行与财政部的合作始于 2013 年。由于中国是亚开行的股东，之前亚开行的副行长一般会是由财政部的国际司司长任职，因此中国需要从亚开行获得贷款，需要主权担保，基本上也都是财政部负责担保；而且若是地方政府获得亚开行贷款后出现违规的地方，亚开行也会去财政部寻求帮助。

据了解，亚开行先是找到大岳咨询有限公司，想通过大岳咨询了解国内现在 PPP 的现状、问题，但双方并没有实质合作。此后亚开行寻找到上海济邦咨询公司做了一份调研报告，希望在中国推动高层 PPP 立法。2013 年底，亚开行将报告递交到了财政部，并与财政部共同选中了两个试点地方，分别是洛阳和哈尔滨。

为了在中国推动 PPP 项目，亚开行还和财政部联合对财政系统进行 PPP 培训。经济观察报了解到，财政系统 PPP 培训目前已经到了第四期，培训地点为重庆，时间为 2014 年 7 月下旬。

（刊于《经济观察报》2014 年 7 月 11 日）

财政部或因不能补贴民企否决PPP指导意见

原本由住建部和财政部联手准备的一份关于PPP的指导意见即《关于在城镇市政公用领域推广和规范政府与社会力量合作的指导意见》，最终被财政部否决。PPP（Public-Private-Partnership）也称3P模式，即公私合作模式，是公共基础 设施的一种项目融资模式。

一位分析人士告诉记者，或许没有通过的原因是因为财政补贴的使用对象，只能补贴国有企业，社会或者民营、外资是不能享有补贴的。现在PPP中的项目公司（SPV）里面有社会资本的存在，但是在基础设施和公用事业里，专项资金只能补贴国有企业。

上述分析人士给记者举例一个专项资金，污水管网建设资金，是只能补贴国有企业，不能补贴民营企业的。

大岳咨询总经理金永祥表示，现在基础设施和公用行业的财政补贴确是这样要求，财政资金不能补贴社会资本，但是许多地方已经突破，比如北京从沙河的水处理厂就改变了，地铁4号线的SPV，也得到补贴，在北京4号线里各种资本都有。

在这份征求意见稿中，住建部对市政公用领域采用PPP模式的总体要求、规范运作等方面进行了较为详细的规定。要优先在城镇污水处理、污水处理厂网一体、污泥处理处置、供水厂网一体、垃圾处理、地下综合管廊等方面的新建、改扩建和运营项目中加大PPP机制的推广力度，鼓励住房维修基金、住房公积金、社保基金、医保基金、各类保险金等公共基金以优先股方式参股PPP项目公司，PPP项目公司可探索发行企业债券。

参与了这份意见稿的人士告诉记者，这份意见最大的进步在于将补贴变成后补贴，也就是提供服务时候补贴，这也与李克强总理强调购买服务理念相吻合。

所以上述专家提出PPP应该设立一元化市场，不论何种资本应该享有同等服务。

（刊于《经济观察报》2014年6月11日）

财政部力推 PPP　打通混合所有制渠道

PPP 模式（公私合作模式）是通过合作和管理过程，在不排除并适当满足私人部门的投资营利目标的同时，为社会更有效率地提供公共产品和服务。

2013 年年底的财政工作会议，财政部就专门召开了 PPP 专题研讨会。财政部年度工作已经正式把“推进 PPP 概念”和“机制创新”作为重点。这样的工作部署也体现在 2014 年年初的财政工作会议上，会议花费大量时间启动 PPP 机制建设的动员，并做全系统的培训，由财政部部长楼继伟亲自主持。

财政部财政科学研究所所长贾康认为，PPP 打开了在法制化的曲线下，进一步发展混合所有制的重要渠道。财政系统相关人士告诉经济观察报记者，楼部长特别强调，他最推崇的是所谓狭义 PPP 的标准形式—SPV。所谓“狭义的 PPP”，是指政府与私人部门组成特殊目的机构（SPV），引入社会资本，共同设计开发，共同承担风险，全过程合作，期满后再移交给政府的公共服务开发运营方式。

目前，港铁参与投资建设并负责运营的北京地铁四号线，采用的就是 PPP 的运作模式。北京地铁 14 号线也将采用 PPP 模式：该地铁线路全长 47.3 公里，预计将在 2015 年年底之前全线开通，包含 37 个车站，总投资 500 亿元人民币，特许经营 30 年。

PPP 模式在国内发展迅猛，但在快速发展带来利益的同时，一些隐患也慢慢凸显。法国威立雅公司，一直被专家认为是 PPP 模式实践较好的例子，而日前，兰州自来水苯污染事件，却将其推到风口浪尖上。伴随水污染事件在国内不同城市频现，PPP 模式在实践过程中也暴露出越来越多的问题。

平衡

当下，尤其在我国推进新型城镇化建设的大背景下，PPP作为一种重要的融资渠道，受到地方政府的热捧，地方政府纷纷举办PPP专题培训班、调研研究等活动。不过，要在项目的公共利益与企业利润之间比例得当，仍有许多问题亟待找到“平衡”。如果地方政府只将PPP作为一种融资方式，而忽视目前暴露出的一些问题，预计将很难达到最初的目的。

“PPP进展到现在，项目出问题的，多是早期运作过程中的遗留问题，即在项目早期就存在隐患，例如早期企业是与政府这个领导班子签的项目，结果领导班子换人了，于是这个项目出现问题，留下隐患。”中国财政学会PPP专业委员会常务委员、大岳咨询有限公司总经理金永祥告诉经济观察报记者。

“政府先要做的是观念上的转变，调试自己的心理，在与企业之间的合作不能一直处于强势，不能用传统的体制，不能用官位去管，要有契约精神和法律意识，履行在PPP项目中的义务。”金永祥表示。

而企业在与政府进行PPP项目合作时，诚信是第一要素。“不能因为这个项目不赚钱，就不管了，就丢给政府，企业自身也要有契约精神，这方面我觉得威立雅做得不错。”金永祥说。

兰州苯超标水污染事件，威立雅公司面临巨大的损失。记者了解到，威立雅公司在污染事件发生后，已经邀请了技术顾问对这次水污染事件暴露出来的问题进行研究、应对处理，同时也与相关的专家顾问洽谈，商讨设计应对机制。

利益

企业与政府在PPP项目合作中的利益分配问题，即定价机制问题，也存在矛盾。

此前有报道称，在兰州，威立雅公司每年的投入预算值都较低，以公司运营的角度，希望尽量以最小的成本谋求利益最大化。然而，基于当时威立雅公司为获得 45% 的股权，已经付出了极高的投标价 17.1 亿元，而后期兰州的水价近四年来一直未涨，据兰州威立雅公司相关负责人描述，这些年威立雅公司基本处于亏损状态。

“提价是有一个标准和原则的，就是一个价格的调整机制，价格几十年不变不科学，变得太频繁也不科学，要具体了解是基于一个什么样的调节机制，与物价指数如何挂钩。要了解到有些地方长期不调价，经营者负担的成本就会上升。”财政部财政科学研究所、中国财政学会公私合作专业委员会秘书长孙洁强调。

不过，**金永祥认为，在 PPP 模式下，许多公共产品不应该涨价，因为引入 PPP 模式后效率更高，“若是涨价，那么如何体现 PPP 模式的优势，如何保护公众利益不受损失？”**

政府在与企业合作的过程中，最理想的状态是让私营资本盈利，但不暴利。孙洁认为：“一般 PPP 项目会做限制，不能让利润过高也不会让项目亏损，因为这是公共项目，如果架桥项目亏损，直接将桥封了也不行，所以这基本上是一个长期的、稳定的、低收益的投资项目。”

对 PPP 项目在运营过程中，存在定价机制、收益分配机制等不尽合理的问题，不少专家指出，应该采取“弹性定价”，财政部财科所研究员孟翠莲曾在接受媒体采访时，建议建立一种动态调整的定价，或者政府补贴机制，形成长期稳定的投资回报，同时，还要有绩效评价机制，根据企业的经营状况调整投资回报率，从而对社会资本产生吸引力。

监督

项目实施运行中，为保证其能顺利进行，必不可少的是监督。“政府角色需要转换，由过去集生产者、经营者、管理者、监督者于一身，变为将生产者与监管者分离，政府把握监管，就会更加有效，同时，民众也要参与到监督中去，但若监管不到位出现问题，要查各方责任。”孙洁强调。

金永祥认为，政府职能的转变没有跟上项目的转变是主要原因。不少 PPP 项目是以前的垄断行业或者国企行业转变过来的，之前的监管比较松

散，而转化为 PPP 项目之后，地方政府的监管依然按照之前的思路。对数据、合同履行的监管松散，这样肯定会出问题。

“PPP 模式是政府购买服务的一种形式。因为这本身是政府要做的事，政府不做，交给企业来做，政府购买其服务或者设施。比如过去是一个项目，现在除掉资产之外还有服务，这是长达 20 年的服务，但是，有些地方没有严格按照政府采购的程序做，如违标，没按照正常的减价机制，可能效果就不如原来的好。”孙洁表示，威立雅公司现在运作本身而言，技术可能较好，但这个过程如果缺少监督，企业无疑是要以追求实际利益最大化为目标的。

不过，水污染事件中暴露出 PPP 项目新问题的同时，还展现出另一个亮点。“威立雅公司这次的兰州水污染事件是暴露问题，反映趋势。”金永祥对经济观察报记者表示，“这个项目真正在受到监管，城市居民真正关心这个事。”简单而言，就是居民参与到监管的行为中，这种情况下，监管才真正能够起到作用。

此外，PPP 项目需要做长期的科研配套工作，就是研究可行性、收益、来源保障，需要一个长期的准备。譬如一个项目准备采用 PPP 模式，准备工作要比其他项目长，因为这涉及公私双方的利益及公众的利益，准备半年以上、一年甚至长达数年十分有必要，不能准备一两个月就仓促上马，这样，后面就会出现很多的问题。

金永祥表示，目前，发改委在立法，住建部、交通部、财政部在积极参与，几个副部长也都在研究合作，未来 PPP 模式或许会暴露出更大的问题，但是，相信现在在资本金的参与、贷款、银行如何进入项目方面暴露出来的问题过几年都会得到解决，未来 PPP 模式的发展还是有很大空间。

（刊于《经济观察报》2014 年 5 月 13 日）

老金、教父、炮哥、大帝、老纪他们 2017 年如何推动 PPP

2017 年，将是 ppp 项目快速落地的一年，也会是各种问题开始凸现的一年。真心希望 ppp 项目的相关参与方，精诚合作、砥砺前行，撸起袖子加油干，用理性、智慧和热情去化解各种问题和风险，推动中国 ppp 事业行稳致远！

一位 PPP 政策人士寄语 2017

教父—– 王守清

2017 年的 PPP：好的项目将越好，因为规范，进展顺利，有些项目可能实现资产证券化；差的将越差，因为不规范，有些项目可能出现履约困难甚至争议。而且因为 PPP 项目信息要公开，知识将得到共享，各方将更尽职，好的将更好，差的将更差。

王守清（清华大学建设管理系教授、清华大学 PPP 研究中心首席专家）

老金——金永祥

2017 年 PPP 将进入攻坚克难的新阶段，咨询公司的作用将会越来越关键。地方政府在选聘咨询机构时将会从重费用、轻质量转向选择从事 PPP 咨询历史悠久、公司规模大、服务地域广、团队素质高且稳定、信用良好且专业化的咨询公司。大者更大，强者更强。劣质低价出局的趋势将逐步形成，最后会像发达国家一样由几家规模大、信用好、质量高、有研究能力的咨询机构为全国的 PPP 项目提供服务。

（金永祥，大岳咨询总经理）

炮哥——薛涛

第一希望 ppp 继续坚持走下去，虽然有太多不完美，但依然在推动中国政府治理的进步，推动产业发展，推动公共服务提高的方向上有着核心作用，瑕不掩瑜，防微杜渐，防堵投机，重在长效。

第二预期渐渐部委磨合逐步顺畅，各司其职各展优势，切实把好各自顶层责任关，预防利益方不当倾向，引导社会各主体形成合力，促进ppp良性发展。

第三关注顶层结构研究和法规建制的推进，并在以下方面达成广泛共识：明确ppp的范围边界，明晰ppp的内在逻辑，明了ppp的落地规律。

（薛涛，炮哥，E20研究院执行院长）

大帝—刘世坚

2017年寄语：P3立法可期，部门协调难料。信息初公开，项目狂飙可调。且慢，且慢。ABSers来也！

（刘世坚君合律师事务所合伙人）

老纪—– 纪鑫华

经历了三年多的高速发展后，PPP项目更应关注可持续性。一是应服务于当地社会民生的可持续发展，以避免项目异化，推动规范PPP项目的可持续。二是应将社会资本的经验和技术等要素作为可持续发展的根本支撑，并以此为基础选择社会资本和进行绩效考核，激发社会资本的活力和创造力，实现公共服务供给的“物有所值”。三是应强调代际公平的可持续发展理念，充分考量地方经济增长和政府可持续支付能力，避免片面追求项目实施和投资落地所带来的未来财力透支。（上海财政局纪鑫华）

（发表于财税大观微信公众号2017年1月25日）

高速发展三年的 PPP 业务是否缺人才

PPP 高速发展三年，人才队伍跟不上，各个参与方都在挖人。人才不足以及专业人才的质量水平高低将直接影响 PPP 的质量和效果，将会成为 PPP 改革成败的关键。

一位 PPP 权威人士对于现在行业人才供给的情况表示，要搞 PPP，需要多种人才，项目管理、工程技术、运营管理、金融、法律、财务等。要搞好一个 PPP 项目，需要多方面人才的共同努力，但更需要一个能把这各方面的人才汇集起来，能把各种知识和建议融为一体的人才，现在最缺的是能够搞总集成的人才，单方面的专业人才都有。

PPP 一代“网红”、君和律所合伙人刘世坚与权威人士看法趋同一致，他也认为现在 PPP 业务缺综合的复合型人才，因为现在 PPP 玩法比以前高级，过去搞特许经营，不管法律财务融资，对专业要求比较单一。现在因为有大量的新的玩家加入，特别是财务投资人，交易结构变的复杂，对我们过去的玩法是一个升级换代。过去单一技能的从业者是不完全适合现在 PPP 的业务。过去地方政府是被动的一环，现在地方政府负责 PPP 的官员需要不断的去学习，防止被其他参与方忽悠。

大岳咨询总监徐志刚认为 PPP 项目涉及基础设施和公共服务设施“全生命周期”的管理，PPP 从业人员——不论是从事咨询服务、项目投资、工程管理，还是作为政府的管理人员——需要很高的专业素养，需要对财务、法律、商务、金融和工程管理等专业知识都有深刻的理解和实务经验。

那么金融机构呢？一直专注于基础设施 PPP 领域的投资及资产管理机构—平岳投资的副总经理何涛认为，从当前实践来看，要确保 PPP 市场持续健康发展，人才培养确实已经成为一个需要重视的问题，具体可以分为几个层面：

1、PPP 合格人才总量上供给不足

最近几年国内PPP市场发展迅速，推出的项目数量、规模都显著增加，而整个市场上具备相应 PPP 知识和有项目实操经验的合格从业人员相对缺乏，项目需求与人才供给不匹配，这导致了一些项目的落地速度受到影响，甚至个别项目由于缺乏合格咨询人员的指导，出现了操作不规范，实施方案等前期工作质量降低等问题。

2、PPP 人才供给结构尚需优化

（1）需要培养更多的复合型 PPP 人才。由于 PPP 项目涉及方面较多，对操作人员知识结构的要求也比较综合，例如当前市场上存在的一个较突出问题是 PPP 项目落地难融资难，当然这个问题可能是由很多原因共同导致的，但复合型 PPP 人才的缺乏可能也是其中一个重要因素。实际上现阶段各家金融机构内部各种金融专家很多，但懂金融的同时又真正懂 PPP，具备 PPP 项目实操经验，并能将两者融会贯通，能够将各种金融产品和 PPP 项目有效链接的人才现在确实很缺乏，这也一定程度上影响了各类型金融机构介入 PPP 项目的程度和深度。

（2）需要储备培育相应的行业性 PPP 人才，随着 PPP 涉及行业领域的不断扩展和细分，各个行业 PPP 项目的投资、建设、运营等专业度要求越来越高，可以预期未来对于具备特定行业知识的 PPP 人才需求将会进一步凸显。

于是乎，大岳咨询在 2016 年举办了首届“大岳高校毕业论文 PPP 引导计划”。引导计划得到了政府主管部门、学术界和地方政府的大力支持。财政部 PPP 中心担任本计划的指导单位，中国科学院大学中国 PPP 研究中心、全国项目管理领域工程硕士教育协作组为本计划提供学术支持。鄂尔多斯市人民政府作为地方政府代表为本计划提供了大力支持。

财税大观了解，大岳咨询给获奖的学生派实习导师，实习导师来自大岳咨询有着十余年 PPP 从业经验的总监，并且还可以参与大岳咨询各地办事处的 PPP 项目实际操作。

PPP 大咖们是如何点赞的

PPP 权威人士：做任何事情，人才都很重要，这件事情能够激发在校学生对 PPP 的兴趣。

"PPP 教父"王守清：

PPP 是一个国际趋势，在我国也正如火如荼地展开，迫切需要大量复合型人才，这个奖学金计划就是为了吸引和鼓励大学生和研究生致力于 PPP 理论与实务的学习与研究，无论是短期和长期都很有意义，值得手动点赞！

孟春：

高校 PPP 毕业论文奖学金计划非常有意义，可以引导更多的高校毕业生关注、研究和投身到我国推广运用 PPP 模式的洪流之中，为实现"两个一百年"目标和中华民族伟大复兴的中国梦做出更大的贡献！

刘世坚：

我觉得这是一个公益性的行为，值得点赞，具有引导性，可以让和 PPP 专业相关的学生确定一个研究方向，还有一个就业方向。成为公益和实务之间搭配的桥梁。

何涛：

大岳咨询公司提出并推动论文引导计划这一行为利在当代、功在千秋，将为国内 PPP 领域的发展带来良好社会效益，将有助于吸引、发掘和培育未来的 PPP 优秀人才，也会激励更多的青年才俊了解、关注、研究乃至于投身 PPP 事业大潮，从而为我国 PPP 市场的未来发展进一步夯实人才基础。

徐志刚：

我从事 PPP 咨询十几年，人才问题一直是最令人困扰的问题。我所接触到的金融机构、社会投资人和政府管理部门也有类似感受。我们观察到高校一般没有 PPP 专业，青年学子对 PPP 的关注度也很低。PPP 相关的专业知识虽有所传授，但不成体系，培养出来的学生只能称为"粗胚"，还需要在相应岗位上长时间锤炼才能适应实际工作。这种人才培养的现状显

然不能满足 PPP 事业的蓬勃发展。

我们启动“PPP 论文引导计划”不仅仅是资助学生投入 PPP 的研究和论文写作，我们希望通过计划的发布、宣传和持续实施，让 PPP 的种子在校园逐渐生根发芽。我们希望每一个受到资助的学子成为“星星之火”，带动和影响到他身边的年轻人共同关注 PPP，了解 PPP，最终投入到 PPP 事业的洪流当中。毕竟，吸引了优秀年轻人加入的行业才是有希望、有未来的行业。有了厚实的人才基础，PPP 行业的发展才能不断壮大，走向辉煌。

鄂尔多斯财政局刘建勋：

政府确实有这个需要。PPP 项目是长达几十年的合作，现在这个阶段可以找顾问帮助起草各种文件、帮助采购、帮助谈判签约，但签约之后呢？合同的执行和管理我们不能永远指望顾问来做这个事。我们政府需要适应新的形势，需要提高治理能力，做好 PPP 项目的执行和监管，这客观上要求有大批了解 PPP 的专业人才充实到各个岗位上。而现在高校的人才培养方式与 PPP 项目管理对人才的需求是脱节的。大岳的论文引导计划至少起到了“宣传队和播种机”的作用，让 PPP 的教育逐渐渗透到校园中，逐渐重视 PPP 人才的培养。有助于人才基础的形成，为政府管理部门不断输送相关人才。

（发表于财税大观微信公众号 2016 年 11 月 19 日）

看 PPP 项目财政管理办法

薛涛

1、该办法首先是之前各项文件的一个汇总修编和归纳，清晰化了项目流程和法规从属关系。

2、对五种方式在此明确，且对单一来源模式明示限制。

3、第十二条再次强调所有制平等待遇，值得点赞。

4、第十四条是个亮点，可以在现阶段的流程要求的限制下提高对社会资本的吸纳能力，点赞，但建议还可以研究两步招标法的应用。

5、信息公开上，真正做到公开采购文件，包括 24 条的成本公开，31 条特许收益公开等，值得大赞，但希望进一步扩大信息公开的范围，ppp 项目实施的信息公开和采购信息的公开的提前度。

6、纳入预算方面值得点赞，落地模式和强度值得继续跟踪研究。

7、绩效评价很好，建议明确周期。

8、全篇各处强调会同行业部门和各种信息公开的建设，都值得点赞。与之前讨论稿件相比，某些“过度”方面明显修正，可见后面有关人士下的功夫。希望在执行中进一步看到各部委紧密合作强化行业属性和提升效率优先的原则。

9、借用发改委某位处长的评论说，财政部 92 号文件有效整合了部内资源，是份有品味、有情怀、也有功力的文件。相比 90 号文的格局、立意和力量明显提升。中国的 PPP，可以期待。

金永祥：

第一，该文件是《政府和社会资本合作项目操作指南》的完善，运作 PPP 项目的政策边界更加清晰。

第二，信息公开在文件中非常明显，信息公开将有利于 PPP 项目的监

管，约束各方的不规范行为，规范 PPP 市场秩序。信息公开将是一件很艰巨的任务，做得好将是一次社会进步。

第三，文件中提到的公共服务领域很多都涉及基础设施，发改委和财政部分管基础设施和公共服务的边界划分需要进一步明确，或者不再区分更好些。

第四，和初稿相比，上级政府对下级政府的监管工作减弱，说明中央政府部门已经意识到地方政府违约对 PPP 的影响。但这个问题的解决非常复杂，可能还需要新的解决方案。

政策人士：

PPP 项目财政管理办法说清楚了财政在 PPP 中的职能和作用，有利于 PPP 的推进，能够消除社会资本的疑虑，社会资本也了解到底和谁在谈判。规范的 PPP 不会带来债务问题，同时将 PPP 与现行预算管理制度做好了衔接。后续还需要各个职能司局、处室进一步完善和细化。对于征求意见稿中扣款那一条，因为操作问题而没有出现。

纪鑫华：

《政府和社会资本合作项目财政管理暂行办法》（以下简称“办法”）在总结本轮 PPP 推广三年多来实践经验的基础上，充分反映 PPP 项目各相关方的利益诉求以加快推进国内 PPP 开展实施。

依据相关法律和 42 号文、结合 PPP 模式操作指南相关细则，《办法》进一步细化了 PPP 项目全生命周期中财政部门的相关职责和工作流程。进一步鼓励社会资本发挥技术优势，自从财政部第三批示范项目评审注重“创新性和示范性”，财政部注重激励社会资本充分发挥自身特定的技术优势和主观能动性。还进一步调动社会资本的参与积极性，强化项目的公开透明要求。

（发表于财税大观微信公众号 2016 年 10 月 20 日）

财政部第三批 PPP 示范项目 516 个，11708 亿投资额

一、PPP 示范项目的作用

2014 年第一批示范项目有 30 个，2015 年第二批示范项目为 206 个。目前这些项目还没有完成，就起到示范作用而论，把这些项目抓好应该够了。

2016 年推出的第三批示范项目，规模远超过前两批，很明显其作用已经超出了示范本身。我认为，除了示范意义外，还有稳增长和规范 PPP 市场的作用。

2015 年下半年以来，经济出现了下滑，市场对 PPP 有高度的期待，希望 PPP 能在稳增长过程中发挥作用。稳增长是需要规模的，因此这次推出的示范项目规模较大，总投资额达到了上万亿。在第三批示范项目中，增量项目占绝大多数，这对稳增长的效果是可以期待的。

中国的市场经济还不成熟，在其他行业的市场形成过程中，各种乱象制约了市场机制发挥作用。在前两批示范项目中市场机制的作用很明显，总体上市场秩序较好，PPP 推进有条不紊。很难想象，上万亿的市场容量，如果没有这些示范项目会乱成什么样子。即使没有示范项目，有的地区推 PPP 时也出现了乱象的苗头。为了规范 PPP 市场秩序，需要中央政府部门发挥作用，打造中国 PPP 的优质基因。

二、第三批示范项目较前两批有哪些特点

我是参加了所有三批示范项目评审的两名专家之一。

在推第一批示范项目时，地方政府对PPP没热情，也不理解。当时经过两次征集，才勉强推出了30个示范项目。

到第二批示范项目时，部分省市的积极性起来了，像河南、内蒙、云南上报的项目量都很多，但多数省市动作并不大。在申报文件方面，质量参差不齐，很多项目找不到评审时需要的信息，有一部分项目文件不错，各地开始重视咨询公司的参与。

第三批示范项目的一个特点是地方对PPP的积极性高了，财政部甚至对地方申报项目的数量进行了限制。在文件准备方面，更加专业化，很少能见到没有咨询公司参与的项目，项目的基本信息都较完整。这批项目的另一个特点是有20个部委参加，在后期评审时各部委都派了专家和观察员，因此项目选择更接地气，解决了前两批项目存在的行业力量不足的问题，各行业的要求直接反映到了评审之中。

第三批示范项目有如下几个具体特点：

①政策引导性强。对民营企业参加投资的PPP项目有加分，对中西部项目打分有所倾斜，同等条件下得分高一些。

②PPP蓬勃发展之势，各种新机构进入的迹象明显（包括社会资本方、中介机构等第三方）。新角色的进入也向管理工作提出了新挑战。

③行业分布更加广泛，海绵城市、地下管廊等国家战略项目明显增多。

④对老问题的新解读需要加深研究，PPP开始向纵深发展。有些原来看似明确的概念变得模糊，比如到底什么是名股实债、保回报率等，甚至对PPP的适用范围及含义都需要认真研究，只有这样才能识别伪PPP。

从第三批项目的评审看，PPP的发展已经进入了一个新的阶段，确有继续示范的必要。

三、做好第三批示范项目应该注意些什么

第一，要维护好市场秩序。

伴随着第一批和第二批示范项目的推进，PPP已经成为我国经济活动中的一个热点，不仅股票市场热起来了，PPP项目对各种社会资源都产生了吸

引力。在优质资源进入 PPP 领域的同时，各种市场中的乱象也一并进入，比如伪 PPP、倒卖 PPP 项目、操控 PPP 运作等。有乱象是正常的，但考验政府能力的时候也到了，怎么样吸引优质资源，阻隔劣质资源是 PPP 进入新阶段以后的重要任务。

第二，用好咨询公司。

在国际上任何领域的咨询公司其服务范围都是有限的。做会计咨询的国际知名公司只有 KPMG 等几家，做战略咨询的国际知名公司只有麦肯锡等几家。随着 PPP 在中国热起来，PPP 咨询机构多如牛毛，各种单位都开始转做 PPP 咨询值得警惕。政府对 PPP 咨询的重视程度是非常高的，这就要求咨询公司有经验、有积累、有研究能力，否则政府的目的无法实现。

对政府来讲应该合理引导咨询公司的发展。比如，在国内需要增加 1000 名 PPP 咨询人员，怎么增加呢？如果让有丰富经验的机构扩大规模，很快可以形成咨询能力，但如果就成立 100 家 10 人的公司，则只能抄抄改改、照猫画虎、事与愿违。另外，现在咨询公司的问题不是收费高了，相反，是收费低导致质量差。应该鼓励合理提高咨询服务收费以达到吸引优秀人才并最终提高质量的目的，这样 PPP 才会成功。

（发表于财税大观微信公众号 2016 年 10 月 13 日）

PPP这三年（2013年~2016年）

三年转瞬而逝，无论是在金永祥、还是刘世坚抑或是王守清，这三年都是忙碌而转变的三年。

而对于财政部的金融司、PPP中心，发改委的政策法规司、投资司则是充满动力、充满竞争的三年。

金永祥是大岳咨询总经理，刘世坚是君合律师合伙人、PPP一代网红，王守清是清华大学教授、著名的PPP专家。

他们是PPP的参与者和受益者，而PPP的推动者则是现任中国财政部部长楼继伟。在2013年年底的全国财政工作会议中，刚刚上任财政部部长不足一年的楼继伟提出要推动PPP，并且在财政工作会议中专门召开研究会议。

在当时刚刚结束的十八届三中全会中，提出了财政是国家治理的基础和重要支柱，科学的财税体制是优化资源配置、维护市场统一、促进社会公平、实现国家长治久安的制度保障。

在2013年财政工作会议刚刚结束几天之内，审计署就公布了地方债务的审计结果，地方政府偿还责任、担保、救助的债务加起来，接近18万亿，并且地方高度依赖土地财政。

在当年，也就是2013年，税收决算数为11万亿，政府性基金决算数为52000亿，其中土地出让收入决算比预算暴增52%。

地方财政高度依赖土地收入，大量的不规范融资让不少地方政府处于破产的边缘，虽然会有上级政府救助。

或许刚刚上任的楼继伟就是想解决这个问题，从而建立科学的财税体制，而这也是十八届三中全会所要求的。

楼继伟讲过，推广使用PPP模式，不仅是一次微观层面的“操作方式升级”，更是一次宏观层面的“体制机制变革”。

PPP 模式已经被提升到国家治理现代化、市场发挥决定性作用、快速转变政府职能、建立现代财政制度和推进城镇化健康发展等机制变革的高度。

一

2013 年的金永祥、刘世坚、王守清并没有预知到 PPP 会在中国这么热、这么火。

金永祥知道在 2013 年的财政部内部是做过 PPP 研究报告的，但是当时的金永祥完全没有意识到 PPP 的商机已经要降临。

当时金永祥已经做过第十水厂、北京地铁 4 号线等一批 PPP 的知名项目，虽然当时并不叫做 PPP。

对于财政部提到做 PPP，金永祥也是半信半疑。他以为 PPP 会是行业主管部门的事，比如住建部、交通部，水利部等。所以在很长一段时间，财政部提出来，金永祥并没有当一回事儿。

导致在最先开始的财政部门的 PPP 培训金永祥并没有意识到重要性，对于他也担任职务的中国财政学会 PPP 专委会，也仅仅是参与。

当时的王守清自 2003 年从新加坡回国后一直在给央企讲 PPP，一直讲到 2013 年，这一讲就是十年。当时商务部准备向国外推 PPP，当时王守清与商务部对央企进行了调研，为什么 PPP 是国际趋势，反而央企不做。因为不懂，不知道怎么做，商务部希望王守清给央企讲。在 2007 年 2008 年也开始给民营企业讲。2014 年开始给政府授课，王守清的学生 90% 都是企业，并且绝大部分都是央企。

王守清在 2014 年到 2015 年讲课特别多，2016 年王守清已经在刻意控制这些讲课次数。PPP 圈内专家周兰萍、王盈盈都是王守清的学生。

二

虽然 2001 年金永祥就和刘世坚相识，但是这次金永祥和刘世坚重视 PPP 的时间差不多，都在 2014 年。

刘世坚在2014年5、6月份，在君合内部搞了合伙人群。当时的刘世坚给君合内部介绍PPP的事情，认为和前两轮不太一样。还搞了一个微信群，包括外地和这个业务有关系的合伙人，一直保持六十来人的规模。

刘世坚所说的两轮指的是第一轮是发改委（原来的计委）搞了几个试点不管了，第二轮住建部做的很好。

或许这个时候刘世坚就已经具有PPP网络达人的潜质。在2015年4月份，P3一带一路群成立，10月8日刘世坚公众号建立。刘世坚现在已经是多个PPP群的群主，里面不乏财政、发改决策部门的人士。

在2014年，国发43号文的横空出世，让地方政府在借债方面不再像以前那样肆无忌惮，而是有了规矩。甚至从实际效果来看，43号文的实际影响力都会超过预算法。

43号文是2014年国发43号文，也就是国务院关于加强地方政府性债务管理的意见。在意见中明确提出推广使用政府与社会资本合作模式，也就是PPP模式。在之后的国务院关于深化预算管理制度改革的决定也提出推广PPP模式。

财政部正式发出了关于推广运用政府和社会资本合作模式有关问题的通知，从此PPP正式登堂入室，在各种会议文件中屡屡露面。

而这个时候的金永祥、刘世坚、王守清也已经可以经常参加财政部、发改委政策的研讨。

《政府和社会资本合作模式操作指南（试行）》、财政可承受能力、物有所值都可以看到他们的身影。

2014年的财政部对于PPP是动作不断，在年中就成立了政府和社会资本合作（PPP）工作领导小组，时任财政部副部长王保安担任领导小组组长。财政部金融司、经建司、条法司、预算司、国际司、中国清洁发展机制基金管理中心相关负责人为成员，办公室设在金融司。

另外财政部在金融司新成立金融五处负责PPP业务。在中国清洁发展机制基金加挂PPP中心的牌子。

2014年3月份，财政部就成立PPP中心咨询王守清的意见。这个时候的王守清感觉，到了2014年培训明显开始多了，在2015年就特别多，

仅仅是王守清知道的全国就有 30 多个机构培训 PPP。2014 年中旬到 2015 年中旬，各个部委开的会特别多，更重要的是王守清在 2014 年年初参与了发改委主持的特许经营法的工作。

金永祥真正重视 PPP 的时候，是在 2014 年下半年。当时财政部在国家会计学院组织了一次 PPP 培训，全国的财政厅长、局长四五百人，由财政部金融司组织。这是财政部的重要举措之一，为地方政府中财政牵头 PPP 工作提供了专业支持。

金永祥后来坦言，全国财政局长厅长培训是一次很好的机会。金永祥后来采取的补救措施就是去会议现场发书。这个时候的金永祥才了解到全国的财政系统都在开会，研究 PPP 这件事。

金永祥在这次培训结束后拜访了财政部。从这个时候开始，金永祥才对财政部有所了解。金永祥坦承，从这几年参加的会议来看，财政部真的比较重视专家。假使一些政策没有参加起草，政策法规文件也会发给我们征求意见。

也就是从财政部开始力推 PPP 以来，金永祥的公司规模从 100 人扩张到了 300 多、接近 400 人。

现在进行中的项目，累计执行中的合同 480 多个，正常进行的合同有将近 200 个。其中轨道交通的有 20 多条，海绵城市和地下管廊示范项目的 30% 是大岳咨询在提供服务。

这得益于金永祥有一批成熟有经验的总监，大岳咨询现在有 16 个总监，基本从业经验都在十年以上。

他举例，毕志清从业 13 年，徐志刚从业 14 年，郑洁是 2001 年开始，已经 15 年。毕志清做过北京地铁 4 号线和池州项目，青岛海湾大桥、哈尔滨污水处理厂项目则是徐志刚操刀的。

现在的大岳咨询平均每两个工作日就有一个项目落地，平均每个工作日签一个合同。1159 亿，是 2014 年 2015 年，79 个项目实际落地的投资额。2016 年保守的说也是 100 个项目以上，2000 亿以上。

这段时间财政部推出了 PPP 示范项目第一批和第二批，并且 PPP 中介机构在其中起到了巨大的作用。发改委也推出了一份示范项目单子。

在现在目前的情况下，一家好的中介机构可以给政府提供更有效的服务，从而可以PPP让规范的发展。

在这轮PPP发展中绕不开的就是财政部与发改委。

三

虽然财政部在2013年年底就已经提出推动PPP，但是财政部的具体动作基本都是在2014年的年中开始，成立PPP小组、成立PPP中心、成立金融五处。

发改委在2014年2月的时候就已经开始研究特许经营法的立法工作。当时是现在发改委政策法规司司长李亢（时任副司长）在推动。当时的特许经营法几易其稿，最后却难产。

2014年属于这轮财税改革元年，当时的PPP在财税改革中没有那么显眼。一直到2014年年底，财政部PPP中心才出台了项目操作指南。

这个时候的竞争或者死磕也没有那么明显，当时一家媒体的报道，还被时任财政部金融司官员否认两家有争执。

自从进入2015年之后，一直到现在，大戏上演，大幕拉开，眼花缭乱，迷人眼呀。

2015年4月财政部印发《政府和社会资本合作项目财政承受能力论证指引》，发改委公布关于《基础设施和公用事业特许经营管理办法》。之后特许经营法到政府与社会资本合作法，政府和社会资本合作模式操作指南（试行）与政府与社会资本合作项目通用合同指南，发改委从中央预算内切出专项资金支持PPP项目做前期费用，财政部设立PPP项目以奖代补专项资金，支持前期和运营。

这段时间各种专家、媒体，各种声音，组成了PPP竞争交响乐。

其实更多的故事都在背后，都在内容之外，比如7月7的故事，但是那些都是道听途说，不知真假。

但是在这三年中，应该记住这些部门，要是没有这些部门的推动，PPP肯定不会有这么快速的发展。

（发表于财税大观微信公众号2016年8月21日）

财政、发改 PPP 争夺连续剧

2016 年的 1 月，北京依然感受着冬天的寒冷尾巴。

刚刚结束地方挂职的国家发改委政策法规司副司长张治峰来到了北四环外的清华大学蒙民伟科技大楼，来这里拜访王守清教授。

王守清是清华大学建设管理系暨清华大学国际工程项目管理研究院教授，著名的 PPP 学者，也是发改委 2014 年第一次启动特许经营法的专家组成员之一。

在清华大学，张治峰开门见山直接问王守清，特许经营法征求意见稿出来这么长时间，从学术的角度认为有什么问题。当时王守清给张治峰罗列了很多问题，在王守清看来都是很重要的。

这一步也许在整个特许经营法的过程中微不足道，但是这是停滞了一年半的特许经营法重新启动的开始。

2016 年 3 月 30 日下午，发改委召开了基础设施和公用事业特许经营立法工作专家小组第一次会议。

在这次会议中，将特许经营法面临的问题全部罗列、梳理，比如属性的问题，流程的问题，主管的问题，法律协调的问题，就所有这些问题基本上都进行了梳理。

在此前一天，国务院关于落实《政府工作报告》重点工作部门分工的意见完善政府和社会资本合作模式，用好 1800 亿元引导基金，依法严格履行合同，充分激发社会资本参与热情。发展改革委、财政部等按职责分工负责。

争论并没有结果，众多参与者希望的 PPP 顶层设计也还没有定论。这场主导权的争夺将会持续下去。

据笔者了解到，现在地方政府中，除去陕西、深圳等有限的几个地方归发改委主导，大部分都是归口到了当地的财政部门。

特许经营法重启

2016年年初，此时的张治峰刚刚结束在外地的挂职不久，回到发改委的政策法规司，分管特许经营立法工作。

在3月28日的一次论坛中，张治峰表示，经国务院同意，国家发展改革委牵头成立了11个国务院部委参加的立法工作领导小组，财政部、国务院法制办为副组长单位，国土资源部、环境保护部、住房城乡建设部、交通运输部、水利部、国资委、人民银行、银监会等8个成员单位参加，并于前不久召开了领导小组会议。

2016年3月11日上午，国家发改委副主任林念修主持召开基础设施和公用事业特许经营立法工作领导小组第一次会议，通报立法工作进展，审议立法工作方案，部署加快推进特许经营立法进程有关工作。财政部、国务院法制办、住房城乡建设部、国土资源部、水利部、国资委等11个领导小组成员单位负责同志、办公室成员和联络员参加会议。

这也就意味着，2014年下半年停止的特许经营法立法工作又将重启。

据笔者了解，在这次立法中，发改委将许多问题具体化，并且进行分工研究。比如特许经营使用的领域以及适用条件、调整范围，并且将继续梳理正面清单。并且还有对现行的土地政策进行讨论，以让其与特许经营项目需求相适应。并且还对特许经营项目政企双方主体范围进行研究。

比上次更重要的是这次对特许经营项目的股权交易以及市场退出机制、项目融资资产证券化以及金融机构介入都进行了研究。

发改委表示，这次特许经营法，争取在9月底前形成送审稿，按照立法程序上报国务院。

这次启动距离上次停滞，已经接近一年半时间过去了。

2013年10月，全国人大就特许经营法正式列入立法计划，然后国务院法制办把这个事就交给了发改委，发改委就交给了政策法规司，2014年2月正式启动。

当时主管这项工作的是现任发改委政策法规司司长李亢，时任政策法规司副司长。当时为特许经营法立法组成了一个专家组，分别是当时政策法规司的一名处长李茂年及王守清等几人。

国务院法制办是希望发改委在2014年底就交初稿，初稿出来得很快，在2014年2月启动，3月底初稿就已经出来，当时的初稿参考了北京市的特许经营条例、建设部的一些规章制度、上海的一些特许经营办法等。

发改委为此专门去深圳、上海先后进行了调研工作。并且在发改委内部系统征求至少两轮意见，所有职能部门都走过，就是发改委内部各个司局全部征求过意见。有时候甚至因为特许经营法上的一个词争论一个小时。

这样持续到5月份发布了对外公开的第一稿。也就是特许经营法征求意见稿。在当时许多人以为财政部会有很多、甚至很大的意见，但是出乎所有人的意料之外，当时财政部没有什么意见，只提了几条比较官面的意见。

笔者从知情人处获悉，的确对于特许经营法，财政部并没有提出很多的意见，在财政部看来，特许经营法与PPP法，并不是一回事，不可能画等号。

到了2014年的9月，风云突变，李茂年的离开，特许经营法的立法工作突然停了下来。乃至后来出台了特许经营管理办法，也就是国务院转发六部委的《基础设施和公用事业特许经营管理办法》。在一位参与了特许经营法的专家看来，管理办法就是特许经营法的简化版与缩编版。

相比特许经营法征求意见稿，特许经营管理办法删掉了两个内容，一个是跟现有的法律有冲突的地方给删掉了，第二个是不同部委（因为有六个部委）之间有不同观点的地方删掉了，也就是六个部委没有共识的条文给删掉了。比如原来特许经营法说明，发改委主导，其他部委协同，这个删掉了。

同时，国外机构在中国推动 PPP 的脚步却没有停止，亚洲开发银行委托大岳咨询总经理金永祥在这段空白期，研究特许经营立法的问题。金永祥介绍，在这段时间，他们研究了 PPP 在各个行业的成败得失，认为做得比较好的是污水处理行业，市场竞争充分，做得最不好的是公共交通行业，运作的不规范，造成了大量的问题。

“还研究了特许经营法与现在的法律冲突问题、价格问题、土地问题。”金永祥告诉记者。

特许经营法的偃旗息鼓，以及后来财政部推动的政府与社会资本合作法的开展，导致了PPP归谁主导的问题越来越大，在南方某经济大省，该省即将成立的PPP中心，当地发改部门和财政部门都希望将其落在自己部门。

部门之争

也许楼继伟在提出推动PPP的时候，也没有想到两个部委的胶着状态。

从2013年年底的财政工作会议中，楼继伟单独开了一个PPP的专场后，财政部推动PPP的进程就已经加快。

2014年财政部已经成立了政府和社会资本合作（PPP）工作领导小组，由一位副部长担任组长，办公室设在财政部金融司。并且在金融司成立了金融五处，也就是PPP处。

同时在财政部的中国清洁发展机制基金管理中心加挂政府与社会资本合作中心的牌子，为财政部金融司推动PPP提供智力支持。

在2014年下半年，财政部、发改委骤然加速，加快了对于PPP的政策法规的出台进度。

2014年12月4日，财政部发布了《关于政府和社会资本合作示范项目实施有关问题的通知》（下称《通知》）和《政府和社会资本合作模式操作指南（试行）》。《通知》公布了财政部第一批30个PPP示范项目，《操作指南》从项目识别、准备、采购、执行、移交等方面规范了操作流程。

就在同一天，国家发改委在官网也公布了《关于开展政府和社会资本合作的指导意见》以及《政府和社会资本合作项目通用合同指南（2014版）》，并要求各地发改委从2015年1月起按月报送PPP项目，建立发改委的PPP项目库。

2015年1月20日，国家发改委公布《基础设施和公用事业特许经营管理办法》公开征求意见的公告。同一天，财政部也公布了《关于规范政府和社会资本合作合同管理工作的通知》，并发布《PPP 项目合同指南》。

2015 年年底，财政部的《政府和社会资本合作法（征求意见稿）》（下称征求意见稿）征求意见结束。与发改委原来的特许经营法相同，首先就是财政部门牵头主导 PPP 工作，外界据此认为，财政部赢得 PPP 主导权。

在 2016 年的年初，发改委支持下，清华大学、香港城市大学和欧洲经委会签署 UNECE PPP 中国中心的共建合作协议，三方将利用 PPP 中国中心这一综合性、全球化的合作平台，携手推动 PPP 的多维度研究，同时促进 PPP 模式在中国的应用。

国家发展改革委宏观院投资体制政策研究室主任吴亚平解释称，PPP 实施方案涉及经济、产业、技术、财政、金融和项目管理等多个专业，是项目各项工作的指南和依据，而作为投资主管部门的发展改革部门已经建立了一套完善的政府投资项目决策审批机制，包括机构和人员配置。如果财政部门再建一套 PPP 项目决策审批机制，资源重复配置的浪费问题不可避免。

业内人士判断，从开始的财政部推广 PPP，发改委推动特许经营，到现在来看，都只是名字上的不同，在内容和看法上越来越趋近。

但是 PPP 与特许经营是一回事吗？ PPP 等于特许经营？

中国财政科学研究院院长刘尚希认为作为治理方式和资源配置方式，政府特许经营与 PPP 模式存在理念上的本质不同。特许经营可分为政府特许经营（基础设施 / 公用事业特许经营）与商业特许经营。商业特许经营在我国起步较早且发展相对成熟，相关法律主体之间基于平等的法律主体地位和民商事合同而协同合作。政府特许经营起步较晚，且主要是指公共基础设施和公用事业领域的特许经营。

“政府特许经营是政府管理中重要的工具。政府特许经营通过行政授权，允许社会资本进入公共基础设施和公用事业领域。政府通过行政合同特许社会资本经营，侧重政府管理，与传统计划经济的‘正面清单’思维相吻合。”刘尚希认为。

发改委在 2014 年进行特许经营法的时候，采取的就是正面清单的模式。当时发改委在特许经营法征求意见稿中列出了很长的正面清单，这份正面清单提到，特许经营适用的行业包含煤炭、石油、天然气、电力、新能源、铁路、公路、水运、电信、通信、网络、信息、农田、水利、水域流域、生态环境治理、土地整治、矿山修复、供水供气供热、垃圾处理、电动汽车充电桩、城市园林、公用事业和工业园区等。

在张治峰看来，特许经营立法的目的，是为社会资本以协议方式参与基础设施和公用事业开发、建设、运营提供法律保障，充分发挥其融资、创新、技术和管理优势，改进公共产品或公共服务的质量效率。

特许经营之“特”：从主体上看，在于作为协议一方当事人的政府，不仅要履行协议约定义务，还要履行法定职责；从对象上看，在于其客体并非一般商品，而是公共产品或公共服务，在项目确定、回报机制、绩效监管等方面都需要特殊考量和制度设计；从内容上看，在于不仅要对当事人之间权利义务进行清晰划分，更要强调政企双方之间长期持续的合作安排。特许经营之“许”，就是同意或允诺，其特别之处在于选择社会资本合作方不能完全遵从意思自治和合同自由原则，而要通过招标等竞争方式，确保公正性和透明度。尽管如此，上述种种特殊性并没有改变特许经营属于一种契约安排的本质属性，不意味着延续政府主导的思维定势，也不意味着重新划定特定领域以许可社会资本进入，更不意味着新增设一道许可程序。

一位财税人士认为，发改委负责的是规划、价格、审批。审批是项目的前端，价格是一个规则的制定，一个是项目前端的问题，一个是规则问题，并不能贯穿于整个PPP项目的本身。特别是发改委这么多年投资，应该拥有很多投资项目的数据，特别是审批项目的数据。但是却一直没有，不然的话，现在的物有所值指引可以依据这些数据做得更好。

但是财政部、发改委对PPP工作的“推动”，并没有停止。

在2016年3月30日，发改委网站表示，国家发展改革委组织召开基础设施和公用事业特许经营立法工作领导小组第一次会议，部署加快推进特许经营立法。

就在当天稍微晚些，财政部网站中表示，加快推进PPP立法，做好与特许经营条例立法的衔接，明确政府和社会资本的权责利分配，保障社会资本合法权益，创造良好的法律环境。

上述财税人士则表达了不同的看法，他向记者表示，现在发改委从开始认为 PPP 就是特许经营，到现在认识到 PPP 是特许经营的重要模式。其实发改委做特许经营，财政部做 PPP 就是了，现在提出市场在资源配置中起到决定性的作用，特许经营并不适合。

“财政共有四块业务，预算、税政、会计、资产。现在财政部部长楼继伟重视预算和税政，本身会计管理已经很强。对于资产管理这一块一直都是财政的弱项。但是在政府资产或者说公有资产中，其实是 PPP 最能显示作用的。

在 2016 年预算报告中，楼继伟也将 PPP 作为 2015 年积极财政政策的重要一环来体现。2015 年，大力推广政府与社会资本合作模式，通过特许经营、投资补助、运营补贴等方式，拉动民间资本进入公共服务领域。

从楼继伟的讲话中似乎可以看出特许经营是 PPP 的一种重要模式，但是不是 PPP 的全部。

这部 PPP 的连续剧如同一位业内人士的猜测一样，或许到了最后，上帝的归上帝，撒旦的归撒旦，PPP 归了财政部，特许经营入了发改委。

（发表于财税大观微信公众号 2016 年 8 月 5 日）

财政部已经动议不规范 PPP 问题，探讨 PPP 与购买服务

首先来个观点，PPP 这个东西本质已经存在那么多年。在财政部部长楼继伟提出力推后，这几年大热，高度也已经够高，无论是创新驱动还是双创全部提倡采用 PPP。

其次，PPP 这么热，社会与经济的飞蛾也在前仆后继的涌进来。并且在前两年力推后，判断会有一些问题出现，2016 年会是一个总结与前进并行的一年。

如同中国经济在改革中前进，PPP 在火热中也是在总结中前进，总结的是问题和经验。

2016 年 8 月 4 日上午，在财政部的 PPP 中心，召开了“解析不规范 PPP 和政府购买服务项目构成变相举债问题。

一位 PPP 专家认为，PPP 主管部门在急推二年多之后，想停一停做个回顾小结调整，以利更好发展。

同时现在征求专家意见汇总，未来肯定出个文为现在 PPP 的问题谋划解决方案。

参会人员有财政部金融司、财政部 PPP 中心、广东、山东、内蒙古等几个省厅 PPP 主管部门，以及相关中介机构和专家。

主要探讨问题如下：

1、PPP 与政府购买服务，在使用上是否存在清晰的边界？两者在适用范围，主体程序，预算安排等方面存在哪些异同？

2、实践中，哪些项目可以选择使用 PPP 或者政府购买服务？选择两种不同模式，对各方而言有何利弊，能否举例说明？

3、实践中是否存在通过政府购买服务回避适用 PPP 相关规定的情况？伪政府购买服务伪在哪里，能否举例说明？

4、如何从立法或政策上厘清 PPP 与政府购买服务的具体建议？

PPP 专家认为，PPP 按狭义理解利大于弊，更符合国情，否则极易一哄而上搞乱。

要厘清 PPP 与政府采购、政府购买服务、政府购买公共服务几个概念的区别。

PPP 与政府购买公共服务之间有交集

政府采购服务应把握几个特征：采购资金先编列预算；一次性采购；供应商可以是政府下属国企；现在泛化理解政府采购服务之风不可长。

PPP 及政府采购服务合同项下的政府支出责任与政府债务不同，虽然前者有类债的特点。不同在于前者的支付金额采购合同达成时尚不能准确确定，支付也需要按绩效达标结果；供应商服务连续交付，支付责任因此连续生成。后者是金额确定，债务在资金交付时就形成。

总之，政府支出责任不列入预算口径的政府债务来管理是合理的，但规定类似支付责任在财力预算的一定比例内也是应有管控方式。否则，PPP 或政府采购服务可能形成新的地方政府隐性债务。

中国财政部部长楼继伟在 3 月 7 日梅地亚中心多功能厅记者会中，回答记者提问时提到要防止利用各种方式变相发债，我们关注着 PPP 的项目，我们要把它规范，我们也发现有的地方搞 PPP 项目，就是政府与社会资本合作的项目，有的是变相的借债，我们在规范它。

大岳咨询总经理金永祥认为 PPP 变相举债方式主要就是明股实债。

金永祥介绍明股实债就是把债权投资包装成股权投资规避政府监管，比如政府要求在某项目中资本金不得低于 20%，投资人为了满足这个要求有时会使用明股实债资金，实际的资本金就会少于 20%，看似满足了政府规定，实际是没有满足。明股实债的主要风险是加大了项目杠杆，在当下政府和企业负债率都很高的情况下会加大社会风险，因此财政部等政府部

门都把明股实债作为风险来管控。在PPP项目中，明股实债的回购方有的是地方政府指定的公司，有的是社会资本方，后者对地方政府影响不大，受影响的主要是社会资本方和金融机构。在此情况下如果项目现金流情况好，从财务的角度讲是商业行为，在国外的PPP案例中有的资本金比例要求很低，比如10%。政府管理明股实债的重点应该是地方政府有回购义务的情况，降低地方政府的财政杠杆，控制地方政府的财政风险。

金永祥认为还有一种变相举债的方式是保回报率，保证资本方的回报，不管经营的好坏。这没有激励的意义，也不是一种市场化的操作方式。回购安排就是类似于BT这种，比如按照年利率多少，几年之后买回来，等于政府债务风险没有转移。

楼继伟已经不是第一次提出担心PPP，担心PPP会变相举债。

上一次是在2015年年底的全国财政工作会议中，楼继伟表示，对于已经进入“笼子”的债务而言，变相举债问题更令人担忧。有的地方受债务管理政策约束，通过保底承诺，回购安排、明股实债等方式进行变相融资，将PPP异化、走偏。这既增加了风险发生的概率，也不利于PPP的规范有效推广。

在2015年的12月初财政部的一次会议中，楼继伟不仅提到房地产税立法押后，个人所得税改革提前，更是提出对于PPP变相融资的担忧。

在这短短几个月的时间，楼继伟已经三次提出对于PPP在中国推广的担忧。但是这并不妨碍PPP在中国的推动工作继续推进。

在2016年政府工作报告中，李克强总理提出深化投融资体制改革，继续以市场化方式筹集专项建设基金，推动地方融资平台转型改制进行市场化融资，探索基础设施等资产证券化，扩大债券融资规模。完善政府和社会资本合作模式，用好1800亿元引导基金，依法严格履行合同，充分激发社会资本参与热情。

在2016年预算报告中，楼继伟也将PPP作为2015年积极财政政策的重要一环来体现。2015年，大力推广政府与社会资本合作模式，通过特许经营、投资补助、运营补贴等方式，拉动民间资本进入公共服务领域。

并且在2016年创新财政投入方式中，第一条就是大力推广运用PPP模式。研究推进政府和社会资本合作法的立法工作，出台 PPP 项目财政管理办法、标准化合同范文和分行业合同。推动 PPP 融资支持基金顺利运行，带动更多项目落地实施。严格规范运作 PPP 项目，确保项目实施质量。

（发表于财税大观微信公众号 2016 年 7 月 8 日）

发改委对特许经营法研究了些什么

2016年5月16日，国家发改委与亚洲开发银行召开亚行特许经营立法研究报告评议会，发言嘉宾分别是**发改委政策法规司副司长张治峰、君合律师事务所合伙人刘世坚、袁家楠、大岳咨询总经理金永祥、平岳投资副总经理何涛、亚洲开发银行FionaConnell等。**

在此次会议中就特许经营活动中法律调整对象、特许经营与PPP的关系、争议解决机制、融资支持方式、物有所值和财政承受能力评价与投资项目可行性研究的关系等热点问题展开了深入地探讨。

国家发改委张治峰发言介绍特许经营立法及其进展，表示国家发改委将继续加快立法进度，争取2016年三季度形成送审稿上报国务院。

同时发改委还将组成庞大的立法专家团队，将达到四十人，并且将在本周四成立。

君合刘世坚认为真伪PPP之辩的前提，应该是真假PPP都确实存在，就好比《西游记》里的美猴王与六耳猕猴、《水浒传》里的黑旋风与李鬼。以目前法律法规及项目实操情况而言，我们感觉真的PPP到底是什么并不算特别清楚，反倒是之前的特许经营，经过二十余年的实践打磨，内涵和外延都相对清晰。尽管如此，这也并不妨碍我们思考真的PPP到底应该如何。以下，本文拟从业内已经基本达成的共识或准共识层面，对真伪PPP及相关问题进行探讨。

平岳投资副总经理何涛：PPP项目中，财政支付管理体制要进一步完善。实践操作中，层级比较低的政府信用存有疑虑。应建立上级政府对下级的监督或者制约、激励机制。财政部对省、省对下级政府的约束机制能够建立起来，如同外债约束机制。

保险资金和社保资金参与要支持，特别是应该在立法中。PPP期限长，回报比较稳定，现金流比较稳定，与保险资金、社保养老资金比较匹配。国家一方面也会解决资金来源，给保险资金和养老资金对基础设施投资打开出口。

社会资本投资人的培育和规范，专业的社会资本，不是多了，是少了。现在都是央企在建设，但是不一定适合运营。比如地下管廊、医疗养老等都需要专业的运营商。

对于明股实债也要区分来看，对于财政承诺回购应该按照43号文来处理。其他情况，不是政府承诺回购，而是社会资本之间相互承诺，要根据具体情况，不违反基本原则，还可以提高社会资本退出的方式。最好能够建立二级市场，能够交易社会资本拥有的股权。解决期限太长、社会资本资金压力的问题。

金永祥：关于财政可承受能力、物有所值评价和工程可行性研究。

物有所值的问题，定性的一直都有，要进一步规范。是不是选择PPP的决策依据。

定量的物有所值，根据国情和发展阶段来判断，现在阶段无法进入实际操作阶段。实践中做出来的流于形式。

三者之间的关系：工程可行性研究，它的目的是通过可行性分析研究工程建设项目在工程上和经济上具不具备可行性。物有所值评价，是指某一项公共产品或者公共服务供给，是由社会资本来提供还是政府来提供的一个决策依据。可能包含工程建设项目，也可能不包含。财政可承受能力评价，一个城市或者一个地区还没有财力来做新的PPP项目，一个项目通过PPP的物有所值评价之后还要看财力的能力，能否做PPP。

为什么刚开始讨论PPP的时候都说特许经营？包括国家发改委1995年，住建部2004年出台的文件也是这样。因为国家发改委开始做的项目广西来宾B电厂、成都第六自来水厂，聘请的国际法律顾问都是法国律师。这两个项目投资人，社会资本方也都是法国公司。法国人用的特许经营概念，之后被中国沿用。

目前的物有所值和财政可承受能力的应用效果问题，物有所值评价流于形式的多，财政可承受能力评价已经发挥作用，作用还比较大。

（发表于财税大观微信公众号2016年5月16日）

解密老金为何设立百万奖学金引导高校学生研究PPP

近日，PPP中介的龙头企业，大岳咨询有限责任公司下属大岳研究院出资百万设立“高校毕业论文PPP引导计划”。

在PPP的各个环节中，中介是一个比较小众的行业，年规模非常小，相比每个PPP项目动辄几亿、几十亿、甚至几百亿的投资来说，PPP中介行业规模就是小巫见大巫了。

即便这样，大岳咨询的金永祥依然出资百万设立引导计划，引导大学毕业生研究PPP，为中国PPP的行业发展培养人才。

对此，金永祥对财税大观表示，设立引导计划首先是对未来PPP市场、PPP行业在中国的发展抱有信心。

国务院办公厅5月9日发出通知，要求对促进民间投资政策落实情况开展专项督查。在各省（区、市）、各有关部门开展自查的基础上，国务院将派出9个督查组赴18个省（区、市）开展实地督查，组织开展第三方评估和专题调研。

通知的第八项就是大力推进政府和社会资本合作（PPP）模式。重点督查PPP模式是否存在政策不完善、机制不科学、承诺不兑现等问题。

金永祥认为，这就说明，PPP不仅仅是国企的游戏，也要吸引民营企业参与进来，这些都有利于PPP行业的发展壮大。

其次，金永祥认为作为PPP中介行业最为专业的领头者，大岳咨询有义务为PPP行业的发展壮大培育人才。

金永祥认为，作为行业领头企业，现在大岳咨询参与的PPP示范试点项目若是没有做好，就会影响到整个PPP行业的发展，所以大岳咨询有责

任去吸引、培养人才，促进行业健康有序发展。还有就是以前 PPP 占据大岳咨询 50% 的营业额，现在则占据到 90%。PPP 行业发展的好坏对大岳咨询的影响也将是最大的。

在财政部公布的第一批示范项目中，大岳咨询参与的项目占据了 9 个。第二批示范项目，206 个大岳咨询参与的占据了 49 个。2016 年地下管廊示范项目，大岳咨询参与的占据了 6 个，海绵城市示范项目大岳咨询参与的占据了 4 个。金永祥认为，大岳咨询在试点示范项目中已经占据 30% 的份额。在 2015 年，大岳咨询签约项目 222 个，相比 2015 年增长 2 倍。

大岳研究院高校毕业论文 PPP 引导计划

为促进我国政府和社会资本合作（PPP）的发展，鼓励高校学生以基础设施和公共服务领域 PPP 为主题撰写毕业论文，引导青年人投身国家战略 PPP 大潮，在大岳咨询有限责任公司成立 20 周年之际，下属大岳研究院特出资设立“高校毕业论文 PPP 引导计划”。

一、资助对象

资助计划面向 59 所高等院校（名单见附录）本科和研究生应届毕业生，优先考虑工程管理、公共管理、经济管理、项目管理、金融财务、管理科学与工程及城市建设相关专业。

二、资助人数及分配

本计划为期 5 年，总金额在 75 万至 100 万元。

每年计划资助 30 名学生，其中本科生和研究生各 15 名，每位获资助者获得 5000 元研究资金。视每年申报情况可适当增加名额。

原则上同一所高校获资助的学生不超过 2 名，其中本科生和研究生原则上各 1 名。

三、研究支持和引导

除提供前述研究资金外，大岳咨询将为每位获资助者安排一位 PPP 研究课外导师，为其完成论文提供帮助。同时，大岳咨询将向获资助者开放公司部分经典 PPP 项目的案例资料，并为实地调研（或有）提供帮助。

课外导师方面，北京、天津等地高校由大岳咨询总部负责；甘肃、陕西等地高校由大岳咨询西安办事处负责；湖北、湖南等地高校由大岳咨询长沙办事处负责；广东、福建等地高校由大岳咨询深圳办事处负责；江苏、上海、浙江、安徽等地高校由大岳咨询杭州办事处负责；四川、重庆等地高校由大岳咨询成都办事处负责；河南、山东等地高校由大岳咨询郑州办事处负责；东北地区高校由大岳咨询长春办事处负责；云南、广西、贵州等地高校由大岳咨询昆明办事处负责。

四、评选标准

根据申请者的在校综合表现、论文发表情况、研究设计、导师推荐等方面进行综合评选，以在校综合表现为主。

五、申报程序

每年9月1日开放申请，申请者将申请表（PDF版）发送至：dayueplan@dayue.com。申请截止日为10月15日。

本活动成立学术委员会，由清华大学建设管理系王守清教授任主任，PPP领域知名学者和大岳咨询高管担任委员，共同进行评审并确定获资助名单。

六、结果公布与资助发放

名单将于11月5日（大岳咨询成立纪念日）在大岳咨询官方网站、公众号以及相关高校网站公布，并公示获资助者申报信息。学术委员会将公示后的结果提交大岳研究院后，大岳咨询于11月30日之前向获资助者提供研究资金。

获资助者应于获得研究资金后一年内向大岳咨询提交论文，大岳将向获奖者颁发“大岳研究院高校毕业论文PPP引导计划证书”。证书由大岳研究院院长金永祥和学术委员会主任王守清共同签署。

如逾期未顺利提交论文或论文题目变更为PPP以外的主题，获资助者应向大岳咨询退回研究资金。

附录：资助计划涵盖大学名单

北京总部：清华大学　北京大学　中国人民大学　中国科学院大学

北京航空航天大学　北京理工大学　北京师范大学

南开大学　天津大学　中国石油大学

中国农业大学　北京林业大学　中国地质大学（北京）

中国矿业大学（北京）北京交通大学　北京邮电大学

中央财经大学　对外经济贸易大学　中国政法大学

西安办：西安交通大学　西北工业大学　兰州大学西北大学

西安电子科技大学　长安大学

长沙办：华中科技大学　武汉大学　中国地质大学　中南财经政法大学

湖南大学中南大学

深圳办：中山大学　华南理工大学　厦门大学

杭州办：复旦大学　浙江大学　同济大学　上海交通大学　南京大学东南大学　中国科学技术大学　华东师范大学　上海财经大学

成都办：重庆大学 电子科技大学　四川大学　西南财经大学

郑州办：山东大学　中国海洋大学　中国石油大学（华东）郑州大学

长春办：大连理工大学　东北大学 吉林大学　哈尔滨工业大学

哈尔滨工程大学　东北财经大学

昆明办：广西大学 云南大学 贵州大学

（发表于财税大观微信公众号 2016 年 5 月 12 日）

ABO 违法吗?

2016 年 4 月 20 日，北京市交通委员会代表北京市政府与北京市基础设施投资有限公司正式签署了《北京市轨道交通授权经营协议》。提出采用授权（Authorize）– 建设（Build）– 运营（Operate）的 ABO 模式。即由市政府授权京投公司履行北京市轨道交通业主职责，京投公司按照授权负责整合各类市场主体资源，提供城市轨道交通项目的投融资、建设、运营等整体服务。

官方通稿称：授权经营协议的正式签署，标志着 ABO 模式正式实施，既符合公益类国有企业改革的指导方向，又有利于厘清政府与企业之间的关系，实现政企分开、政事分开。政府由公共产品的直接“提供者”转变为市场化主体的“监管者”和“规则制定者”，减少对微观事务的直接参与，主要负责规则制定、绩效考核和监督管理等工作，有助于深化投融资体制改革，充分发挥市场机制作用，提高公共管理的效率与质量。企业由“单一的融资平台”转变为“市场资源的整合者”，在政府的监督指导下开展具体工作，通过激励约束机制和市场竞争机制整合相关资源，提供更多更好、价格更低的公共服务，从而有利于公共服务市场的形成和规范。

行政授权乃是授权的一种形式，指行政组织内部上级机关把某些权力授予下级行政机关或职能机构，以便下级能够在上级的监督下自主的行动和处理行政事务。

行政授权就性质而论是上级行政主体将其部分权力分配给下级行政主体的一种管理行为。

笔者一个最大困惑就是，政府授权这一块，政府拥有的属于行政权力，从官方来看是人大授予的，可以随时授予一家公司吗?

若是如同 ABO，交通警察处罚权可以授权给某家公司来处罚违章，公安局负责的社会治安的义务也属于公共服务的范畴，是否可以授权一家保安公司进行执行。

官方通稿中称。政府由公共产品的直接“提供者”转变为市场化主体的“监管者”和“规则制定者”。

一、政府将自己职责授权一家公司，并不是真正的市场起决定作用，也不是简政放权的范畴，而是属于将自己本身的功能剔除，放到一家国有企业，授权是否合规？今天放到一家国有企业，产生的分歧还少一些，若是放到一家民营企业呢？

二、京投公司按照授权负责整合各类市场主体资源，提供城市轨道交通项目的投融资、建设、运营等整体服务。

京投公司承担了本身政府应该承担的权利，对于一个应该属于市场细胞的组成部分，对于同行业的竞争是否还是公平？本来应该由政府公平面对市场所有竞争者的一个平台，变成一家公司去整合授权范围内的公共资源是否合适？

三、授权经营的业务或者资源一般属于政府所有，也就是国有，若是被授权公司，上市、混改之后呢，ABO，授权、建设、运营，在未来是否会有国有资产乃至国有资源流失的那一天？

最大最大的一个问题，便是出发点问题，政府提供公共服务，最低表面不会是逐利行为，而是要考虑每个公民的享受的公共服务的均等性。

企业呢？是个人都知道，盈利是最大的要求。利润是考核指标。

大岳咨询公司总经理金永祥表示：ABO 是个新概念，应该是北京市首创的概念，是在北京市京投公司多年做北京市轨道交通项目模式基础上的完善，也是在政府传统管理基础设施模式创新基础上的总结提高，比如北京市排水集团特许经营。这种模式可以归结为特许经营但不一定是 PPP，被授权单位可以像北京地铁四号线那样做 PPP，也可以自行投资、建设和经营，政府只要求最后的效果而不关心具体模式。无疑，如果推广开来，这将对 PPP 和特许经营产生重大影响。

E20 环境平台高级合伙人、E20 研究院执行院长薛涛认为，ABO 模式的出现，PPP 并不万能，尤其目前国情下政企双方及外部环境都没有准备好承接所有的公共服务能力供应。运动化的全面 PPP 化绝对有害于 PPP 本身，因此，积极推动属地型企业的基础设施建设和公共服务提供的效率，重要性不言而喻，而这就需要提高这些企业的内在发展动力，以此提升专业能力。PPP 形成的 A 方阵和 ABO 形成的 B 方阵适应不同情况，对比发展，才是务实的正解。

（发表于财税大观微信公众号 2016 年 4 月 29 日）

感　谢

在本书即将出版的时刻，特别感谢大岳咨询总经理金永祥先生以及大岳咨询公司对于本书出版提供的帮助。

大岳咨询有限公司是PPP行业的领导者，是国内公认的具有领导地位的咨询研究机构，是各级政府发展城市经济和国内外投资机构参与城市建设、投资和管理可以依托的智库。

金永祥先生则是著名的PPP专家，自身对于PPP研究具有极高的造诣，对政策的解读，对实际业务的操作都是圈内权威的专家。

另外也感谢报社的同仁，经济观察报社执行总编辑文钊先生，副总编辑张向东先生，要闻部编辑李雪莹，记者宋迪等各位同仁的帮助。